本书是2010年国家社会科学基金项目"农村合作式
反贫困治理结构及机制研究"（项目批准号10CJY045）的阶段性成果
由中共河北省委党校学术著作出版基金资助出版

PINKUNXIAN
CHANYE FAZHAN YU
KECHIXU JINGZHENGLI TISHENG YANJIU

贫困县产业发展与
可持续竞争力提升研究

刘娟 著

人民出版社

责任编辑:刘敬文
封面设计:肖　辉

图书在版编目(CIP)数据

贫困县产业发展与可持续竞争力提升研究/刘娟 著.
　-北京:人民出版社,2011.11
ISBN 978-7-01-010495-9

Ⅰ.①贫…　Ⅱ.①刘…　Ⅲ.①不发达地区-县级经济-产业发展
　-研究-中国　Ⅳ.①F127

中国版本图书馆 CIP 数据核字(2011)第 262105 号

贫困县产业发展与可持续竞争力提升研究

PINKUN XIAN CHANYE FAZHAN YU KE CHIXU JINGZHENG LI TISHENG YANJIU

刘　娟　著

人民出版社 出版发行
(100706　北京朝阳门内大街 166 号)

北京龙之冉印务有限公司印刷　新华书店经销

2011 年 11 月第 1 版　2011 年 11 月北京第 1 次印刷
开本:880 毫米×1230 毫米 1/32　印张:11.25
字数:265 千字

ISBN 978-7-01-010495-9　定价:25.00 元

邮购地址 100706　北京朝阳门内大街 166 号
人民东方图书销售中心　电话 (010)65250042　65289539

序

　　贫困县承载着我国绝大多数的农村贫困人口，目前其整体发展水平仍比全国县市平均水平落后约 15—20 年，处于区域竞争的"低洼地带"和区域发展的"边缘地带"。因此，如何推动贫困县经济社会更好更快发展，对于加快中国农村反贫困进程，实现区域统筹协调发展，构建社会主义和谐社会等均具有突出的战略意义。根据《2011－2020 年中国农村扶贫开发纲要》的规划，"到 2020 年要实现贫困地区农民人均纯收入增长幅度高于全国平均水平，基本公共服务主要领域指标接近全国平均水平，扭转发展差距不断扩大的趋势"，这对于贫困县的发展又提出了新的挑战和新的要求。

　　刘娟博士的这部题为《贫困县产业发展与可持续竞争力提升研究》的学术专著，是在其博士学位论文的基础上，通过进一步充实和修改而成书的。全书以提升贫困县产业可持续竞争力为切入点，视角特别、观点新颖、资料翔实。过去有关中国贫困县的研究成果，大都侧重贫困县的测定标准和类型划分、贫困县经济开发模式、如何完善政府的扶贫开发机制等领域，而作者认为，当前制约贫困县稳定脱贫发展的关键因素，在于其面临着"产业竞争力和可持续发展能力双重低下"的困境。贫困县大都既是经济落后区又是生态脆弱区,在市场经济背景下,要提升贫困县的自我发展和脱贫能力,必须培育起既有市场竞争力又有生态承载力和可持续发展力的产业支撑体系,提升区域产业可持续竞争力。故而,本书以此为切入点展开系统分析,以592个国家扶贫开发工作重点县和河北省51个扶贫开发工作重点县为主要研究对象,界定了产业可持续竞争力的内涵和测评指标,对贫困县产业发展进行了实证测评和制约因素分析,构建了产业可持续竞争力的影响因素模型,探索了贫困县提升产业可持续竞争力的路径对策,从而形成了一个较为系统的研究体系,瞄准了当前贫困县发展和农村反贫困研究的薄弱领域,无论在理论观点还是在对策建议上,都有一定的创新和突破。

应当说,对贫困县产业的可持续竞争力水平进行评估是一件十分困难的事情。刘娟博士的这本书探讨了这个难题,建立了贫困县产业可持续竞争力的测评指标体系,包括四大指标:产业的市场份额和盈利水平、产业结构高度化水平、产业要素的配置效率、产业发展与生态环境协调水平,每个主要指标下面又选定了一系列子指标,并以此测评体系为依据,对2000—2009年,592个国家扶贫开发工作重点县和全国县市平均水平进行了动态分析和比较分析,得出了贫困县产业竞争力和可持续发展力双重低下的基本判断。然后,依据县域产业竞争阶段的一般演进规律:资源推动——投资推动——创新驱动,指出贫困县产业竞争仍基本处于初级的资源推动阶段,竞争战略仍以成本领先战略为主,从而通过翔实的资料和充分的论证,对贫困县的产业发展现状进行了实证分析。

对现实经济现象的研究,贵在发现问题、解决问题。本书对制约贫困县产业发展的因素进行了系统分析,这些因素既包括自然条件恶劣、要素支撑薄弱、体制创新滞后、贫困文化束缚等内部因素，也包括政府的扶持功能弱化、生态环保政策限制凸显等外部因素。这些制约因素的根源性分析为解决问题找到了方向。刘娟博士首先从理论上构建了贫困县产业可持续竞争力的影响因素模型，然后从实践上提出了具有可操作性的战略对策。影响因素模型从核心因素、动力因素和支撑因素三个层面展开分析，其中，核心因素即结构优化能力，包括特色优势产业培育力、骨干企业成长力、产业集群发展力；动力因素即产业创新能力，包括技术创新力和制度创新力；支撑因素即环境打造能力，包括生产要素凝聚力、市场机制完善力、政府功能优化力和生态环境承载力，核心因素、动力因素和支撑因素之间存在相互推动、相互制约的内在关联，从而构成了贫困县产业可持续竞争力形成、变化的动态系统。为探索贫困县产业可持续竞争力的提升措施，本书不但提出了一般性对策，如转变发展方式，加快特色产业优化升级；培育中小企业集群，打造区域"增长极"；完善区域创新体系；加快制度创新，强化要素和市场体系支撑；完善扶贫开发机制，强化政府助推功能，等等。而且，以河北省三大贫困带为案例，对生态功能型贫困县、山区型贫困县、矿产资源匮乏型贫困县进行了分类分析。这些对策的提出具有较强的针对性和创新性，对推动贫困县产业发展和可持续竞争力提升有重要的参考价值和理论意义。

当然，贫困县发展和农村贫困治理是一个世界性难题，在这一领域还有许多重要的问题等待人们深入研究，本书难免存在一些尚未涉及或不够深入的地方，比如，在贫困县产业可持续竞争力的测评方面，测评指标的选定，测评对象的扩展，测评时间维度的拉伸等，都还需要进一步完善；又如，贫困县产业可持续竞争力提升与主体功能区建设问题的结合尚不紧密，特别是对于地处限制开发区、禁止开发区域的贫困县，如何在发挥生态保护、粮食安全等区域功能的同时，寻求科学的产业发展之路，如何完善配套的干部绩效考核、财政转移支付和配套扶持政策等方面，还需要进一步系统挖掘。作为刘娟的博士研究生导师，我为她能取得这样有质量、有见解的科研成果而高兴，同时，也期待她以本书的出版为契机，百尺竿头更进一步，继续刻苦钻研、奋发努力，在今后的教学和科研中取得更大的成绩。

李兴山

2011 年 11 月 9 日于北京

目　　录

序………………………………………………………… 1

绪　论…………………………………………………… 1

　　一、选题背景和意义 …………………………………… 1

　　二、国内外相关文献综述 ……………………………… 7

　　三、研究思路和技术路线 ……………………………… 22

　　四、研究方法 …………………………………………… 24

　　五、拟创新之处 ………………………………………… 25

第一章　贫困县产业可持续竞争力的理论基础 ……………… 28

　第一节　贫困县产业可持续竞争力的内涵界定 ………… 28

　　一、贫困和贫困县的内涵 ……………………………… 28

　　二、竞争力和区域产业竞争力的内涵 ………………… 39

　　三、产业可持续竞争力的内涵与特征 ………………… 45

　第二节　产业竞争力的源泉理论 ………………………… 47

　　一、经济学关于竞争力源泉的分析路线 ……………… 48

　　二、产业竞争力的源泉理论 …………………………… 50

　第三节　产业竞争力的分析模型 ………………………… 66

一、国家(区域)竞争力分析模型 ·············· 67

二、产业竞争力的分析模型 ·················· 71

第四节　可持续发展理论 ·················· 78

第二章　贫困县产业可持续竞争力的测评与制约因素 ········ 81

第一节　我国农村贫困治理工作的回顾与经验 ·········· 81

第二节　国家扶贫开发工作重点县取得的贫困治理成就 ·· 90

一、国家对扶贫开发工作重点县的扶持力度不断加强 ····· 90

二、国家扶贫开发工作重点县的经济社会发展成效 ········ 98

第三节　贫困县产业可持续竞争力的测评 ············ 111

一、贫困县产业可持续竞争力的指标测评 ·········· 112

二、贫困县产业发展的阶段定位 ·············· 133

第四节　贫困县产业发展面临的主要制约因素 ·········· 139

一、自然条件恶劣,产业发展的生产成本、交易成本偏高

·········· 139

二、要素支撑薄弱,产业发展的要素持续投入能力低下

·········· 143

三、体制创新滞后,产业发展的市场化、开放化水平偏低

·········· 150

四、思想观念落后,产业发展受"贫困文化"的束缚严重

·········· 155

五、产业扶持偏弱,政府治理贫困的效益有待提升 ········· 156

六、生态约束明显,优势产业的选择空间受限 ·········· 168

第三章　贫困县产业可持续竞争力的影响因素模型 ·········· 170

第一节　核心因素:结构优化力 ·············· 171

一、产业结构优化:特色优势产业培育能力 ·········· 171

二、产业组织结构优化:骨干企业成长能力 ·········· 175

三、产业空间结构优化:产业集群发展能力 ·········· 178

第二节　动力因素:产业创新力 ……………………… 183

一、产业技术创新力 ………………………………… 183

二、产业制度创新力 ………………………………… 185

第三节　支撑因素:环境打造力 …………………… 188

一、生产要素凝聚力 ………………………………… 188

二、市场机制完善力 ………………………………… 190

三、政府功能优化力 ………………………………… 191

四、生态环境承载力 ………………………………… 192

第四节　影响因素的关联分析与模型构建 ………… 193

第四章　提升贫困县产业可持续竞争力的战略措施 ……… 197

第一节　国外扶持落后地区产业发展的经典模式及启示
……………………………………………………… 197

一、国外扶持落后地区产业发展的经典模式 ………… 198

二、国外扶持落后地区产业发展的经验启示 ………… 201

第二节　转变发展方式　加快特色产业优化升级 ……… 202

一、以"产业化扶贫"为抓手,推动农业现代化 ……… 203

二、以国家扶持和对接融合为"杠杆",推动新型工业化
……………………………………………………… 214

三、以劳务输出、休闲旅游等为重点,推动服务业高端化
……………………………………………………… 221

第三节　培育中小企业集群　打造区域"增长极" ……… 224

一、加快民营经济成长,为产业集群形成打造企业基础
……………………………………………………… 224

二、建立健全工贸园区,为产业集群形成打造空间载体
……………………………………………………… 226

三、完善企业分工协作网络,为产业集群形成提供体系支撑
……………………………………………………… 228

四、因地制宜,选择科学的产业集群培育模式 ………… 228

第四节　完善区域创新体系 提高产业创新能力 ……… 229

　一、健全农业科技支撑体系,提高农业创新能力 ……… 230

　二、强化企业的创新主体地位,提高工业创新能力 …… 232

　三、完善区域创新系统,提高区域创新能力 …………… 234

第五节　加快制度创新 强化要素和市场体系支撑 ……… 236

　一、加快金融制度创新,缓解资金"瓶颈" …………… 237

　二、加快人力资源开发,消除"贫困文化" …………… 245

　三、加快土地制度创新,拓宽产业发展空间 …………… 247

　四、完善商品市场体系,增强产业的市场开拓能力 …… 250

第六节　完善扶贫开发机制 优化反贫困治理结构 ……… 252

　一、完善扶贫资金投入和资源整合机制,加大扶持力度 … 253

　二、完善扶贫项目选择、监管机制,提高产业扶贫效益 … 258

　三、完善扶贫开发瞄准机制,减少扶贫资源的错配和漏出

　……………………………………………………………… 259

　四、完善扶贫政策协调机制,形成扶贫合力 …………… 261

第五章　贫困县产业可持续竞争力提升的分类研究 ……… 264

第一节　河北省贫困县的分布概况 …………………… 265

第二节　河北省贫困县产业可持续竞争力的现状分析 …… 267

　一、河北省贫困县主要经济指标的比较 ……………… 267

　二、河北省贫困县产业可持续竞争力的指标测评 …… 281

第三节　生态功能型－环首都贫困县产业可持续竞争力研究

　……………………………………………………………… 291

　一、环首都贫困县面临"贫困与生态恶化并存"的困境

　……………………………………………………………… 292

　二、环首都贫困县产业发展面临的突出障碍 ………… 296

　三、提升环首都贫困县产业可持续竞争力的路径选择 … 299

第四节　山区型－太行山区贫困县产业可持续竞争力研究 …………………………………………………… 315

一、太行山区贫困县产业发展面临的突出障碍 ………… 318

二、提升太行山区贫困县产业可持续竞争力的路径选择 …………………………………………………… 321

第五节　资源匮乏型－黑龙港流域贫困县产业可持续竞争力研究 324

一、黑龙港流域贫困县产业发展面临的突出障碍 ……… 327

二、提升黑龙港流域贫困县产业可持续竞争力的路径选择 …………………………………………………… 328

结　语 ……………………………………………………… 335

参考文献 …………………………………………………… 337

绪　论

一、选题背景和意义

贫困是一个困扰全世界的难题，由于自然地理条件不同、人类个体差异、经济和社会发展不平衡，世界各国都不同程度地存在着贫困现象。新中国成立以后，为加快脱贫步伐，中国政府采取了一系列贫困治理措施，取得了举世瞩目的伟大成就。其中，针对农村贫困人口分布的地理集中性，为解决区域性贫困问题，我国于1986年将农民年人均纯收入低于150元的331个县确定为国家级贫困县，以实现扶贫资源的集中使用。并在1994和2000年对贫困县的范围进行了两次大的调整①。目前，我国共有592个国家扶贫开发工作重点县，分布在全国21个省（自治区、直辖市），同时，各省区还划定了数量不等的省级扶贫开发重点县，对区域经济社会发展产生重要影响。

实施扶贫开发工作20多年来，我国贫困县的经济社会事业

---

① 在1994年"八七扶贫攻坚计划"中，中央政府按照农民年人均纯收入低于400元的标准对国家级贫困县的范围进行了调整，随后在2000年，又按照农民年人均纯收入低于625元的标准再次调整，国家级贫困县改称为国家扶贫开发重点扶持县，简称为重点县或国定贫困县。

取得了长足进步，少数贫困县甚至实现了跨越式发展，成为区域经济发展的强县。但从总体上看，绝大多数贫困县与其他县域发展差距呈现日益扩大的趋势，地方生产总值、财政收入、农民人均纯收入等主要经济指标严重滞后。据统计，2009 年 592 个国家扶贫开发工作重点县的地方生产总值共计 22196.9 亿元，仅占全国国内生产总值 335353 亿元的 6.6%；人均地区生产总值为 9348.6 元，仅为全国县市平均水平（18878 元/人）的 49.5%。地方财政一般预算内总收入为 1018 亿元，严重落后于全国平均水平，贫困县财政收支长期处于入不敷出状态，并有逐年加大的趋势，地方财政一般预算收入与地方财政支出的差额从 2001 年的 619 亿元扩大到 2009 年的 4413 亿元，收支比从 2000 年的 1∶2.6 拉大到 2009 年的 1∶5.3，需要国家转移支付和各项扶贫项目投资的有力支持。而且，按照新的农村贫困标准①，2009 年国家扶贫开发工作重点县仍覆盖农村贫困人口 2175 万人，农村贫困人口发生率为 10.7%，约占全国农村贫困人口总数的 60.5%②，亟待进一步增强贫困县的脱贫发展能力！

如何实现贫困县的稳定脱贫和持续发展呢？笔者认为，贫困县贫困落后的根本性原因是产业发展滞后，由于产业发展方式粗放，要素积累和持续投入能力低下，贫困县缺乏有竞争能力的支撑产业，经济规模扩张和地方财政收入、城乡居民收入增长乏

---

① 根据党的十七届三中全会和十一届全国人民代表大会第一次会议上《政府工作报告》提出的"逐步提高扶贫标准"、"将低收入人口纳入扶贫对象"的精神，从 2008 年起，政府将贫困人口和低收入人口都纳入了扶贫范围，因此，国家统计局将低收入标准确定为新的贫困标准。在剔除了物价变动影响的基础上，2008 年的新贫困标准为 1196 元，本书中以前年份的贫困人口数即为当年的低收入标准以下的人口数。

② 国家统计局农村社会经济调查司：《2009 中国农村贫困监测报告》，中国统计出版社 2009 年版，第 9、23 页数据计算得出。

力。因此，贫困县要想在激烈的市场竞争中实现生存和发展，必须增强自身的区域竞争力，核心是增强区域产业竞争力。同时，由于我国贫困县大多处于生态环境脆弱地带，产业发展与资源利用、生态保护之间的矛盾日益尖锐，许多贫困县面临"产业竞争力低下－生存性贫困－生态环境破坏－产业可持续发展受限"的恶性循环。考虑到生态资源对贫困县产业发展的约束功能日益强化，必须将产业竞争力提升和可持续发展结合起来，以提升可持续竞争力为目标，加快贫困县的产业发展。提升贫困县产业的可持续竞争力，具有突出的现实意义：

1. 有利于实施开发式扶贫战略，加快贫困县的缓贫步伐

20 世纪 80 年代中后期以来，随着我国区域性扶贫政策的实施，贫困人口的空间布局从空间集中分布逐步向点（14.8 万个贫困村）、线（沿边境贫困带）、片（特殊贫困区）共存态势演变。但我国贫困县仍然覆盖了绝大多数的农村贫困人口。2009年，按照 1196 元的农村贫困新标准，我国 592 个国家扶贫开发工作重点县共分布有 2175 万贫困人口，贫困发生率为 10.7%，比全国平均水平 3.8% 高出 6.9%。[①] 2002—2009 年扶贫重点县贫困人口规模占全国农村贫困人口的比重基本呈现上升态势，如下表所示，2002 年重点县贫困人口占全国农村贫困人口的55.8%，而到 2009 年这一比重逐步上升为 60.5%。因此，必须加快贫困县的扶贫开发进程，以开发式扶贫方式为主，增强贫困县的自我积累和自我发展能力。而在市场经济体制背景下，增强贫困县的自我发展能力，关键是要培育有市场竞争力和盈利能力的产业支撑体系。只有提升产业竞争力，才能促进贫困县地方政

---

① 国家统计局农村社会经济调查司：《2009 中国农村贫困监测报告》，中国统计出版社 2009 年版，第 10、23 页数据计算得出。

府的财政增收和居民的就业增收，才能实现全国扶贫工作会议提出的"重点县农民人均收入年均增长幅度高于全国平均水平"的奋斗目标，解决返贫率居高不下和相对贫困日益凸显等问题。而且，从我国参与式扶贫的实施情况看，国家扶贫重点村中，将种植和养殖业项目列为最迫切希望得到的扶贫项目的村占全部村数的46%和42.2%。[①] 可见，贫困人口希望通过产业发展来实现脱贫致富的需求十分强烈。

2002—2009 年全国农村贫困人口和国家扶贫重点县贫困人口规模及比重[②]

单位：万人、%

年份	全国农村贫困人口	扶贫重点县贫困人口	扶贫重点县占全国的比重
2002	8645	4828	55.8
2003	8517	4709	55.3
2004	7587	4193	55.3
2005	6432	3611	56.1
2006	5698	3110	54.6
2007	4320	2620	60.6
2008	4007	2421	60.4
2009	3597	2175	60.5

2. 有利于增强贫困县生态修复和环保建设的可持续性

我国许多贫困县位于生态功能突出的环境脆弱区，近年来，为了迅速摆脱贫困，贫困县采用粗放的产业发展方式，对资源进

---

① 国家统计局农村社会经济调查司：《2006 中国农村贫困监测报告》，中国统计出版社 2006 年版，第 34 页。

② 国家统计局农村社会经济调查司：《2009 中国农村贫困监测报告》，中国统计出版社 2009 年版，第 24 页。

行掠夺式开发，对环境随意破坏又无力保护。农业的过度开垦，工业的高消耗、高污染问题，使得贫困县成为我国可持续发展的生态重灾区。从生态环保工程的实施情况看，20 世纪 90 年代以来，我国推行了天然林保护、退耕还林、退牧还草、关停"五小"企业等一系列生态保护工程，但在贫困地区，由于生态环境建设没有与广大农牧民的脱贫致富实现有机结合，有的生态工程建设部分排挤了农牧民的生存途径，在生存困扰和产业发展差距日益扩大的情况下，生态保护基本上落不到实处，点的治理赶不上面的破坏，重大生态工程建设赶不上无处不在的挖掘、垦殖和破坏。因此，只有在资源环境的承载范围内，依托比较优势，培育起具有自身特色竞争优势、兼顾经济效益和生态效益的产业支撑体系，才能真正实现贫困县的生态保护，促进人与自然的和谐发展。

3. 有利于强化产业支撑，推动贫困县的社会主义新农村建设

加快社会主义新农村建设，是改善农村生产生活环境，缩小城乡发展差距，构建城乡一体化发展新格局的战略选择，其难点在于贫困县。目前，贫困县 78% 的劳动力从事农业生产，农民收入来源单一，增收渠道窄，抵抗市场风险和自然风险的能力弱。我们认为，培育起有可持续竞争力的产业支撑体系，是贫困县推动社会主义新农村建设的核心任务。这是因为，一方面，加快贫困县产业发展，特别是现代农业建设是实现农村"生产发展"和"生活宽裕"的有效载体。新农村建设不可能建立在贫穷的基础上，只有发展富民产业，使农民增收致富有保障，才能支撑起真正意义上的新农村。另一方面，加快贫困县产业发展有利于增强新农村建设的自我投入和自我发展能力，为新农村建设实现"村容整洁"等其他目标打下物质基础，建立起新农村建

设的"造血"机制，而非消极等待政府加大投入力度。

4. 有利于缩小区域发展差距，构建区域协调互动机制

我国区域经济发展的实践证明，省、区之间经济发展的差距主要不在中心城市，而是体现在大量的县域经济发展上。由于贫困县的经济发展水平比全国平均水平落后 15－20 年，成为引发区域经济发展差距扩大的重要原因。只有提升贫困县产业的可持续竞争力，才能从根本上改善贫困县产业被区域经济体系"边缘化"的状况，缩小区域发展差距，并消除区域间产业梯度转移的断层现象，加强区域间的产业分工和配套协作，构建区域协调互动的发展机制。

5. 有利于推进主体功能区战略的有效实施

伴随着我国资源环境矛盾、行政分割、区域差距拉大等一系列区域不协调问题的凸显，实施区域分类指导和差异化发展的必要性日益明显。国家"十一五"规划针对以往区域发展战略过于强调经济增长普遍忽略生态环境维持力、区域宏观调控不力的弊端，创新性地提出了推进主体功能区建设。即"根据自然环境承载能力，现有开发密度和发展潜力，统筹考虑未来我国人口分布、经济分布、国土利用和城镇化格局，将国土空间划分为优化开发、重点开发、限制和禁止开发四类主体功能区。按照主体功能定位调整完善区域政策和绩效评价，规范空间开发秩序，形成合理的开发结构。"

对于许多贫困县来说，由于位于上风上水、自然灾害频发的生态脆弱区域，生态功能的外部效应明显，因此，在主体功能区规划中很可能被划为限制开发区，面临着既要提高产业发展的资源环境承载能力，突出生态功能定位，又要培育有竞争力的特色优势产业，实现脱贫致富的双重任务。对于限制开发区内的贫困县来说，单纯依靠政府的财政转移支付，根本无法保证它们与其

他地区的利益协调和差距缩小。只有提升贫困县产业发展的可持续竞争力,实现经济效益与生态效益的结合,才能真正落实"保护有限、适度开发"的原则,推动主体功能区建设战略的有效落实。

因此,本书拟以 592 个国家扶贫开发工作重点县为主要研究对象,以加快贫困县产业发展和可持续竞争力提升为主线,对贫困县产业的可持续竞争力水平进行测评,对产业竞争所处发展阶段进行定位,分析贫困县产业发展面临的主要制约因素,并构建产业可持续竞争力的关键因素模型,以此为导向,提出可操作的战略对策措施。考虑到贫困县的县情差异,本书还将通过对河北省三大贫困带的个案研究,对生态功能县、山区贫困县和资源匮乏贫困县的产业可持续竞争提升问题进行分类分析。

二、国内外相关文献综述

(一) 国内外学者关于贫困问题的研究综述

贫困是全球性的社会现象,从有记载的文献资料看,对贫困的研究最早可以追溯到 15、16 世纪,如空想社会主义者和马克思主义者都认为资本主义私有制是无产阶级贫困的制度根源。19 世纪末期以来,国内外学者围绕着贫困问题展开了大量研究,主要内容集中在以下几个领域:

1. 界定贫困的内涵

最早对贫困现象的产生与发展规律进行系统研究,并明确界定贫困概念的人是英国的管理学家本杰明·西伯姆·朗特里,他从社会保障和社会救助的角度研究贫困问题,在 1901 年出版的《贫困——关于乡村生活的研究》一书中详细阐述了贫困的定义:如果一个家庭的总收入不足以维持家庭人口最基本的生存活动要求,那么,这个家庭就基本上陷入了贫困之中。此外,世界银行在《1990 年世界发展报告》提出贫困就是"缺少达到最低生活水准的能力"①，衡量生活水准不仅要考虑家庭的收入和人均支出这些直接的经济指标，还应该考虑包括医疗卫生、预期寿命、识字能力以及公共货物或共同财产资源的获得情况在内的福利指标。2001 年，世界银行对于贫困的表述又发展为"贫困不仅仅意味着低收入和低消费，而且还意味着缺乏受教育的机会、营养不良、健康状况差，即贫困意味着无权、没有发言权，脆弱和恐惧等"②。

国内学者围绕贫困的内涵也提出了许多看法，如林闽钢认为"贫困是经济、社会、文化落后的总称，是由低收入造成的基本物质、基本服务相对缺乏或绝对缺乏以及缺少发展机会和手段的一种状况"③。赵冬缓、兰徐民认为"贫困是指在一定环境（包括政治、经济、社会、文化、自然等）条件下，人们在长时期内无法获得足够的劳动收入来维持一种生理上要求的、社会文化可接受的和社会公认的基本生活水准的状态"④。文秋良认为"贫困可以看作是一种具体的生活状态，在这种生活状态下生活的人们由于缺乏持续、稳定、足够的收入，以至于不能维持一种社会所认可的最低生活标准"⑤。

由此可见，国内外学者对贫困的界定，经历了一个从简单到

---

① 参见世界银行：《1990 年世界发展报告》，中国财政经济出版社 1990 年版。

② 康涛、陈斐：《关于我国农村贫困与反贫困的研究》，载《华中农业大学学报》，2002（4）。

③ 林闽钢：《中国农村贫困标准的调查研究》，载《中国农村经济》，1994（2）。

④ 赵冬缓、兰徐民：《我国测贫指标体系及其量化研究》，载《中国农村经济》，1994（3）。

⑤ 文秋良：《新时期中国农村反贫困问题研究》，华中农业大学 2006 级博士论文。

复杂，由狭义到广义的不断扩展的过程，从最初强调物质和收入绝对数量的的多少，逐渐发展为包括社会公平和发展机会的大小等方面。

2. 分析贫困的成因

对于贫困的成因，国内外学术界进行了系统的分析，提出了不同的解释。比较有代表性的是以下三种解释：

第一种解释是资源禀赋说。即认为恶劣的自然环境和资源的短缺是制约贫困地区发展，导致其贫困的基本原因。

第二种解释是经济因素说。比较有代表意义的是拉格纳·纳克斯的贫困恶性循环理论、缪尔达尔的循环累积理论、纳尔逊的低水平均衡陷阱理论和哈维·莱宾斯坦的临界最小努力理论。具体说来：（1）纳克斯的贫困恶性循环理论。第二次世界大战以后，关于发展中国家的贫困问题成为研究的主旋律。1953 年，美国哥伦比亚大学教授纳克斯在《不发达国家的资本形成问题》中提出，发展中国家之所以存在着长期的贫困，是因为经济中存在着若干相互联系、相互作用的"恶性循环系列"，其中，最主要的是贫困的恶性循环。从供给方面看，由于经济落后、收入水平低，有限的收入绝大部分要用于满足基本的生活消费需要，导致储蓄有限，生产规模难以扩大，生产效率难以提高。低生产能力又进一步导致低产出、低收入。从需求方面看，由于收入水平低，发展中国家的消费水平和购买力低，市场需求十分有限，因而投资机会少，导致资本形成不足，限制了生产规模的扩大和生产率的提高，造成低产出和低收入。供给和需求两方面的"贫困的恶性循环"紧紧勾结在一起，构成一个死循环①。（2）缪尔达

---

① 王碧玉：《中国农村反贫困问题研究》，中国农业出版社 2006 年版，第 26 页。

尔的循环累积关系理论。在研究贫困问题的西方著名学者中，缪尔达尔是影响最大、学术著作颇丰的学者。1957 年他提出了"循环积累因果关系"理论。缪尔达尔指出，发展中国家的人均收入水平很低导致生活水平低、文化教育落后，其结果是劳动力素质低、劳动生产力低，从而使产出增长停滞，甚至衰退，而低产出又进一步导致低收入，使发展中国家在低收入和贫困构成的循环积累的困境中越陷越深。他强调，在贫困的循环积累因果关系中，包含着经济、政治、文化和制度等诸多因素，各种因素相互联系、相互影响、互为因果，呈现出一种"循环积累"的变化态势。其中最重要的是资本形成不足和收入分配不等，因此，应当通过权利关系、教育体制等改革，使收入趋于平等，增加贫困人口的消费，提高投资诱因，促使资本形成，使发展中国家从循环积累的困境中摆脱出来。（3）纳尔逊的低水平均衡陷阱理论。1956 年美国经济学家纳尔逊发表了《不发达国家的一种低水平均衡陷阱理论》，考察了不发达国家人均资本、人均收入增长、人口增长的关系，提出了关于贫困的自我维系的循环过程。他认为发展中国家的经济表现为人均收入处于维持生命或接近于维持生命的低水平均衡状态，即所谓的"低水平均衡陷阱"。在这个陷阱中，任何超过最低水平的人均国民收入的增长都将被人口增长所抵消。与纳克斯的贫困恶性循环理论相比，纳尔逊进一步证明了发展中国家贫困再生是一种稳定的现象。因此，发展中国家必须进行大规模的资本投资，使投资和产出的增长超过人口增长，才能冲出"低收入均衡陷阱"。

第三种解释是社会因素说。这种解释认为贫困的发生与经济因素无关或者不是特别密切，而受人文环境、制度环境等社会因素的影响。比较有代表性的研究成果主要包括马克思的贫困理论、刘易斯的贫困文化论、瓦伦的贫困处境论、约瑟夫的剥夺循环论、费里德曼个体主义贫困观。如马克思在《资本论》中，从早期资本主义国家的贫困现象入手，认为贫困包括绝对贫困和相对贫困两种类型，贫困产生的根本原因在于生产资料的私有财产制度，因此，消除贫困的根本出路就是消灭私有财产制度，在生产力高度发达的基础上建立一个没有剥削的公有财产的社会。又如美国人类学家刘易斯最早将贫困视作一种文化现象进行专门研究，1959 年，他在所著的《五个家庭：贫困文化的墨西哥个案研究》一书中首次提出"贫困文化"的概念。贫困文化是"一种比较固定的、持久不变的、代代相传的生活方式"，穷人之所以贫困与其所拥有的文化——贫困文化有关。他还从社会、社区、家庭和个人四个层面上对贫困文化作了分析，如从个人层面上看，作为贫困文化典型代表的个人，通常知识贫乏、眼界狭窄，只关心眼前的利益和个人事情；生活无计划，有及时行乐的倾向；相信"宿命论"，有自暴自弃的倾向。刘易斯的"贫困文化"研究主要是基于城市"贫民区"（或下层社会）的实证分析之上。① 在刘易斯"贫困文化"理论的基础上，莫伊尼汉在《认识贫困》一书中，进一步提出了贫困和贫困文化的恶性循环理论，其逻辑大致是这样的：生活于贫困境况中的人们，由于从小就受到贫困文化的熏陶，他们缺少向上流动的动力，环境也难以使他们有较高的成就动机——低成就动机导致低社会流动，受教育的机会少，层次较低，这使得他们在就业上的竞争力薄弱——较弱的竞争力，自然导致他们只能从事低收入职业，处于较低的社会地位——低收入的职业和较低的社会地位使他们更为贫困。莫伊尼汉认为，以上四个方面会形成一种周而复始的循环模式，

---

① 李登好：《贫困文化的表现、影响及反贫困文化的对策》，载《皖西学院学报》，2007（3）。

从而使贫困者很难摆脱贫困的纠缠。

从国内学者关于贫困成因的分析看，一般认为贫困地区的致贫原因千差万别，但一般主要包括自然条件恶劣、自然灾害频发；地处偏远，基础设施建设滞后，远离经济中心；自然资源和人力资本匮乏；市场边缘化，制度创新缓慢等。笔者认为，贫困的原因是多维的，需要从经济、文化、历史等角度去加以认识，综合因素分析相对于单因素分析更具有解释能力。有时，一个因素的出现不仅会导致贫困的发生，也可能会导致其他致贫因素的恶化，从而进一步加重贫困，这种现象正是学术界经常讨论的"贫困陷阱"。

3. 关注贫困县的选定与发展

为加快贫困地区发展，许多国家都设定了一定标准，确定具体的贫困受援地区，包括选择一定数量的贫困县，通过采取一系列特殊扶持措施，包括加大政府的扶贫投入，完善财政转移支付制度，制定税收减免、信贷支持、投资补贴等优惠政策等，以解决区域性贫困问题。如美国将一个四口之家年收入 1.6 万美元定为贫困线，大多数家庭年收入低于贫困线的县定为贫困县，美国的贫困县集中分布在美国与墨西哥接壤的边境地区、南部和中西部地区。这些地区普遍自然资源匮乏、土壤贫瘠、地处偏远，缺乏要素凝聚能力和消费能力。此外，印度国家发展委员会在1968 年根据人均粮食及经济作物占有量、农业劳动力占人口的比例、人均工业产值等 7 项指标，确定了 26 个落后县，并制定优惠政策对其进行重点扶持。

从国内关于贫困县的研究看，自 1986 年我国确立了第一批国家级贫困县以后，国内学者围绕贫困县的发展问题展开了大量研究，主要集中在三个领域：

（1）对贫困县的发展状况进行跟踪统计和分析。如国家统计局农村社会经济调查司每年都要出版一部《中国农村贫困监测报告》，对国家扶贫开发工作重点县的贫困人口和低收入人口的数量、贫困深度、区域分布状况；产业结构、基础设施建设、金融、市场参与度等社会经济发展状况；政府扶贫资金投入、扶贫项目运行情况、村民参与扶贫项目情况；社会各界对扶贫重点县的支持力度；扶贫重点县面临的主要问题和对策建议，等等，进行系统调查分析，收集了大量翔实的数据。

　　（2）对贫困县的经济发展和扶贫开发进行研究。比较有代表性的研究成果主要包括：郑玲的《贫困县域经济发展研究》，胡侯的"中国贫困县经济开发模式研究"，安世绿的《专项扶贫项目微观主体的行为分析》，江波的《黄土高原贫困县类型划分与脱贫对策》，费南根的《扶贫与开发：贫困县经济振兴必由之路》，等等。其中，郑玲（2006）[①] 在界定县域经济、贫困等基础概念的基础上，分析了我国贫困县域的特点和贫困的成因，研究了贫困县域经济发展的潜力，并从加快贫困县资源开发和产业结构调整、完善基础设施建设、提高国民素质、增加政府的扶贫投入等角度，对加快贫困县的经济发展提出了自己的对策建议。胡侯（2003）[②] 侧重研究了我国贫困县经济开发的模式，他回顾了我国扶贫开发的演进阶段历程，对我国贫困县的发展现状和制约因素进行实证分析，并提出加快贫困县经济开发可因地制宜采取不同的开发模式，主要包括农业产业化模式、项目扶贫拉动模式、资源开发模式、生态移民模式，等等。江波（2000）[③] 主要

① 参见郑玲：《贫困县域经济发展研究》，云南科技出版社 2006 年版。
② 参见胡侯：《中国贫困县经济开发模式研究》，华中科技大学 2003 级博士论文。
③ 参见江波：《黄土高原贫困县类型划分与脱贫对策：以山西省为例》，中国农业科技出版社 2000 年版。

以山西省 50 个贫困县为例，分析了黄土高原贫困地区的贫困现状、贫困成因、贫困特征，区域自然和人文资源的优劣势，产业结构的特点、发展方向和重点。并选取相关经济指标，采取聚类分析的方法，对山西省 50 个贫困县进行分型化类，提出了具体的扶贫攻坚的方向和措施。费南根（1993）① 侧重对浙江省重点贫困地区的农业、工业发展，交通、水利设施建设，科技、教育等社会事业发展等情况进行实证研究，并对国家采取的重大扶贫政策和措施进行评价。

（3）对贫困县的财政、教育、人口、金融等具体领域进行研究。比较有代表性的研究成果主要包括：沈素平②的"国家级贫困县财政收支结构调整和优化研究"，叶学明、唐有璋③的《中国贫困县财政经济发展新探索》，许新成④的"贫困县义务教育阶段教育资源均衡配置问题研究"，陈伟然⑤的"贫困县农业人口外流状况研究"，孙海燕⑥的"国家级贫困县农村信用社深化改革的现实选择"，等等。其中，沈素平（2006）针对我国贫困县财政困难、入不敷出的局面，在界定了财政收支结构优化的标准之后，以云南省沧源县为例，分析了财政收入结构和财政支出结构的扶贫效应；从分税制对财政体制的影响、五级财政体系的

① 参见费南根：《扶贫与开发：贫困县经济振兴必由之路》，浙江大学出版社1993 年版。
② 沈素平：《国家级贫困县财政收支结构调整和优化研究》，中国农业科学院2006 级博士论文。
③ 参见叶学明、唐有璋：《中国贫困县财政经济发展新探索》，广西人民出版社 1993 年版。
④ 许新成：《贫困县义务教育阶段教育资源均衡配置问题研究》，西南师范大学 2004 级硕士论文。
⑤ 陈伟然：《贫困县农业人口外流状况研究》，中国人民大学 2005 级硕士论文。
⑥ 孙海燕：《 国家级贫困县深化农村信用社改革的现实选择》，载《西安金融》，2006（4）。

弊端、财政供养人口过多、农村税费改革的现状等角度，对国家级贫困县的财政收支结构现状进行分析，并从基层政府的主体税种选择、非税收收入结构优化、财政转移支付结构优化、地方政府财政支出结构优化等角度，对如何调整优化贫困县的财政收支结构提出了措施建议。许新成（2004）则从贫困县义务教育发展入手，对义务教育阶段教育资源均衡配置的必要性和可行性进行分析，以重庆市酉阳县为例，分析了贫困县义务教育的发展现状、存在的问题、教育资源配置的差异性及其原因，并从强化政府职责、完善义务教育管理体制，建立教育经费保障机制和实现县域师资资源共享等层面，提出了对策建议。孙海燕（2006）以陕西省渭南市蒲城、合阳、白水三个国家级贫困县为例，对农村信用社发展面临的主要困难和制约因素进行深入调查研究，从培育农村民间小额信贷机构，制定对农村信用社"减负"的特殊政策，建立农村信用担保和保险机制等层面，提出了进一步深化贫困县农村信用社改革的思路和途径。

（二）国内外学者关于产业竞争力问题的研究综述

1. 国外学者关于产业竞争力问题的研究综述

20世纪80年代初，由于美国在钢铁、汽车等传统产业上的霸主地位受到了严重挑战，出于在国际产业竞争中取胜的战略目的，美国政府率先组织了产业竞争力研究。其后，日本、德国、法国等纷纷仿效美国，开展政府层次的产业竞争力研究，并进一步带动了民间科研机构和学者对产业竞争力的研究，取得了丰硕的研究成果。从国外学者涉及的研究范围看，既有对产业竞争力概念、来源、影响因素、形成机制和发展阶段的理论研究，又有对产业竞争力的实证研究；从采用的研究方法看，既有一般定性的描述和逻辑推理，又有各种竞争力评价指标体系和评价模型的运用。具体说来，主要包括：

（1）界定产业竞争力的内涵。如美国总统竞争力委员会在《关于产业竞争力的报告（1984）》中指出："产业竞争力是在自由良好的市场条件下，能够在国际市场上提供良好的产品和服务，同时又能提高本国人民生活水平的能力。"美国哈佛大学的迈克尔·波特教授指出，提高一国竞争力的核心是提高产业竞争力，产业是生产直接相互竞争产品或服务的企业集合，"产业竞争力"是一个国家能否创造一个良好的商业环境，使该国企业获得竞争优势的能力。

（2）分析产业竞争力的影响因素。围绕产业竞争力的源泉，国外学者从不同角度对其关键影响因素进行了深入分析，提出了比较优势理论、竞争优势理论、创新理论、产业竞争力差异理论等一系列经典理论，其中比较著名的是迈克尔·波特的竞争优势理论。他在考察欧美亚 10 国产业竞争优势的基础上，得出结论：一国的特定产业是否具有国际竞争力取决于六个因素：生产要素、需求条件、相关与辅助产业的状况、企业策略结构与竞争对手、政府行为和机遇。这六个因素构成著名的"钻石模型"或"菱形模型"。波特教授以这一分析范式为基本框架，展开他的全部研究过程，对产业国际竞争力研究作出了非常有价值的贡献。[①] 此外，加拿大学者帕德莫和吉布森通过对"钻石模型"进行改进，提出了分析区域产业竞争力的"GEM 模型"。GEM 模型指出影响区域产业竞争力的因素主要包括六大因素，即资源、设施、供应商和相关辅助产业、企业的结构、战略和竞争、本地市场和外部市场。

（3）构建产业竞争力的评价指标体系。为了对各国（地区）的产业竞争力进行比较分析，许多机构和学者都建立了自己的评

---

① 金碚：《竞争力经济学》，广东经济出版社 2003 年版，第 37 页。

价指标体系。如 1985 年世界经济论坛初步形成独立的理论概念与统计方法体系，并首次发表各国国际竞争力评价排名报告。1989 年世界经济论坛与瑞士洛桑国际管理学院合作推出了《世界竞争力报告》，提出了 IMD 国家竞争力分析模型，把国际竞争力指标分为 381 项，这些指标归纳为十大类，即经济活力、工业效率、市场趋向、金融活力、人力资源、国家干预、资源利用、国际化倾向、未来趋势和社会政治稳定性。1991 年以后，它们又将这些因素重新调整、归类及合并，形成一直延续至今的八大要素论，即国内经济实力、国际化程度、政府作用、金融环境、基础设施、企业管理、科学技术和国民素质。IMD 在八大因素模型基础上不断结合实践，修正评价指标，如 1995 年 IMD 分析模型八大要素涉及 41 个领域 224 个指标，1999 年涉及 288 个指标，2000 年涉及 290 个指标，[①] 每年都会推出《全球竞争力报告》。瑞士洛桑国际管理学院则将国际竞争力决定要素归纳成经济运行、政府效率、商务效率和基础设施等 4 个方面，每年推出《世界竞争力年鉴》。

2. 国内学者关于产业竞争力的研究综述

随着对外开放的深化和国外产品在国内市场份额的扩大，1991 年经济学家狄昂照承担了原国家科委软科学课题《国际竞争力的研究》，并于 1992 年由改革出版社出版了专著《国际竞争力》，成为国内研究竞争力的开山之作。而后，中国社科院的金碚、裴长洪等众多经济学家，从国家竞争力、企业竞争力、城市竞争力、区域竞争力、产业竞争力等不同层面对竞争力进行了理论与实证研究。其中，关于产业竞争力的研究主要集中在以下几

---

① 谢立新：《区域产业竞争力——泉州、温州、苏州实证研究与理论分析》，社会科学文献出版社 2004 年版，第 40 页。

个方面:

(1) 对区域产业的整体竞争力进行研究。比较有代表性的研究成果主要包括盛世豪的《产业竞争论》、马金书的《西部地区产业竞争力研究》,李春林的《区域产业竞争力:理论与实证》、蔡得久的《辽宁产业竞争力》、谢立新的《区域产业竞争力——泉州、温州、苏州实证研究与理论分析》、吴照云的"我国欠发达地区产业竞争力的实证研究"、魏后凯的"全国17城市产业竞争力的综合评价分析",等等。其中,盛世豪(1999)运用现代竞争理论,从产业结构、技术创新、规模经济、全球经济一体化等方面,对产业竞争力问题讲行了系统研究。马金书(2005)采用价值链分析模型,分析了西部地区产业竞争力培育的环境条件,按照产业市场份额、资产利润率等评价指标,对西部地区工业竞争力进行了实证性分析,并从新型工业化、特色产业培育、人力资源开发、企业竞争力培育、制度创新和政府作用等角度,探索了培育产业竞争力的路径①。蔡得久(2004)则对辽宁产业竞争力进行了系统研究,提出了研究地方产业竞争力的基本框架,构建了评价指标体系,并对改革开放以来辽宁经济竞争力、工业竞争力、支柱产业竞争力、新兴主导产业竞争力、制造业结构升级状况、服务业竞争力、农业竞争力、产业结构竞争力和产业组织竞争力的现状、发展态势和矛盾予以现实分析和评价,指出了制约辽宁产业竞争力提高的因素,给出了提高辽宁产业竞争力的对策和建议②。谢立新(2005)则以苏州、泉州、温州三个发达地区为案例,围绕产业结构转换能力、产业空间聚散能力和产业组织成长能力,对区域产业竞争力的影响因素和解决

---

① 参见马金书:《西部地区产业竞争力研究》,云南人民出版社2005年版。
② 参见蔡得久:《辽宁产业竞争力研究》,东北财经大学出版社2004年版。

对策提出了自己的观点，具有重要的借鉴意义①。

（2）对区域某一具体产业的竞争力进行分析。如中国社会科学院的金碚等人（1997）出版了《中国工业国际竞争力－理论、方法与实证研究》，从工业品国际竞争力角度探讨了产业竞争力的内涵，在借鉴国际产业竞争力的经济分析范式的基础上，探索了中国工业国际竞争力的研究理论和方法，提出了我国工业品国际竞争力的实现指标、因素指标，对于研究产业国际竞争力评价指标具有重要借鉴作用。周飞跃（2006）围绕中药产业的竞争力提升战略问题，从理论基础、关键影响因素、形成程序、匹配与选择、实施与评价等角度展开系统分析，界定了中药产业竞争制胜的关键因素，剖析了中药产业的优势和弱点，外部机遇与威胁，并寻求行之有效的竞争力提升战略。从区域角度看，谢章澍等学者对闽台高新技术产业的竞争优势进行了比较研究，在客观分析闽台高科技产业内涵的基础上，用定性排序、定量转化法综合比较两地高科技产业竞争力，找出闽台高科技产业竞争力之间的差距及原因，认为闽台高科技产业协同发展可以实现两地产业竞争力的共同提升②；黄花叶（2002）等对湖北省光电子产业竞争力进行了实证研究，提出了一套适合区域高新技术产业竞争力的指标体系和分析方法，并以湖北省的光电子产业为实证分析对象，根据分析的结果提出了加快产业发展的对策建议。③ 贾若详（2003）以我国东部沿海省市制造业为例，对区域产业竞

---

① 参见谢立新：《区域产业竞争力——泉州、温州、苏州实证研究与理论分析》，社会科学文献出版社2004年版。

② 谢章澍、朱彬：《闽台高科技产业竞争力比较研究》，载《福州大学学报》（哲学社会科学版），2001（3）。

③ 黄花叶、聂鸣：《湖北省光电子产业竞争力评价实证研究》，载《科技管理研究》，2002（4）。

争力进行比较研究，指出影响产业竞争力的因素主要包括资源禀赋、区位条件、科学技术、产业组织和政策环境，构建了用区位商综合评价产业竞争力的方法，并用其对东部沿海省市的制造业竞争力进行了评价；等等。

（3）对区域产业竞争力的某一关键影响因素进行分析。如陆立军、樊杰等学者分析了企业技术创新与地区产业竞争力的关系。如陆立军（2003）从产业发展、技术创新与产业结构调整等方面分析了科技型中小企业群对区域经济竞争力的提升作用，并就科技型中小企业对区域经济竞争力的提升机制作了阐述。[1]裴长洪从理论、实证和模型分析等不同角度探讨了外商直接投资与产业竞争力之间的关系，建立了行业分析、市场类型和价值链三种方法相结合的理论框架，并提出了衡量产业国际竞争力的指标体系；杜群阳（2000）也对外商直接投资与产业竞争力的关联机制展开研究，提出了外资通过产业结构、劳动生产率、企业竞争等要素影响产业竞争力的机制，建立符合我国经济发展实际的，外资对产业竞争力作用绩效的评估指标体系，并考察了浙江省及其它沿海开放省份的产业竞争力状况，运用评估指标体系分析了外商直接投资在我国产业竞争力发展中的功效。[2] 王缉慈、傅京燕等人则分析了产业集群化发展对区域产业竞争力的影响。如北京大学的王缉慈（2004）以我国制鞋业为案例，提出地方产业集群战略是提升我国制鞋业竞争力最有效的方法，产业集群能够为企业之间的外部协同提供一个良好的环境，使企业之间共享生产资料、公共服务、区域品牌，通过合作来提高集体效率，

---

① 周国红、陆立军、孙家良：《基于科技型中小企业群的区域经济竞争力研究》，载《经济地理》，2003（3）。

② 杜群阳：《外商直接投资与产业竞争力关联机制研究》，浙江工业大学 2000 级硕士论文。

并在合作中促进创新。她分析了我国各鞋业集群的现状和特点，围绕提升制鞋业竞争力问题，提出了相应的政策建议。①

（三）对国内外相关文献的简要评价

国内外学者虽然从不同角度对区域产业竞争力问题和贫困县发展问题进行了研究，但仍存在许多尚待完善之处。

第一，从研究切入点看，以往关于产业竞争力和区域产业竞争力的研究，多是从某个产业的竞争力或某个发达地区、某个省区的区域产业竞争力的角度展开分析，内容也多是介绍已有的成功经验。而对于贫困县这一市场竞争中的弱势单元，如何结合实际，进行产业竞争力的影响因素分析、模型构建和对策思考，还比较薄弱。从国内关于贫困县的研究看，我国学者和相关政府部门多是从完善扶贫开发机制，加快经济发展或就财政、金融等某个具体领域展开研究，很少从提升贫困县产业竞争力的角度进行系统分析。事实上，在市场经济体制背景下，要增强贫困县的自我发展能力，提高政府扶贫开发的有效性，实现贫困县的稳定脱贫和持续发展，必须培育有竞争力的产业支撑体系。

第二，从研究方法看，国内关于区域产业竞争力的分析，主要是借鉴国外竞争优势理论的分析框架，特别是运用"钻石模型"和"GEM模型"对我国区域产业竞争力进行分析。然而，国外的产业竞争力源泉理论或分析模型只是奠定了分析的基础或框架，而且它们多是根据发达国家的发展经验总结归纳出来的，对于中国这样一个地域广阔、发展不均衡的发展中大国来讲，显然不能完全照搬，在具体研究不同区域的产业竞争力时，必须结合各地的实际情况加以运用。此外，波特的"钻石模型"仍有

①　王缉慈：《提升我国鞋业竞争力的集群战略》，载《中国质量与品牌》，2004（12）。

一些不完美之处，如对于企业和产业的各种外部环境，如体制、宏观经济环境、国际资本、社会文化状况等因素重视不够。因此，如何界定我国贫困县产业竞争力的影响因素和动力机制，对其产业竞争力所处发展阶段加以定位，如何进一步强化产业竞争力的源泉理论对贫困县产业的解释力，完善指标评价体系，提出可操作的战略对策，等等，都还缺乏深入研究和探讨。

三、研究思路和技术路线

本书针对我国贫困县产业市场竞争力和可持续发展能力双重低下的困境，以提升产业的可持续竞争力为主线，以 592 个国家扶贫开发工作重点县为主要研究对象，对如何推动贫困县的产业发展问题进行分析。本书的研究思路是：

第一步，构建分析贫困县产业可持续竞争力的理论基础。首先，界定贫困、贫困县、产业竞争力和产业可持续竞争力的合理内涵。其次，通过对国内外关于产业竞争力的源泉理论如比较生产力决定理论、比较优势理论、竞争优势理论、创新理论、产业竞争力差异理论等，以及竞争力的经典分析模型进行梳理，提炼其借鉴价值，为分析贫困县产业的可持续竞争力问题奠定理论基础。

第二步，以 592 个国家扶贫开发工作重点县为分析对象，选择产业市场影响力等相关指标，对我国贫困县的产业可持续竞争力水平进行测评。并结合产业竞争阶段的一般演进规律，对贫困县产业可持续竞争力所处阶段进行定位。然后，从自然条件、要素支撑、市场化水平、政府扶持、生态环保约束等层面，对制约贫困县产业发展的主要因素进行分析。

第三步，构建贫困县产业可持续竞争力的影响因素模型，为提升竞争力寻找着力点。在借鉴波特"钻石模型"的基础上，结合我国贫困县产业发展的现状，提出影响贫困县产业可持续竞争力的关键因素模型。主要从核心因素、动力因素和支撑因素三个层面展开分析，研究各关键因素对产业可持续竞争力的作用机理，并分析其内在关联，构建动态模型。

第四步，探索贫困县提升产业可持续竞争力可采取的战略措施。以产业可持续竞争力的影响因素为导向，结合贫困县产业发展的实践，从特色产业优化升级、中小企业集群发展、加快要素制度创新和市场体系完善、强化政府的产业扶持、公共产品供给和生态补偿等层面，探索应采取的对策措施。

第五步，以河北省三大贫困带为案例，对贫困县产业发展进行分类分析。侧重研究了生态功能型贫困县、山区型贫困县、资源匮乏型贫困县，在产业发展中存在的突出障碍，分析其提升产业可持续竞争力的科学路径。

本书研究的技术路线为：

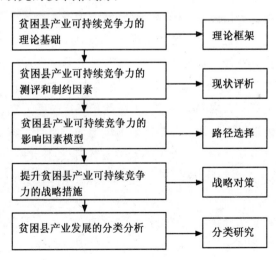

四、研究方法

正确的研究方法是研究工作得以顺利完成的重要前提，本书主要采用以下几种研究方法：

第一，规范分析和实证分析相结合的方法。对产业可持续竞争力的内涵、本质的把握，对产业可持续竞争力的关键影响因素的作用机理及其内在关联的分析，等等，都离不开规范分析的研究方法。而对贫困县产业的可持续竞争力水平的测评，对其制约因素和提升战略的研究，以及对河北省三大贫困带产业可持续竞争力的案例研究，则需要收集大量的现实数据，通过实证分析的方法加以提炼。

第二，系统分析和比较分析相结合的方法。产业可持续竞争力是一个有机整体，不仅受产业系统内部产业结构、企业组织、产业空间结构、产业技术创新能力等内在因素的影响，而且受生产要素体系、市场体系、政府宏观扶持、生态资源等外部因素的影响，因此，只有采用系统分析法，才能对产业可持续竞争的影响因素和提升路径进行准确把握。同时，贫困县产业可持续竞争力是贫困县产业与其他地区同类产业的生产力水平的比较，因此，可持续竞争力水平的测评、所处阶段的定位等问题，都必须通过和其他地区进行比较分析才能准确把握。而且，贫困县数量众多、情况千差万别，要把握不同类型贫困县的共性和差异，得出适合贫困县产业发展的科学路径，离不开比较分析方法的运用。

第三，静态分析和动态分析相结合的方法。贫困县产业可持续竞争力的提升是一个动态的、历史的过程。必须在对贫困县产业竞争力现状进行静态分析的同时，结合其演进轨迹进行动态分析，才能探求到科学的、规律性的结论。

第四，理论研究和对策研究相结合的方法。理论要为实践服务，理论研究的价值在于解决问题，指导实践。对于产业可持续竞争力的研究，只有将理论研究与对策研究结合起来，通过对制约贫困县产业发展的因素进行理论思考，并提出对策措施，才能达到研究的目的。

五、拟创新之处

从产业可持续竞争力的角度对贫困县的产业发展问题进行分析，探索贫困地区的治本之策，在我国产业竞争力研究和扶贫开发研究中尚属薄弱之处。围绕这一主题，本书在以下方面尝试有所突破和创新：

1. 界定产业可持续竞争力的内涵和特征

在借鉴以往学者关于竞争力、产业竞争力内涵界定的基础上，界定产业可持续竞争力的内涵。笔者认为某一区域的产业可持续竞争力是指该区域产业所具有的，在资源和环境的承载范围内，与其他区域同类产业相比，能够持续地凝聚和优化配置生产要素，有效地向市场提供产品或服务，从而实现生存和发展的能力。产业可持续竞争力具有目标多重性、因素多样性、系统开放性等特征。

2. 对贫困县的产业可持续竞争力进行实证测评和阶段定位

建立了产业可持续竞争力的评价指标体系，主要包括产业市场份额和盈利水平、产业效率、产业结构、产业发展和资源环境的协调度等。以此对 592 个国家扶贫开发工作重点县、河北省 51 个国家和省级扶贫开发重点县的产业可持续竞争力水平进行了测评，指出目前，贫困县面临产业市场竞争力和可持续发展能力"双重低下"的困境。并根据产业竞争阶段的一般演进规律，从动态角度对贫困县的产业发展阶段进行定位，提出贫困县目前基本处于初级的资源推动阶段，竞争战略以成本领先战略为主，因此，提升贫困县产业竞争的层次，增强可持续竞争能力，必须逐步向投资推动阶段和创新推动阶段演进。

3. 构建贫困县产业可持续竞争力的影响因素模型

结合贫困县产业发展的现状，从核心因素、动力因素和支撑因素三个层面展开分析，提出影响产业可持续竞争力的核心因素是结构优化能力，主要包括特色优势产业培育力、骨干企业成长力、产业集群发展力。动力因素是产业创新能力，主要包括技术创新力和制度创新力。支撑因素是环境打造力，主要包括生产要素凝聚力、市场机制完善力、政府功能优化力、生态环境承载力。并提出核心、动力和支撑因素之间存在相互推动、相互制约的内在关联，从而构成一个启动产业可持续竞争力形成、变化的动态系统。

4. 探索提升贫困县产业可持续竞争力的战略措施

主要包括：转变发展方式，加快特色产业优化升级，如以"产业化扶贫"为抓手，推动农业现代化；以国家扶持和对接融合为"杠杆"，推动新型工业化；以劳务输出、休闲旅游为重点，推动服务高端化，等等。培育中小企业集群，打造产业"增长极"；提高技术创新能力，完善区域创新体系；加快制度创新，完善要素市场和商品市场体系；强化政府的扶持功能，完善扶贫开发瞄准机制、扶贫资金投入机制、扶贫项目选择机制和扶贫政策协调机制，等等。

5. 结合河北省三大贫困带，对贫困县产业可持续竞争力提升进行分类分析

重点围绕生态功能型贫困县、山区型贫困县、资源匮乏型贫困县，分析其产业发展面临的突出障碍，并探索如何提升其可持续竞争力。如笔者认为，生态功能型贫困县面临的首要任务是进

行生态修复，而非大规模的工业化活动。县域产业发展应按照"保护优先、适当开发"的原则，在资源环境承载范围内培育特色优势产业；采取点状集约开发模式，提高产业的聚集竞争优势和可持续发展能力；并着力完善财政转移支付制度，建立健全对贫困县的生态资源补偿机制，促进生态型产业和生态型城镇建设，增进区域生态的自我恢复能力，等等。

6. 对农村反贫困治理结构和扶贫开发机制创新进行了探索

围绕贫困县产业发展问题，分析政府治理贫困的功能缺陷，深入挖掘现行农村扶贫开发机制的不足，首次提出要构建政府、非政府组织、社会团体、企业、贫困农户等多元主体的"合作式反贫困治理结构"，重点完善扶贫资金投入和资源整合机制、扶贫项目选择监管机制、扶贫对象瞄准机制、扶贫政策协调机制，等等，构建合理分工、优势互补的反贫困有机整体，以有效促进贫困县产业发展和可持续竞争力提升。

第一章 贫困县产业可持续竞争力的理论基础

　　研究贫困县的产业可持续竞争力问题，必须首先准确把握贫困、贫困县、产业竞争力、产业可持续竞争力等基本概念，了解、借鉴以往国内外学者关于产业竞争力源泉理论和分析模型的经典论述，从而为分析贫困县产业问题奠定坚实的理论基础。

第一节 贫困县产业可持续竞争力的内涵界定

一、贫困和贫困县的内涵

1. 贫困的内涵

　　贫困是一个历史的、地域的概念，在不同国家或地区，由于经济发展水平、社会文化背景、判断衡量标准的差异而表现出较大的不同。最早对贫困现象的产生与发展规律进行系统研究，并明确界定贫困概念的人是英国的管理学家本杰明·西伯姆·朗特里，他在 1901 年出版的《贫困——关于乡村生活的研究》一书中详细阐述了贫困的定义："如果一个家庭的总收入不足以维持家庭人口最基本的生存活动要求，那么，这个家庭就基本上陷入了贫困之中。"一般来说，世界各国普遍认同世界银行对贫困概念的界定，世界银行在《1981年世界发展报告》中指出："当部分群体没有足够的资源去获取他们那个社会承认的，一般都能享受到的饮食、生活条件、舒适和参加某些活动的机会，就是处于贫困状态。"在此基础上，《1990年世界发展报告》又提出，衡量生活水准不仅要考虑家庭的收入和人均支出这些直接的经济指标，还应该考虑包括医疗卫生、预期寿命、识字能力以及公共货物或共同财产资源的获得情况在内的福利指标，并将贫困定义简化为："缺少达到最低生活水准的能力。"[①] 2001年，世界银行对于贫困的表述又发展为"贫困不仅仅意味着低收入和低消费，而且还意味着缺乏受教育的机会、营养不良、健康状况差，即贫困意味着无权、没有发言权，脆弱和恐惧等"[②]。由此可见，对贫困的定义经历了一个从简单到复杂，由狭义到广义的不断扩展的过程，从最初强调物质和收入绝对数量的的多少，逐渐发展为包括社会公平和发展机会的大小等方面。

根据对贫困现象的理解程度和认识程度，国内外学者将贫困具体划分为绝对贫困和相对贫困，狭义贫困和广义贫困。绝对贫困又称生存贫困，是指一定的社会生产方式和生活方式下，个人或家庭收入不能维持基本生存需要的状况。相对贫困是指当一个人或家庭的收入比社会平均水平少到一定程度时所表现出的贫困状况，它是根据低收入者与社会其他成员收入的差距来判定贫困

---

① 参见世界银行：《1990年世界发展报告》，中国财政经济出版社1990年版。
② 康涛、陈斐：《关于我国农村贫困与反贫困的研究》，载《华中农业大学学报》，2002（4）。

的。狭义贫困仅仅指物质上的贫困，反映维持生活与生产的最低标准。处于这种贫困状况中的人所追求的是物质生活上的满足，可以用一系列经济指标来衡量。广义贫困又称为发展贫困，除了包括经济意义上的物质贫困之外，还包括社会方面、环境方面、精神文化方面的贫困，即贫困者不仅处于分配的最底层，而且在一个社会中所处的地位低下，在就业、教育、发展机会、健康、精神、自由等个人发展和享受方面的权利受到"社会剥夺"。广义贫困在经济发达的资本主义国家表现最为典型。

笔者认为，贫困实质上是指在一定的自然、经济、社会条件下，人们由于缺乏持续、足够的收入，而无法维持生理上要求的和社会公认的基本生活标准的状态。对于中国这样一个发展中的社会主义国家来说，贫困是广义的贫困，包括自然、经济、社会、文化、精神各个方面，从人的全面发展来衡量。而且，我国的贫困主要是指农村的贫困、农民的贫困，我国实施扶贫开发工程的着力点是缓解农村贫困问题。

2. 贫困县的界定和分布

贫困县是一个相对的、动态的范畴，通常与"落后"一词连用，相对于发达县而言的，不同国家或一个国家在不同时期划分贫困县的标准各不相同。

1986 年，我国成立了国务院扶贫开发领导小组，下设国务院扶贫开发办公室，启动了历史上规模最大的针对农村贫困人口的扶贫开发计划。针对我国贫困人口分布的区域集中特征，为防止扶贫资金的分散使用，我国将贫困人口比较集中的县确定为国家贫困县（2000 年以后改称为国家扶贫开发工作重点县），由中央政府直接组织各种资源予以扶持。1986 年国务院扶贫领导小组将 1985 年农民年人均纯收入低于 150 元的 258 个县确定为国家级贫困县，其中，革命老区和少数民族自治县的标准扩大到

200 元，对中国革命做出重要贡献的老革命根据地和内蒙古、新疆、青海的一部分有特殊困难的少数民族自治县的标准提高到300 元（国务院扶贫办，1989）。1987 年，13 个革命老区县和 2 个其他县被列为国家级贫困县。1988 年，27 个牧区和半牧区县被定为贫困县，加上自 80 年代初期以来就一直得到国家财政援助的"三西"地区的贫困县，国定贫困县的总数在 1988 年达到328 个。其中，陕西、甘肃、云南、广西和四川的贫困县最多，而甘肃、宁夏、陕西、青海和广西贫困县占总县数的比例最大。到 1988 年，还有 370 个县被确定为省级贫困县。1989 年，海南从广东独立出来建省，国家又在海南确定了 3 个国家级贫困县，使国家贫困县的总数达到 331 个，直到 1993 年，国定贫困县的数量和范围没有发生变化。

　　1993 年制定和实施"八七"扶贫攻坚计划时，考虑到 1986 年确定贫困县以来的变化，国务院扶贫领导小组对国定贫困县进行了大规模调整。将 1990 年农民年人均纯收入低于 300 元作为划分新贫困县的标准，虽然当时符合这一标准的贫困县只有 326 个，但由于将以往的贫困县从名单中去除遭到强烈反对，结果，很少有贫困县从名单中去除，反而增加了很多新的贫困县，最终导致调整后的国定贫困县数量从 331 个增加到 592 个，共分布在全国 27 个省（自治区、直辖市），覆盖了全国 72% 以上的农村贫困人口。

　　进入新世纪以后，尽管扶贫投资的基本单位在农村扶贫纲要实施期间由贫困县变为贫困村，但 2001 年国务院扶贫领导小组仍然重新认定了 592 个国家级贫困县，作为扶贫的重点对象，并改称国家扶贫开发工作重点县。这次贫困县的调整主要是取消沿海发达地区的所有国定贫困县，同时增加了中西部地区的贫困县的数量并保持总量不变。当时，按照农民年人均纯收入低于 625

元的标准，新定的 592 个国家级贫困县分布在 21 个省（区、市）的少数民族地区、革命老区、边疆地区和特困地区，覆盖了全国约 71% 的绝对贫困人口和 67% 的低收入线以下的贫困人口①。当时，我国国家扶贫开发工作重点县数量的确定采用了"631 指数法"② 进行测定，即贫困人口（占全国比例）占 60% 权重（其中绝对贫困人口与低收入人口各占 80% 与 20% 比例）；农民人均纯收入较低的县数（占全国比例）占 30% 权重；人均 GDP 低的县数、人均财政收入低的县数占 10% 权重。其中：农民人均低收入以 1300 元为标准；人均 GDP 以 2700 元为标准；人均财政收入以 120 元为标准。尽管扶贫开发重点县与贫困县在称谓上有所变化，但二者界定的实质都源于贫困，本书为了研究方便，仍使用贫困县这一大家所熟知的概念。具体说来，目前我国 592 个国家扶贫开发工作重点县分布情况如表 1-1 所示：

表 1-1　我国 592 个国家扶贫开发工作重点县分布情况

省区市	数量	县名单
河北	39	阳原县、崇礼县、赤城县、尚义县、万全县、怀安县、张北县、康保县、沽源县、蔚县、涞源县、阜平县、顺平县、南皮县、盐山县、东光县、海兴县、孟村县、献县、大名县、丰宁县、广平县、广宗县、巨鹿县、宽城县、临城县、灵寿县、隆化县、滦平县、平泉县、平山县、青龙县、涉县、围场县、魏县、武强县、武邑县、赞皇县、唐县

① 中国发展研究基金会：《在发展中消除贫困》，中国发展出版社 2007 年版，第 108 页。

② "631 指数法"是在选择国家级扶贫开发重点县时，不再单纯考虑县域农民的人均纯收入水平这一单一指标，而是综合考虑贫困人口的覆盖率、县域农民人均纯收入、县域人均国民生产总值和人均财政收入等多项指标，根据这些指标的重要性，分别赋予它们不同的权重，根据各县最终得分加以排名、选择。

续表 1-1

省区市	数量	县名单
山西	35	娄烦县、阳高县、天镇县、广灵县、灵丘县、浑源县、平顺县、壶关县、武乡县、右玉县、左权县、和顺县、平陆县、五台县、代县、繁峙县、宁武县、静乐县、神池县、五寨县、岢岚县、河曲县、保德县、偏关县、吉县、大宁县、隰县、永和县、汾西县、兴县、临县、石楼县、岚县、方山县、中阳县
内蒙古	31	托克托县、清水河县、巴林左旗、巴林右旗、翁牛特旗、喀喇沁旗、准格尔旗、商都县、科右中旗、扎赉特旗、太仆寺旗、察右前旗、察右中旗、察右后旗、四子王旗、化德县、武川县、固阳县、杭锦旗、乌审旗、和林县、达茂旗、林西县、宁城县、克什克腾旗、敖汉旗、多伦县、库伦旗、奈曼旗、伊金霍洛旗、鄂托克前旗
吉林	8	大安市、通榆县、镇赉县、靖宇县、汪清县、安图县、龙井市、和龙市
黑龙江	14	绥滨县、甘南县、同江市、桦南县、延寿县、林甸县、饶河县、泰来县、杜蒙县、汤原县、抚远县、兰西县、桦川县、拜泉县
安徽	19	临泉县、阜南县、颍上县、利辛县、霍邱县、寿县、霍山县、舒城县、裕安区、金寨县、岳西县、太湖县、宿松县、枞阳县、潜山县、长丰县、无为县、石台县、泾县
江西	21	兴国县、宁都县、于都县、寻乌县、会昌县、安远县、上犹县、赣县、井冈山市、永新县、遂川县、吉安县、万安县、上饶县、横峰县、波阳县、余干县、广昌县、乐安县、修水县、莲花县

续表1-1

省区市	数量	县名单
河南	31	嵩县、汝阳县、宜阳县、洛宁县、栾川县、新县、固始县、商城县、淮滨县、光山县、虞城县、睢县、宁陵县、民权县、新蔡县、确山县、平舆县、上蔡县、淅川县、桐柏县、南召县、社旗县、台前县、范县、沈丘县、淮阳县、鲁山县、封丘县、兰考县、滑县、卢氏县
湖北	25	利川市、建始县、巴东县、恩施市、宣恩县、来凤县、咸丰县、鹤峰县、郧西县、竹山县、竹溪县、郧县、房县、丹江口市、英山县、罗田县、麻城市、红安县、蕲春县、长阳自治县、秭归县、孝昌县、大悟县、阳新县、神农架林区
湖南	20	古丈县、泸溪县、保靖县、永顺县、凤凰县、花垣县、龙山县、桑植县、平江县、新化县、安化县、新田县、自治隆回县、沅陵县、桂东县、通道自治县、城步县、邵阳县、江华县、汝城县
广西	28	环江县、罗城县、南丹县、天峨县、凤山县、东兰县、巴马县、都安县、大化县、田东县、平果县、德保县、靖西县、那坡县、凌云县、乐业县、田林县、隆林县、西林县、马山县、隆安县、天等县、龙山县、三江县、融水县、金秀县、忻城县、龙胜县
海南	5	保亭县、琼中县、五指山市、陵水县、白沙县
重庆	14	城口县、巫溪县、巫山县、奉节县、云阳县、开县、万州区、秀山县、黔江县、酉阳县、彭水县、石柱县、武隆县、丰都县

续表1-1

省区市	数量	县名单
四川	36	古蔺县、叙永县、苍溪县、朝天区、旺苍县、马边县、仪陇县、嘉陵区、阆中市、南部县、屏山县、广安区、宣汉县、万源市、通江县、南江县、平昌县、壤塘县、黑水县、小金县、石渠县、理塘县、新龙县、色达县、雅江县、昭觉县、布拖县、美姑县、金阳县、雷波县、普格县、喜德县、盐源县、木里县、越西县、甘洛县
贵州	50	雷山县、望谟县、纳雍县、晴隆县、沿河县、三都县、水城县、册享县、赫章县、松桃县、从江县、黄平县、平塘县、大方县、剑河县、紫云县、榕江县、织金县、思南县、长顺县、罗甸县、威宁县、石阡县、印江县、贞丰县、黎平县、普安县、道真县、麻江县、丹寨县、关岭县、台江县、江口县、德江县、兴仁县、岑巩县、锦屏县、务川县、正安县、习水县、普定县、三穗县、荔波县、天柱县、镇宁县、盘县、施秉县、独山县、安龙县、六枝特区
云南	73	宁蒗县、永胜县、泸水县、兰坪县、贡山县、福贡县、广南县、马关县、砚山县、丘北县、文山县、富宁县、西畴县、梁河县、维西县、中甸县、德钦县、东川区、禄劝县、寻甸县、永仁县、双柏县、南华县、大姚县、姚安县、昭阳区、武定县、富源县、会泽县、威信县、绥江县、盐津县、彝良县、大关县、鲁甸县、巧家县、永善县、镇雄县、施甸县、龙陵县、昌宁县、绿春县、红河县、元阳县、屏边县、金平县、泸西县、永德县、凤庆县、沧源县、镇康县、云县、临沧县、双江县、墨江县、澜沧县、镇沅县、孟连县、景东县、江城县、普洱县、西盟县、弥渡县、洱源县、南涧县、永平县、巍山县、漾濞县、鹤庆县、剑川县、云龙县、勐腊县、麻栗坡县

续表 1-1

省区市	数量	县名单
陕西	50	延长县、延川县、子长县、安塞县、吴旗县、宜川县、府谷县、横山县、靖边县、定边县、绥德县、米脂县、佳县、吴堡县、清涧县、子洲县、洋县、西乡县、宁强县、略阳县、镇巴县、汉滨区、汉阴县、宁陕县、紫阳县、岚皋县、镇坪县、旬阳县、白河县、商州区、洛南县、丹凤县、商南县、山阳县、镇安县、柞水县、印台区、耀县、宜君县、合阳县、蒲城县、白水县、永寿县、彬县、长武县、旬邑县、淳化县、麟游县、太白县、陇县
甘肃	43	武都县、宕昌县、礼县、西和县、文县、康县、两当县、临潭县、舟曲县、卓尼县、夏河县、合作市、临夏县、和政县、广河县、康乐县、东乡县、永靖县、武山县、清水县、甘谷县、秦安县、北道区、庄浪县、静宁县、华池县、环县、合水县、宁县、镇原县、定西县、通渭县、临洮县、陇西县、渭源县、漳县、岷县、榆中县、会宁县、天祝县、古浪县、积石山县、张家川县
青海	15	大通县、湟中县、平安县、乐都县、民和县、循化县、化隆县、尖扎县、泽库县、达日县甘德县、玉树县、囊谦县、杂多县、治多县
宁夏	8	西吉县、海原县、固原县、隆德县、泾原县、彭阳县、盐池县、同心县
新疆	27	墨玉县、皮山县、于田县、洛浦县、疏附县、策勒县、和田县、叶城县、柯坪县、伽师县、莎车县、民丰县、疏勒县、乌恰县、托里县、乌什县、青河县、塔什库尔干县、尼勒克县、阿合奇县、岳普湖县、阿图什市、巴里坤县、察布查尔县、吉木乃县、阿克陶县、英吉沙县

从区域分布上看，592 个国家扶贫开发工作重点县集中分布在 21 个省（自治区、直辖市），86 个地区。其中，东部地区的河北、海南 2 省分布有 44 个国家级贫困县，中部 9 省有 204 个，西部 10 省区市有 344 个，东、中、西部的扶贫重点县总数分别占国家重点县总数的 7.4%、34.5%、58.1%，中西部地区拥有的国家扶贫开发工作重点县的比重占 92.6%。[①] 从绝对数看，云南、贵州、陕西的贫困县超过 50 个，从重点县占省总县数比重看，贵州、云南、甘肃都超过 50%。

从地形地貌上看，国家扶贫开发工作重点县主要分布在几省交界地区和中西部自然环境和区位条件恶劣的地区，其中丘陵地区占 18%、山区占 68%、平原地区仅占 14%。592 个重点县分布呈现地理群集性，相对集中于我国 18 个贫困片：冀蒙辽接壤的努鲁儿虎山贫困区、陕甘宁接壤的陕北贫困区、晋冀豫接壤的太行山贫困区、山西西部的吕梁山贫困区、甘肃河西及宁夏南部的西海固贫困区、陇东地区的定西贫困区、陕川豫鄂接壤的秦巴山贫困区、青海海东海西贫困区、鄂豫皖接壤的大别山贫困区、湘黔川接壤的武陵山贫困区、黔桂接壤的九万山贫困区、广西境内的桂西北贫困区、云南境内的滇东南贫困区、川滇黔接壤的乌蒙山贫困区、川滇接壤的横断山贫困区、西藏贫困区、闽赣接壤的革命根据地贫困区、沂蒙山革命根据地贫困区。这 18 个贫困片又分为 6 大贫困类型，即黄土高原丘陵沟壑区贫困类型、东西部平原与山地接壤地带贫困类型、西南喀斯特山区贫困类型、东部丘陵山区贫困类型、青藏高原贫困类型、蒙新干旱区贫困类型[②]。

---

① 根据表 1-1 的数据计算得出。
② 邹德秀：《贫困地区与贫困地区开发》，解放出版社 1999 年版，第 45 页。

从 2002 到 2009 年的 7 年间，在各级政府和全社会的共同努力下，扶贫重点县的贫困人口从 4808 万人减少到 2175 万人，减少了 55%，扶贫重点县的贫困发生率从 24.3% 下降到 10.7%。但扶贫重点县仍覆盖着我国绝大多数的贫困人口，而且减贫速度要慢于全国平均水平，扶贫重点县贫困人口占全国农村贫困人口的比重，从 2002 年的 55.8% 提高到 2009 年的 60.5%，这说明扶贫重点县的扶贫形势依然严峻，扶贫任务依然繁重。

表 1-2　全国农村贫困人口和国家扶贫重点县贫困人口规模及比重

单位：万人、%

年份	全国农村贫困人口	扶贫重点县贫困人口	扶贫重点县占全国的比重
2002	8645	4828	55.8
2003	8517	4709	55.3
2004	7587	4193	55.3
2005	6432	3611	56.1
2006	5698	3110	54.6
2007	4320	2620	60.6
2008	4007	2421	60.4
2009	3597	2175	60.5

值得注意的是，在 592 个国家扶贫开发工作重点县中，包括 100 个革命老区县、43 个陆地边境县和 262 个少数民族县，即有相当高比例的"老、少、边、穷"地区，因此，这些贫困县能否稳定发展，直接关系到革命老区对政府的感情，关系到边境是否能稳定，各民族能否和谐共处，对整个国家的安定和繁荣有重要的支撑作用。

从生态环境上看，许多国家扶贫开发工作重点县位于生态脆弱区域。郭来喜、姜德华[①]（1995）将 592 个贫困县按照生态环境的特点分为三大区域类型：（1）中部山地高原环境脆弱贫困带，包括 5 个亚区：一是蒙古高原东南边缘风蚀沙化贫困区，包括大兴安岭东南部、阴山 – 燕山山区及蒙古高原部分地区，涉及辽、吉、黑三省西部和内蒙古自治区东部以及河北北部，约 60 个贫困县；二是黄土高原沟壑水土严重流失贫困区，包括秦岭 – 伏牛山以北、黄河河套及阴山以南、太行山以西、日月山以东的广大黄土高原区域，涉及山西省大部、陕北、内蒙古、宁夏南部、陇东及河西部分地区和青海省东部，约 130 多个贫困县；三是秦巴山地生态恶化贫困区，位于陕、豫、鄂交界地区，约 50 多个贫困县；四是喀斯特高原丘陵环境危急贫困区，包括以贵州为中心的滇、桂、川、鄂、湘接壤地区，约有 130 多个贫困县；五是横断山脉高山峡谷封闭型贫困区，包括雅砻江 – 元江一线以西的川滇两省横断山脉地区，处在边远的怒江、澜沧江及金沙江上游的三江并流带高山峡谷封闭环境之中，约有 40 多个贫困县。（2）西部沙漠高寒山原环境恶劣贫困带，包括新疆、青海、西藏 3 省的沙漠地区、帕米尔高原及青藏高原条件恶劣区。（3）东部平原山丘环境危急及革命根据地孤岛型贫困带，包括东北沿边地区、华北平原低洼盐碱地区；东部岛状分布的丘陵山区革命根据地贫困区。

二、竞争力和区域产业竞争力的内涵

1. 竞争力的内涵

对竞争力的研究最初源于对国际竞争力的探索，不同机构和

---

① 郭来喜、姜德华：《中国贫困地区环境类型研究》，载《地理研究》，1995（2）。

个人对竞争力的理解有很大的差异,其中,比较有代表性的主要
有以下几种解释:

(1)世界经合组织(OECD)认为,竞争力是面对国际竞
争,支持企业、产业、地区、国家或超国家区域在可持续发展的
基础上进行相对较高的要素收入生产和较高要素利用水平的
能力。

(2)世界经济论坛(WEF)从经济增长的前景来研究竞争
力,将竞争力定义为:"在人均实际收入方面达到持续高增长的
能力⋯一个国家能够达到持续经济增长率的能力。"

(3)瑞士洛桑国际管理开发学院在1994年的《国际竞争力
报告》提出,竞争力是:"一国或一公司在国际市场上均衡地生
产出比其竞争对手更多财富的能力"。

(4)美国总统竞争力委员会在《关于产业竞争力的报告》
中认为:"竞争力是在自由良好的市场条件下,能够在国际市场
上提供良好的产品和服务,同时又能提高本国人民生活水平的
能力。"

(5)美国哈佛大学商学院的管理学家迈克尔·波特(Poter,
1990)认为:国家经济竞争力是指该国产业创新和升级的能力,
即该国获得生产力高水平及持续提高生产力的能力。

(6)中国科学院可持续发展研究组在《中国国际竞争力发
展报告》(2001)中提出,竞争力是"一个国家在世界经济的大
环境下,与各国的竞争力相比较,其创造增加值和国民财富持续
增长的能力"。[①]

(7)中国社科院工业经济研究所金碚在1997年提出,竞争

---

① 参见中国科学院可持续发展研究组:《2003中国可持续发展战略报告》,科
学出版社2003年版。

力是指在自由贸易条件下，一国某特定产业的产出品所具有的开拓市场、占据市场并以此获取利润的能力。

（8）武汉大学经济学教授邹薇提出，一国的竞争力是在国际市场上战胜对手的能力，更是谋求持续发展的实力。[①]

笔者认为，虽然不同机构和学者对竞争力的内涵界定存在差异，但也有一些共通之处。

第一，对竞争力的研究落脚点都放在特定利益主体在竞争中生存、发展以及获得收益的能力大小上，也就是特定的利益主体能否在市场上比其他利益主体以更低的价格、更高的质量、更优的服务、更好的战略来占领市场并获得收益。因此，我们认为所谓竞争力是特定利益主体在国际国内市场上相对于其他利益主体所具有的生存和发展，并由此获取收益的能力。

第二，对竞争力的研究必须是多层次、分角度的。由于参与竞争的利益主体可以划分为国家、地区、产业、企业、城市等多个层次，因而对竞争力的研究必须有针对性地围绕国家竞争力、区域竞争力、产业竞争力、企业竞争力等层次来进行。

第三，竞争力的实质是生产力水平的比较。竞争力实际上是一个涉及国家或地区之间经济关系的经济学概念。在市场上，竞争力体现在特定利益主体，能否比其他利益主体更合理配置要素资源、提高生产效率，或者善于创造差异性强的商品和服务，从而赢得比较优势和竞争优势的能力。美国经济学家迈克尔·波特指出："在国家层面上，竞争力的唯一意义就是国家生产力。"美国总统竞争力委员会《关于产业竞争力的报告（1984）》也明确指出："在国家水平上，竞争力是以卓越的生产力绩效为基础

---

① 谢立新：《区域产业竞争力——泉州、温州、苏州实证研究与理论分析》，社会科学文献出版社 2004 年版，第 6 页。

的。"因此，竞争力实质上体现了竞争主体之间生产力的比较。①

第四，竞争力不仅包含现实竞争力，更包含潜在竞争力。对竞争力的研究，不仅要研究特定利益主体现有生产要素参与市场竞争所表现出来的生存能力，而更重要的是必须研究特定利益主体相对于其他利益主体的未来发展潜力。正如美国总统竞争力委员会《关于产业竞争力的报告》中指出："一个国家长期的竞争能力，包括该国经济长期增长的潜力以及该国经济结构及出口结构能够随市场需求不断变革的能力。"因此，研究区域层次的竞争力，其落脚点要体现在其产业及其企业是否具有持续的创新和升级的能力。②

2. 产业竞争力的内涵

对于产业竞争力的内涵，国内外学者也从不同角度予以诠释。美国哈佛大学的管理学家迈克尔·波特是第一位从事产业竞争力研究的学者，他认为"产业"是生产直接相互竞争产品或服务的企业集合，"产业竞争力"是一个国家能否创造一个良好的商业环境，使该国企业获得竞争优势的能力。此外，美国总统竞争力委员会在《关于产业竞争力的报告》（1984）中认为："产业竞争力是在自由良好的市场条件下，能够在国际市场上提供良好的产品和服务，同时又能提高本国人民生活水平的能力。"

国内学者关于产业竞争力的内涵主要包括四种观点：（1）"生产力和市场力说"。代表人物是中国社科院的金碚博士，他对产业国际竞争力的定义作了详细阐述，认为产业竞争力是在国际间自由贸易条件下（或在排除贸易壁垒因素的条件下），一国特定产业以其相对于他国的更高生产力，向国际市场提供符合消

---

① 谢立新：《区域产业竞争力》，社会科学文献出版社2004年版，第9页。
② 夏智伦：《区域经济竞争力研究》，湖南大学出版社2006年版，第13页。

费者（包括生产型消费者）或购买者需求的更多产品，并持续地获得盈利的能力。显然，这一定义包含了两个内容：生产力和市场力，认为产业竞争力是一国特定产业通过在国际上销售其产品而反映出的生产力。[①] （2）"比较优势和竞争优势说"。代表人物是中国社会科学院的裴长洪博士。他指出产业竞争力是指属地产业的比较优势和它的一般市场绝对竞争优势的总和。（3）"综合生产能力说"。代表人物是浙江省委党校的盛世豪教授，认为产业竞争力是指某一产业在区域之间的竞争中，在合理、公正的市场条件下，能够提供有效产品和服务的能力。产业竞争力是产业的供给能力、价格能力、投资盈利能力的综合。[②] （4）"效率能力创新说"。代表人物是四川师范学院的张超教授，认为"产业竞争力是指属于不同国家的同类产业之间效率、生产能力、创新能力的比较，以及在国际间自由贸易条件下各国同类产业最终在产品市场上的竞争能力"[③]。

从上述关于产业竞争力的内涵界定，笔者认为可以归纳出以下几点：

第一，从本质上看，产业竞争力的实质是产业的比较生产力。当研究产业竞争力时，总是关系到一国（地区）的某一产业同其他国家（地区）的同类产业之间的比较。产业竞争力就是某一国家或区域的某一产业能够比其他国家（地区）的同类产业更有效地向市场提供产品或者服务的综合素质。[④]

第二，从层次性看，产业竞争力位于国家（地区）和企业

① 周飞跃：《产业竞争力提升战略》，经济科学出版社 2006 年版，第 19 页。
② 刘小铁、欧阳康：《产业竞争力研究综述》，载《当代财经》，2003（11）。
③ 张超：《提升产业竞争力的理论与政策探微》，载《宏观经济研究》，2002（5）。
④ 金碚：《竞争力经济学》，广东经济出版社 2003 年版，第 32 页。

之间的中间层次，它既和企业竞争力紧密相连，又和国家（地区）竞争力密不可分，是联系企业竞争力和国家竞争力的纽带，是一个国家、地区综合竞争力在各个产业中的具体体现。

第三，从空间性看，产业竞争力有国家、区域两个层面。区域产业的竞争力是指特定区域的特定或整体产业在国际、国内市场上的竞争力。国家产业的竞争力则是一国特定或整体产业在国际、国内市场上的竞争力。

第四，从产业分类看，包括产业整体竞争力和具体产业竞争力。产业整体竞争力是指综合考察国家或区域内各次产业后，得到的国家或区域产业整体的竞争能力。具体产业竞争力是指国家或区域的某一特定产业的竞争力。

综上所述，笔者认为，所谓区域产业竞争力是指某一区域产业在市场竞争中所具有的，比其他区域的同类产业更有效地向市场提供产品或服务，从而实现生存和发展的能力。对于贫困县来说，由于其产业体系在区域竞争中处于要素凝聚和市场开拓的弱势地位，产业整体缺乏竞争优势。但是，通过依托某种特色资源的比较优势，制定科学的竞争战略和扶持措施，完全可以培育出少数有特色竞争优势的产业，并在市场竞争中实现生存和发展。因此，所谓贫困县产业竞争力是指贫困县某些产业所具有的，比其他区域的同类产业更有效地向市场提供产品或服务，从而实现生存和发展的能力。由于一国（区域）某产业的竞争力不仅取决于本产业自身企业的竞争力，而且同其相关及辅助产业的发展状况也有密切关系。所以，产业竞争力研究有其关注的主要产业，但原则上并不把其他相关产业排除在视野之外。

三、产业可持续竞争力的内涵与特征

1. 产业可持续竞争力的内涵

产业竞争和产业发展是一个长期的动态过程，因此，从时间性来看，区域产业竞争力包括现实竞争力和持续竞争力两个层面。现实竞争力是指特定利益主体现有的市场竞争能力。持续竞争力是指可预见的潜在竞争能力。正如美国总统竞争力委员会《关于产业竞争力的报告》（1984）中指出："一个国家长期的竞争能力，包括该国经济长期增长的潜力以及该国经济结构及出口结构能够随市场需求不断变革的能力。"① 因此，本书研究贫困县的产业竞争力，其重心放在区域产业是否能通过结构优化、持续创新和环境改善等途径，获得可持续的市场竞争能力。

特别是20世纪中后期以来，随着工业化进程的推进，资源、生态环境对产业发展的承载能力日趋下降，约束能力日益上升，研究产业的可持续发展问题迫在眉睫。根据1987年联合国环境与发展委员会提交的报告《我们共同的未来》，所谓可持续发展是指"既能满足当代人的需要，又不对后代人满足其需要的能力构成危害的发展"。它是人们经过对传统经济发展模式有关资源开发、生态环境的负面影响进行反思，而提出的一种全新的发展模式。可持续发展强调在产业发展的基础上，做到保护环境、保持生态平衡以及资源的循环和持续利用。我国在1992年制定了《中国环境与发展十大对策》，明确提出走可持续发展道路是中国当代以及未来的选择。目前我国正处于向中等收入国家的迈进阶段，这既是一个黄金发展时期，也是矛盾凸现时期。水、土地、能源、矿产等资源不足的矛盾越来越突出，生态建设和环境

---

① 夏智伦：《区域经济竞争力研究》，湖南大学出版社2006年版，第13页。

保护的形势日益严峻。特别是对于生态资源环境原就脆弱的贫困县来说，由于产业发展方式粗放，资源消耗、环境污染、生态破坏等问题尤为突出，必须在可持续发展的原则下，提升产业竞争力。因此，贫困县应以提升可持续竞争力为目标，推动产业发展。

所谓贫困县产业可持续竞争力是指贫困县某产业所具有的，在资源和环境的承载范围内，与其他区域同类产业相比，能够持续地凝聚和优化配置生产要素，有效地向市场提供产品或服务，从而实现生存和发展的能力。产业可持续竞争力包含两个层面的涵义：一方面，通过生产要素结构的改善，市场环境、政府环境、创新能力的优化，不断提升产业的比较生产力，获得可持续的市场竞争能力；另一方面，通过提高资源利用效率和生态维持能力，获得可持续的资源环境协调发展能力。

2. 产业可持续竞争力的特征

与其他层面的竞争力研究相比，产业可持续竞争力具有自身的特征：

第一，目标多重性。提高产业的可持续竞争力，应追求经济效益和生态效益的有机结合。既要增强产业的市场竞争能力，拓展市场份额和盈利空间，创造更多更优的产品和服务，为区域发展提供更多的就业机会和增收渠道。又要考虑资源和生态环境的承载能力，实现产业与资源、环境的协调发展，通过产业结构的优化、产业发展方式的集约型转变，提高资源的利用效率，减少对生态自然环境的破坏，增强区域资源环境对产业发展的可持续的承载能力。

第二，因素多样性。产业可持续竞争力是自然区位、资源状况、要素结构、产业结构、市场环境、企业组织、政府功能、生态环境等诸多因素共同作用、综合影响的产物。对不同的产业发展阶段和产业类型，各因素的作用力不同。如对处于工业化初期，以劳动密集型产业、资源加工型产业、农副产品加工产业为主导产业的贫困县来说，自然资源、劳动力状况等初级要素的影响更直接。但随着工业化进程的推进，资本、技术、人才等高级要素的持续投入对区域产业竞争力的影响日趋明显。

第三，系统开放性。产业可持续竞争力的形成和演变，不仅受区域内环境的影响，也受到区域外环境的影响。区域内外不断进行着资源、资金、技术、信息和人才等要素的交流互动。特别是随着我国社会主义市场经济体制的建立和国际国内市场一体化进程的推进，区域产业的发展绝不是封闭的，必须不断吸收和容纳新的生产要素，使其与原有要素合成新的有效的生产力，并淘汰落后生产力，从而保持生产力系统的动态更新。

第二节　产业竞争力的源泉理论

研究产业可持续竞争力问题，必须准确把握竞争力的源泉。从国内外文献的研究中，我们可以发现，虽然国内外学者对竞争力的研究还不足 30 年的历史，但对竞争力来源的理论探讨却达 200 余年，涉及国际贸易、区域经济学、技术经济学、经济地理学、管理学等多学科、多领域。这些理论从不同角度、不同侧面解释了竞争力的来源，具有明显的社会经济发展演变的印记，反映了对竞争力理论的探索不断深化的过程，同时也为开展贫困县产业竞争力分析提供了理论基础。

一、经济学关于竞争力源泉的分析路线

从国内外学者关于竞争力源泉的研究路线看，经济学遵循了从抽象到具体，即逐步放松假设条件的逻辑顺序。在古典的经济学分析中，通常假定相互竞争的企业所生产和销售的产品（或服务）是完全相同的，这样，企业的竞争力强、市场占有率高的原因就归结为该企业提供的产品价格更低。那么，为什么企业之间的生产成本会有差别，因而导致其产品的价格不同呢？古典经济学改变了关于企业"同质"性的基本假定，引入了企业差异性的条件，假设企业之间存在由分工和专业化所产生的生产率差别。亚当·斯密最早深入论证了分工对提高劳动生产率的作用，从分工和专业化的逻辑推演，假定企业之间存在规模差别，由于规模经济的作用，通常规模较大的企业会比规模较小的企业生产成本更低。

在放松了关于企业同质性的假定后，经济学又放松了关于"产品完全相同"的假定前提，提出相互竞争的企业所生产和销售的产品虽然在类别上是相同的，因而具有替代性，彼此发生竞争，但不同企业所生产和销售的产品又是有差别的，即具有异质性。当产品的同质即替代性非常高时，企业之间主要是成本竞争关系，此时，成本－价格越低，竞争力就越高。但产品之间存在差异性时，质量、品种、品牌等影响产品差异性的因素就成为决定竞争力强弱的重要力量。

由于企业的分工条件不同、规模不同，各个企业所生产的同类产品之间又存在一定的差异性，所以，各个产业的市场结构是不同的。于是，产业组织经济学又逐步从各个产业所具有的不同市场结构差异来解释企业或产业的竞争力。产业组织经济学使竞争力研究的基本假设条件从匀质性市场转变为非匀质性市场，即

整个市场划分为各种具有各自结构特征的"产业",并从各产业内部的企业之间的关系来描述和解释企业竞争关系及其导致的市场绩效状况。在不同的市场结构中(竞争性强的市场结构或垄断性强的市场结构),各企业所处的地位不同,竞争力和竞争后果不同。

由于上述分析假定市场空间是没有任何区割和分界的,即使存在市场差异也只是由产业竞争所导致的结构性差异,而不是市场空间自身所具有的外生性的差异。因此,空间经济学逐步放松了这一假定,提出市场实际上是分为不同的地区和国家的,产品的生产和销售是在存在很大差异的多元空间中进行的。首先,国际经济学认为国家之间是存在差异和分界的,国际市场是存在国家区隔的多元空间,各个国家的经济发展水平不同,不同国家中的企业显然具有不同的特征,其竞争力受到很大的影响,而且,关税、汇率等因素对各国产品市场竞争力具有重要影响。其次,区域经济学也考虑到地区之间的区位和要素差异,提出存在区位差异、要素禀赋差异和要素区际流动成本,这使得反映空间差异的因素如区位特征、自然资源、交通通信成本、要素成本、空间网络关系、产业集群等就成为影响区域产业竞争力的重要解释变量。

由于理论经济学、产业组织经济学、国际经济学和区域经济学,它们的基本假定都是:个人和企业都是理性的,所有个人决策和各个企业的行为都是没有什么本质差异的,即所有的企业"黑箱"都按经济人的理性行为进行决策。如果是这样,就很难解释为什么即使各方面的条件都相同,企业的竞争力仍然表现出很大的差异,因此,对企业竞争力的研究开始深入到企业内部,剖析企业的内部结构,这样,对竞争力的研究就逐步进入了企业经济学或管理经济学的领域。对企业组织、企业战略、企业家的行为管理能力等影响企业竞争力强弱的因素加以研究分析。这时关于竞争力的研究，将经济学和管理学结合起来进行，基本假设前提从经济人的严格理性主义转变为超越理性主义的行为假定，假设个人和企业存在观念、知识水平等方面的差异，讨论企业的"核心能力"、"企业理念"、"企业家精神"等因素对竞争力的影响。

此后，随着制度经济学的兴起，制度经济学家发现企业制度和外部制度环境，包括企业的产权制度、各国的经济体制、国家参与和管制的制度和行为、政策环境等，也是导致企业之间、产业之间竞争力差异的重要原因，使关于竞争力的研究逐步渗透到制度经济学和政府管制经济学领域，它们从无制度差异、无政府干预的假设条件转变为制度差异和政府干预的假设条件，认为国家经济体制、政府政策和企业制度等都会对竞争力产生影响，特别是在中国这样一个经济体制转型期国家中，企业竞争力、产业竞争力所受到的制度因素和政府政策因素的影响是非常强劲的。

综上所述，不同的经济学领域，按照从抽象到具体、逐步放松假设条件的技术路线，从不同角度对竞争力的源泉展开了研究，理论观点精彩纷呈。①

二、产业竞争力的源泉理论

（一）比较生产力决定理论

比较生产力决定理论以马克思的劳动生产力决定理论为代表。卡尔·马克思和恩格斯在分析商品经济的过程中，论述了竞

---

① 关于上述古典经济学、产业组织经济学、区域经济学、国际经济学、制度经济学等关于竞争力的解释和分析路线，有关观点参阅金碚：《竞争力竞争学》，广东经济出版社 2003 年版，第 8 - 16 页。

争与商品生产、商品交换的关系，并通过对商品价值规律的揭示，阐明了社会必要劳动对竞争力的规定性，指出劳动生产力是竞争力最基本的来源这一重要观点。并从资本主义生产资料所有制关系出发，在社会化大生产的基础上，按照历史与逻辑、动态与静态、微观与宏观相结合的分析方法，深入系统地研究了作为资本主义现实经济运动过程有机组成部分的竞争的动因、竞争的过程、竞争的战略和竞争的趋势。

马克思指出竞争是由买主和卖主之间的竞争即供求关系决定的，"只有通过竞争的波动从而通过商品价格的波动，商品生产的价值规律才能得到贯彻，社会必要劳动时间决定商品价值这一点才能变成现实。"① 竞争首先是价格和生产成本的较量，在商品生产中，每个生产者生产某种商品耗费的劳动不同，但商品的价值不能由个别生产者的劳动耗费决定，而应取决于社会必要劳动。即"在现有的社会正常的生产条件下，在社会平均的劳动熟练程度和劳动强度下制造某种使用价值所需要的劳动。"② 如果个别生产者以低于社会必要劳动的耗费生产商品时，生产者可以获得超额利润，在市场上表现为强竞争力，相反，如果个别生产者以高于社会必要劳动的耗费生产商品，则缺乏竞争力。而且，马克思进一步把提高劳动生产力和减少个别劳动耗费联系起来，他指出不同的商品生产者生产某种商品时劳动生产力存在差别，"劳动生产力是由多种情况决定的，其中包括：工人的平均熟练程度，科学的发展水平和它在工艺上应用的程度，生产过程的社会结合，生产资料的规模和效能，以及自然条件。"③ 一个企业

---

① ［德］马克思、恩格斯：《马克思恩格斯全集》，人民出版社1956年版，第21卷，第215页。

② ［德］马克思：《资本论》，人民出版社1975年版，第1卷，第52页。

③ ［德］马克思：《资本论》人民出版社1975年版，第1卷，第53页。

的劳动生产力越高，个别劳动时间越低于社会必要劳动时间，单位商品的个别价值就会低于社会价值，其商品在竞争中越具有成本和价格优势，该企业的商品便越具有竞争力，从而揭示了劳动生产力是竞争力最基本的源泉这一观点。

在对资本主义剩余价值生产的分析中，马克思把劳动生产力的提高与相对剩余价值的生产直接相联系，结合协作分工、工场手工业和机器大工业等不同的发展阶段，进一步阐明了劳动生产力的提高对提高单个资本（企业）的市场竞争力的影响。而且，通过对资本主义再生产过程的分析，马克思指出伴随着剩余价值的资本化即积累，资本再生产规模不断扩大，导致资本集中和市场结构的变化，从而使竞争力的源泉多样化。他强调单个企业之间的竞争是通过使商品便宜来进行的，在其他条件不变的条件下，商品的便宜取决于劳动生产力，而劳动生产力有时又取决于生产规模，生产规模通过对生产过程效率的影响，成为影响企业竞争力的重要源泉。

国内一些学者进一步发展了马克思的观点，提出竞争力的强弱取决于生产力的比较，他们主要从生产要素的配置效率入手来分析产业竞争力的源泉。如中国社科院的金碚认为产业的国际竞争力归根到底是各国同类产业或同类企业之间相互比较的生产力。从一国特定产业参与国际市场竞争的角度看，特定产业的国际竞争力就是该产业相对于外国竞争对手生产力的高低[①]。樊纲认为"竞争力的概念最终理解为成本概念。即如何能以较低的成本提供同等质量的产品，或者反过来以同样的成本提供质量更高的产品。"为此，"一是改善技术，实现创新。一方面研究出更

---

① 金碚主编：《中国工业国际竞争力——理论、方法与实证研究》，经济管理出版社 1997 年版，第 281—131 页。

新更好的产品，另一方面更多的节省生产成本。二是改善经济制度和管理方法，以使资源的配置优化，尽可能的降低交易成本。"邹薇博士认为竞争力的源泉在于由一国的分工和专业化水平内在的决定的生产率（力）水平，而后者又取决于政治、法律、经济、文化等制度结构[①]。

笔者认为，比较生产力决定理论的分析价值在于指出了产业竞争力的本质在于不同产业生产力的比较，即该产业生产的商品是否具有以同质低价或同价优质占领市场的能力。事实上，美国总统竞争力委员会《关于产业竞争力的报告（1984）》也明确指出："在国家水平上，竞争力是以卓越的生产力绩效为基础的。"[②] 竞争力实质上体现了竞争主体之间生产力的比较。[③]

（二）比较优势理论

比较优势理论又称为成本优势理论，认为竞争力主要来自于成本优势，从发展阶段来看，比较优势理论又可以划分为古典比较优势理论、新古典比较优势理论和现代比较优势理论。

1. 古典比较优势理论

古典比较优势理论是古典经济学家大卫·李嘉图在亚当·斯密创立的绝对优势理论的基础上提出来的。斯密认为竞争力来自生产成本和效率的差异，一个国家的出口产品要有竞争力，它就必须在成本上具有绝对优势。成本优势的源泉是分工和专业化，区域分工应基于区域拥有的绝对优势的资源和条件。然而绝对优势理论无法解释当一个国家在所有产品上都具有成本优势，而另

① 转引自邹薇：《竞争力的源泉：从外生比较优势到内生比较优势》，载《武汉大学学报》，第35页，2002（1）。
② ［美］迈克尔·波特：《国家竞争优势》，华夏出版社2002年版，第6页。
③ 谢立新：《区域产业竞争力—泉州、温州、苏州实证研究与理论分析》，社会科学文献出版社2004年版，第9页。

一国在所有的产品上生产成本都高于其他国家时的贸易情况。据此,李嘉图提出了比较优势的概念,他认为只要各国之间产品成本存在相对差异,就会使各国在不同产品贸易上具有比较成本优势,通过区域分工和交换使双方实现利益共享。李嘉图强调成本差异是由劳动生产力的不同引起的。

2. 新古典比较优势理论

主要包括要素禀赋论、人力资本论和技术差距论等。20世纪初,赫克歇尔和俄林发展了单纯从劳动生产力角度探讨比较成本优势的古典理论,提出了要素禀赋论(H-O模型)。他们认为假定各国技术相等的情形下,生产方式决定于土地、劳动力、资本和自然资源等"生产要素"的差异。只要各国之间存在要素禀赋上的相对差别,就会出现生产成本和产品价格的相对差别。一般来说,一国如果专门生产具有资源比较优势的产品,就会具有较高的竞争力。

20世纪以后,随着人力资本、技术等高级生产要素在产业发展中发挥着越来越重要的作用,要素禀赋论假定技术普遍无差异的观点不再适用。后来的学者又逐步引入了新要素,进一步发展了要素禀赋论。如人力资本论认为劳动力所具有的劳动技能存在极大的差别,大量使用专门技能、包含更多人力资本的产业贸易竞争力较强,因此,在一个国家产业竞争力的来源中,人力资本起着越来越大的作用。雷蒙德·弗农提出了产品生命周期理论。他指出一切产品都有创新、成长和成熟、标准化以及衰亡的生命周期,在新产品开发阶段、产品成熟阶段和产品标准化阶段,不同要素的密集度有所不同,因此,不同企业的比较优势和竞争力呈现动态变化。[①]

3. 现代比较优势理论

美国经济学家保罗·克鲁格曼提出了新贸易理论[②]，又称为现代比较优势理论或内生比较优势理论。该理论强调规模经济、产品差异化、政府作用对地区在产业分工和贸易中获得比较优势的重要作用。克鲁格曼认为新古典比较优势理论只能解释国家或地区间不同产业间的贸易，而对同一产业之间的产品贸易缺乏解释力，他认为不同国家或地区围绕同一产业展开竞争时，比较优势主要取决于两个因素：规模经济和产品差异化。当一个地区的某种产业能有效发挥出规模经济效益时，就能以有竞争力的价格向外销售商品；当一个地区的收入达到相当高水平时，消费者偏好会使消费需求表现出多样化选择，而为差异化产品提供新的市场空间。

同时，现代比较优势理论提出"战略性贸易政策"，强调政府在地区分工和贸易中的作用。他们在汲取德国经济历史学家李斯特"扶持幼小产业说"基础上，用动态的观点研究区域优势产业，认为政府应该采取积极的政策进行干预，以使国内产业自身产生一种自行壮大的能力，从而在较短时间内迅速提高竞争力。在政府干预手段上，现代比较优势理论主张采用代价较小的产业政策或消费政策。

由此可见，比较优势理论随着经济发展经历了古典、新古典和现代比较优势理论三大阶段，但无论是那种理论都是以不同的历史条件为背景，其研究的着眼点都是为了寻找更加切合实际的

---

① 谢立新：《区域产业竞争力——泉州、温州、苏州实证研究与理论分析》，社会科学文献出版社2004年版，第21页。

② 谢立新：《区域产业竞争力——泉州、温州、苏州实证研究与理论分析》，社会科学文献出版社2004年版，第22页。

决定比较优势的根本要素，从而解释导致区域分工和专业化的根本因素。古典比较优势理论强调劳动生产力差异，新古典比较优势理论强调生产要素禀赋，特别是技术、人力资本对比较优势的贡献，而现代比较优势理论强调规模收益递增、产品差异化、政府作用以及制度差异对区域产业获得比较优势的重要作用。总体说来，随着社会经济条件的变化，传统的自然资源作为一种低级生产要素，在产业竞争和经济发展中的作用正逐步下降，而人才、技术、管理、制度等高级生产要素的作用则逐步上升；单个因素的作用逐渐下降，劳动、技术、人力资本、制度等诸因素的综合作用逐渐上升。

笔者认为，比较优势理论的分析价值在于为区域产业定位和产业分工提供指导。在市场竞争中，区域企业和产业根据自身的要素比较优势选择专业化生产方向和产业定位，利于形成产业竞争中的比较优势，进而获得竞争优势。当一个地区内在具有比较优势的条件改变了，产业发展必须结合劳动、资本、技术等生产要素的配置效率进行重新定位，实现社会经济资源的优化配置。

（三）竞争优势理论

关于竞争优势的概念最早可以追溯到张伯伦（E·Chamberlin）1939 年的著作《垄断竞争理论》，但是首次对竞争优势进行系统阐述的是美国管理学家迈克尔·波特。从 20 世纪 80 年代到 90 年代初，迈克尔·波特先后出版了《竞争战略》、《竞争优势》和《国家竞争优势》3 部著作，从微观、中观和宏观三个层次较为全面地论述了竞争问题。他把产业作为研究国家竞争力的基本单位，提出"国家的实力根植于该国产业和产业集群的表现，国家竞争优势也正是该国许多产业发展的综合表现"[①]。竞争优势

① ［美］迈克尔·波特：《国家竞争优势》，华夏出版社 2002 年版，第 532 页。

理论的主要意义在于指出国家或区域可以通过实施恰当的竞争战略来增强自己的产业发展能力和竞争能力。

1. 价值链和企业竞争优势理论

波特认为，国家竞争力的提升关键在于产业竞争力的提升，一个产业的竞争状况主要受新进入者、替代者、购买者、供应者及同业者等五个因素的影响，这五个因素又是通过产业内部企业之间的相互竞争体现出来的，因此，分析企业提升竞争力的行为是解释产业竞争优势和国家竞争优势的着眼点。与其他理论较为重视企业外部因素不同，波特的竞争优势理论深入到企业内部，以企业的微观行为作为分析的支点。围绕企业竞争优势的源泉，波特主要阐述了以下观点：

（1）企业要获得竞争优势，必须找准自己在产业链中的定位。波特认为，由于不同产业竞争结构不同，竞争特点不同，盈利性表现也不同。一个产业无论其平均获利高或低，总有部分环节比其他环节更赚钱。因此，企业要获得竞争优势，必须首先明确自身所属产业的竞争结构，明确并不断强化自身竞争优势的产业定位。[①] 企业获取竞争优势的产业定位受企业竞争战略和竞争范围的影响。一般而言，企业竞争战略包括低成本竞争优势战略和以专业化为重点的差异化竞争优势战略。波特以造船业为例说明不同企业的竞争优势和竞争战略差异性：日本采用差异化战略，提供多品种、高质量、高价格的船只；韩国采用低成本领先战略，提供不是最优秀的，但质量好、品种多且价位低得多的船只。这样他们都获得了自己的竞争优势，在世界造船业取得一席之地。

（2）企业竞争优势源于企业价值链的优势积聚。波特引入

---

① ［美］迈克尔·波特：《竞争优势》，华夏出版社1997年版，第10页。

"价值链"作为分析工具，认为企业创造价值的过程从物质和技术上可以分解为一系列互不相同又相互联系的经济活动，即价值活动，其综合构成企业的价值链。价值链的构成可以包括两部分①：一部分是企业的基本活动，即一般意义上的生产经营环节，包括产品的创造、销售、储运、售后服务等各项活动。另一部分是企业的支持性活动，包括资料供应、人力资源或其他生产管理活动。在一个企业众多的价值活动中，并不是每一个环节都能创造价值，那些真正创造价值的经营活动，是企业价值链上的战略环节。企业要在竞争中保持长期优势，必须保持在战略环节上的优势，将其紧紧控制在企业内部，其他非战略环节则完全可以分散出去。如果企业在价值链活动的每一个环节都设在该环节的最佳地点，则可以降低整个价值链的成本，提高整个价值链的国际竞争力。

（3）企业竞争优势的维系在于持续创新。企业竞争优势的可持续力取决于三项重要条件②：一是特殊资源的优势，企业获得竞争优势的层次不同，低层次的优势容易失效，先进的技术等高层次的优势不容易模仿和取代；二是竞争优势的种类与数量；三是竞争优势的不断更新，企业应努力使优势上升到更有持续性的层次上去。企业获取持续竞争优势的动力是创新。创新主要指改善技术和改进做事方法，包括改进产品质量和生产流程，引进新的促销手法和新的竞争领域，实际上是企业价值链的某一个关键环节（联系点）的改进和改善。③ 企业要获取持续的竞争优势

---

① ［美］迈克尔·波特：《竞争优势》，华夏出版社1997年版，第38—53页。

② ［美］迈克尔·波特：《国家竞争优势》，华夏出版社2002年版，第47—50页。

③ ［美］迈克尔·波特：《国家竞争优势》，华夏出版社2002年版，第43—47页。

必须进行持续创新，抓住新技术和新需求出现、投入资源的可利用性变化和政治法规变化等创新机会获取和保持竞争优势。

2. 产业竞争优势和产业集群理论

在《国家竞争优势》一书中，波特通过对美国、日本、英国、德国、韩国、新加坡、瑞士、瑞典、意大利、丹麦等 10 个国家具备竞争优势企业和产业的大量案例研究，讨论了一国如何把比较优势转化为竞争优势的问题，提出了竞争优势决定因素的"钻石模型"，又称为"菱型模式"。他指出一国产业的竞争优势是由六个要素的不同组合来决定的，这六个因素是生产要素、市场需求、相关支撑产业、企业竞争战略、机遇和政府行为。它们相互影响、相互强化，构成了动态系统的钻石体系，哪个国家和地区先驱动钻石体系，就会率先获得难以复制和模仿的竞争优势。

在分析产业竞争优势时，波特特别引入了产业集群的概念，以便从宏观层面上分析区域产业竞争优势的生成机理。波特提出产业集群（culster）是指某一特定领域中（通常以一个主导产业为核心），大量产业联系密切的企业以及相关支撑机构在空间上积聚，并形成强劲、持续竞争优势的现象。[①] 换句话说，"集群是指在某一特定区域下的一个特别领域，存在着一群相互关联的公司、供应商，关联产业和专业化的制度和协会。"[②]

波特认为，对于一个地区来说，要形成产业集群，除了偶然和机会因素外，主要受专业化劳动力市场、原材料设备供应商、特殊人力资源和自然、社会资源（共享基础设施、良好产业发展

---

① Poter·M·E, *Clusters and New Economics Competition*. Harward Business Review. 1998. No11.

② ［美］迈克尔·波特：《国家竞争优势》，华夏出版社 2002 年版，第 2 页。

环境及制度环境等）以及市场距离等因素的影响。产业集群作为一种新的产业组织形式和空间布局形式，有助于培育产业竞争优势，提高区域产业竞争能力，突出表现为：一是细化产业分工，提高企业生产率。二是产生外部经济效应，降低交易成本。三是发挥技术和知识溢出效应，增强产业技术进步能力，降低技术创新风险。

笔者认为，波特竞争优势理论的贡献主要表现在以下几点：第一，在比较优势的基础上提出了"竞争优势"的概念。波特认为国家的竞争优势是指一个国家使其公司或产业，在一定领域创造和保持竞争优势的能力，其实质上是企业和产业的国际竞争优势，它们是国家竞争力的体现和基础。一个国家和地区可以发展其他区域具有比较优势的相同产业，关键是如何正确选择其竞争战略，创造竞争优势，实现赶超。第二，该理论分析框架包括微观、中观和宏观三个层面，涉及生产要素、需求、市场、政府等各方面因素以及相互关系，具有综合性特征，更加贴近现实，也更系统和全面。第三，国家竞争优势理论是与产业经济学紧密相连的。从《竞争战略》、《竞争优势》到《国家竞争优势》，波特的研究逻辑路线是：国家竞争优势取决于产业竞争优势，而产业竞争优势又取决于企业竞争战略。站在产业（中观）的层次，向上、向下扩展到国家和企业层面。第四，该理论具有较强的政策借鉴意义。波特指出政府的作用是为企业竞争创造良好的市场环境和制定科学的国家经济发展规划及产业发展战略。他对国家竞争优势的决定因素进行了系统分析，提出的产业分析框架、竞争优势的演进规律对一国或地区产业政策的制定具有很强的参考价值，为分析各国及至各区域竞争优势的基础，预测竞争优势的发展方向以及长远发展潜力提供了一个非常有用的分析工具。

事实上，竞争优势与比较优势既有联系又有区别，区域产业竞争力是比较优势和竞争优势的内在统一。发挥比较优势容易形成较强的竞争优势，但比较优势只是一种潜在优势，必须通过竞争优势来体现，比较优势和竞争优势共同决定着一个国家或地区产业竞争的地位和发展趋势。比较优势理论从国家或地区的资源禀赋和经济发展条件出发，认为不同国家和地区应当按照比较优势原则进行产业分工和产业定位，发展具有比较优势的产业，有助于提高生产效率和优化资源配置。竞争优势理论则进一步深入研究一个国家或地区在进行产业选择以后，怎样在市场竞争中寻找更为合理的产业发展战略和科学的成长路径，加快技术创新、提高生产效率、营造竞争优势。因此，一个国家或区域要发展经济、增强竞争能力，首先必须依据比较优势寻找具有比较利益的产业，解决好产业定位问题；而后努力创造竞争优势，推动产业发展，提升产业竞争力。

（四）创新与竞争力理论

随着产业发展对原材料、能源、一般劳动力等初级生产要素依赖性大大降低，而对科技、制度等因素的依赖程度提高，创新经济学家逐步清醒地认识到，国际和区域经济竞争的背后实际上是创新能力的竞争。关于创新与竞争力的关系，比较有代表性的理论主要包括：

1. 技术创新与竞争力理论

技术创新理论中，比较有代表性的是英国经济学家熊彼特和美国经济学家波特，该理论认为竞争优势主要来源于技术及组织的不断创新。熊彼特在 1912 年发表的著作《经济发展理论》中首次提出"创新"概念，他认为所谓"创新"就是建立一种新生产函数，对现存的生产要素组合进行创造性破坏，并把一种从来没有过的关于生产要素和生产条件的"新组合"引入生产体系。这种新组合包括五种情况：（1）采用一种新的产品；（2）

采用一种新的生产方法；（3）开辟一个新的市场；（4）控制原材料或半成品的新供应来源；（5）实现任何一种工业的新组织。① 在他看来，创新是一个经济范畴，而非单纯的技术范畴，它不仅是指科学技术上的发明创造，更是指把发明的新产品和工艺引入企业之中，形成一种新的生产能力。熊彼特非常强调企业家对创新的不断追求，认为创新利润是企业追求的目标，企业只有持续创新才能获得超额利润。

此外，经济学家温特也认为，竞争力的不同是创新能力的不同，所有竞争优势的来源均可以用创新来解释，所有竞争力的差异均可以通过创新历史或现在的差异来说明。这一观点是对熊彼特创新理论在竞争领域的发展。波斯纳（M·V·Posner）也提出国家之间竞争优势来源于技术创新方面的差距。他认为在产业发展中除了劳动和资本投入的差别之外，还存在技术投入上的差别。技术领先国家进行技术创新，研究出新产品，然后凭借技术领先优势，获得贸易竞争优势。当技术领先国的创新利润消失后，它不断引入更新的产品和工艺，又制造出新一轮的技术差距②。美国经济学家波特也强调创新是企业获取持续竞争优势的动力，产业集群有利于增强产业竞争优势的核心效应是由于其促进了关联企业之间、企业和技术服务机构之间的技术创新和扩散。他认为一个地区只有不断推动产业创新，才能保持永续的竞争优势，应加快企业技术创新的投入和引进，推动产学研结合，建立区域创新系统。1994 年美国总统竞争力委员会和 OECD 的报告中也曾指出，竞争力不再主要取决于拥有原材料或劳动力成

---

① ［英］约瑟夫·熊彼特：《经济发展理论》，商务印书馆 2000 年版，第 73—74 页。

② 马金书：《西部地区产业竞争力研究》，云南人民出版社 2005 年版，第 13 页。

本，而是主要取决于是否比其竞争者更有能力去创造、获取和应用知识，实现创新。

2. 制度创新与竞争力理论

制度创新理论以美国新制度经济学家诺斯、曼库尔·奥尔森等为代表，他们认为经济增长和经济发展主要来自于制度创新，产业竞争力作为一个国家或地区经济发展水平的集中体现，更是需要营造有利于产业升级和创新的制度环境。关于制度，理论界一般有三种理解：（1）认为制度就是专指用于管制国家领土范围的规则；（2）认为制度特指约束人们生产、社会、经济、政治等行为的规则总和；（3）认为制度的存在方式既表现为规则的集合，又体现为一定形式的组织。按照制度经济创始人康芒斯的观点，制度就是在一个有稀少性和私有财产以及因此而发生冲突的世界里，解决冲突和维持秩序的集体行动，或者说，是集体对个人交易关系的控制，是集体行动的运行规则。制度一般由法律、产权等正式制度和道德约束、传统文化等非正式制度组成。

1970年，美国诺贝尔经济学奖获得者诺斯和汤玛斯合作，在《经济史评论》上发表了《西方世界成长的经济理论》一文，提出了一个著名观点：一个提供适当个人刺激的有效制度是经济增长的关键。制度作为一种社会博弈规则，有利于增进秩序、降低交易成本、提供公正。他强调制度对提高竞争力的重要性，提出西方发生产业革命、实现经济快速增长的主要原因不在于技术革命，而在于有效率的经济组织，要保持经济组织有效率，需要在制度上做出合理的安排，以造成一种刺激，将个人的经济努力变成私人收益率接近社会收益率的活动。诺斯提出，要发挥制度对经济增长的推动作用，必须进行制度创新，一个效率较高的制度，能够减少交易成本，减少个人收益与社会效益之间的差异，激励个人和组织从事生产性活动，使劳动、资本、技术等因素得以发挥其功能。

美国经济学家曼库尔·奥尔森也强调制度的重要性，他认为经济发展与否取决于制度安排。一国的竞争力归根结底与一国的制度安排有关。经济上成功的国家往往拥有各种各样的有效制度。如美国长期保持与提升其竞争力的一个最主要的原因在于它创造了一种适合经济发展的制度，并不断根据国内外经济、社会环境的变化，对制度进行适时创新。从经济角度看，美国的成功主要取决于其发达的市场制度、鼓励创新的制度、重视教育和人力资源开发等制度的实施。他还指出当许多发达国家一直徘徊不前时，一些发展中国家在经济增长方面却取得了惊人的成就，这种大相径庭的经济结果，决非是因为不同的国家拥有差异的资本或其他资源，而是制度安排和制度创新有异。

迈克尔·波特在阐述"钻石模型"时指出，一个国家的生产要素、需求条件、相关产业与支持产业、以及企业战略、结构是影响产业竞争力的关键因素。政府并不直接创造产业竞争力，而是通过影响上述四项关键因素来影响产业竞争力，而在产业创造竞争优势的过程中，政府的角色是正面还是负面，要根据公共政策的表现去观察。可见，他认为，政府通过制度创新和政策制定，可以影响产业竞争力要素及其组合效率，从而间接地对产业竞争力产生影响。

（五）产业竞争力差异理论

区域经济学认为区域竞争力是指区域内各经济主体在市场竞争的过程中形成并表现出来的争夺资源或市场的能力。不同区域或同一区域内部的不同产业之所以会表现出不同的市场竞争力，导致其差异性的因素归纳起来主要包括资源禀赋差异、集聚经济和转移成本或距离成本。胡佛（Edgar M·Hoover）在《区域经济学导论》一书中，把这三个因素看成是区域经济学的"三个基石"。[①]

1. 资源禀赋差异

经济活动的地域差异首先决定于自然资源、劳动力、资本等生产要素分布的不均衡性。资源禀赋的差异是区域产业发展扬长避短、发挥优势的基础，也是区域经济各具特色、千差万别的重要原因。区域经济学认为，生产要素本身具有不完全流动性的特点，如土地、矿产、地形、水文和气候等自然资源和条件在空间上一般都具有不可移动的特点，同时，劳动力、资本、技术等要素的流动在很大程度上又受市场发育程度、管理体制、政府政策、转移成本以及其他因素的制约。要素的不完全流动性，造成各地区资源禀赋差异，进而形成区域产业活动差异的基础。

2. 集聚经济

德国地理学家克里斯塔勒（Walter Christaller）和勒斯的等级结构理论说明，经济空间结构的形成与演变，除了资源禀赋差异外，还有其他的因素起着重要的作用，这些因素主要包括集聚经济和转移成本。其中，集聚经济的存在使各种要素和产业活动在空间上具有不完全可分性。空间集聚经济大多可溯源于特定产业的规模经济，一个企业在一定限度内扩大生产规模，往往可以获取节省单位产品成本和提高效率的好处，这是企业内部规模经济，同样，各相关企业按照其产业和经济联系，在空间上相互集中在一起，也可以为企业带来成本节约和效率提高等经济利益，

---

① ［美］埃德加·M. 胡佛：《区域经济学导论》，商务印书馆 1990 年版，第 7—8 页。

如相互提供原料和产品，共享基础设施等，这种经济利益就是集聚经济效益，属于外部规模经济的范畴。集聚经济的差异使得不同地区产业竞争力的强弱不同，一般说来，关联产业的集聚经济效益强，区域产业竞争力则强；集聚经济效益弱，区域产业竞争力则弱。

3. 转移成本

空间是有距离的，从一端到另一端，不仅要耗费时间，而且要付出费用。由于转移成本的存在，使要素的空间转移具有不完全流动的性质，限制了资源禀赋优势和空间集聚经济得以实现的程度，从而导致了产业发展和竞争力的区域差异性。

产业竞争力差异理论的分析价值在于从区域经济学的角度，指出资源禀赋差异、集聚经济和转移成本是引发不同区域产业竞争力差异的主要因素，为我们分析贫困县产业竞争力的影响因素，并制定相应对策，指出了有效途径。

第三节　产业竞争力的分析模型

用模型分析经济现象，能够比较清晰地表达各种变量之间的关系，揭示经济现象的内在联系。对于产业竞争力的研究来说，要找到有效的竞争力提升战略，必须首先对其关键的影响因素进行准确把握，并对各影响因素之间的相互关系进行分析。围绕竞争力和产业竞争力问题，国内外学者建立了许多有借鉴意义的分析模型。

一、国家（区域）竞争力分析模型

国内外学者关于国家（区域）竞争力的分析模型，主要以提高国家（区域）的竞争力为目标，以企业竞争力和产业竞争力为对象，具有代表性的主要有世界银行的哈密德·亚拉威的二层次七要素模型、世界经济论坛的八要素分析模型、中国人民大学等联合课题组的国家竞争力分析模型等。

1. 亚拉威国家竞争力分析模型

世界银行的经济学家哈密德·亚拉威从宏观和微观的结合上，把影响国家竞争力的因素分成环境因素和公司层次因素两大类。环境因素主要包括国家总体系统的活力、金融系统活力、市场系统活力、基础设施、人力资源；公司层次因素主要包括企业生产效率及灵活性、培训等生产服务活动的提供能力等[①]。亚拉威指出这两个层次的因素既相互联系又相互补充，一个是企业内部效率形成的竞争力，一个是由环境左右而形成的竞争力。对于每一种因素，亚拉威均找出了一组定量及定性分析的参数作为分析的基准，建立起了一个分析国家竞争力的指标体系。

2. IMD 国家竞争力分析模型

20 世纪 80 年代初期，世界经济论坛和瑞士洛桑国际管理开发学院开始合作进行国际竞争力研究[②]。当时，他们认为国际竞争力取决于五种不同因素的组合，这五种因素是变革因素、变革过程、环境、企业自信心和工业序位结构。其中，变革因素包括人力资源、金融活力及自然资源；变革过程则依赖于工业效率、

---

① 谢立新：《区域产业竞争力——泉州、温州、苏州实证研究与理论分析》，社会科学文献出版社 2004 年版，第 36—37 页。
② 国家体改委等：《中国国际竞争力发展报告（1996）》，中国人民大学出版社 1997 年版，第 6—7 页。

企业内部创新与企业外向性；环境涉及经济活力、市场导向、政府干预程度及政治稳定性①。

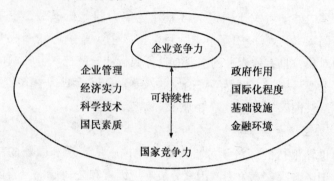

图 1-1 IMD 分析模型

20 世纪 90 年代后，世界经济论坛和洛桑国际管理开发学院对国际竞争力的定义和决定要素有了更广泛的理解，围绕国际竞争力的决定因素提出了一直延续至今的八大要素论，即国内经济实力、国际化程度、政府作用、金融环境、基础设施、企业管理、科学技术和国民素质，并以此为基础构造了国家竞争力的分析模型。IMD 随后指出，这八大因素取决于四种因素即经济表现、政府效率、商务效率和基础设施的组合关系。

不难看出，以上两个国家竞争力分析模型都是从宏观和微观相结合的角度展开分析，其分析逻辑都是从如何提高企业内部生产效率出发，分析一个国家如何为国内企业创造良好的宏观经济环境，推动企业国际竞争力的提升，并最终实现国家竞争力的提升。虽然这两个模型在具体因素的划分上有所区别，但本质上是一致的。

---

① 谢立新：《区域产业竞争力——泉州、温州、苏州实证研究与理论分析》，社会科学文献出版社 2004 年版，第 41 页。

3. 中国人民大学国家竞争力分析模型

从 1995 年开始，中国人民大学竞争力与评价研究中心与原国家体改委体制研究院、世界经济论坛等机构进行合作，围绕全面提升中国的国际竞争力问题独立开展研究。他们认为，国际竞争力是指一个国家在世界经济的大环境下，与各国的竞争力相比较，其创造增加值和国民财富持续增长的能力。国家竞争力是竞争力过程的系统结构功能和竞争力资产的系统结构功能的统一。从竞争力资产的系统结构看，国际竞争力资产包括国家经济实力、国际化、政府管理、金融体系、基础设施、企业管理、科学技术、国民素质等八大要素。从竞争力过程的系统结构看，国家竞争力要素相应分为核心竞争力、基础竞争力和环境竞争力。其中，核心竞争力包括国家经济实力、企业管理、科学技术三大要素，并包含企业竞争力、产业竞争力、基本运行竞争力和基本发展能力。基础竞争力包括基础设施、国民素质两大要素，是国家竞争力的基础，支持核心竞争力的长期成长和发展。环境竞争力包括国际化、政府管理、金融体系三大要素，是国家竞争力发展的重要环境和激励因素。该模型认为，中国作为后起发展中大国，必须突出核心竞争力、基础竞争力、环境竞争力三位一体的建设和提升，并充分发挥好政府在提升国际竞争力中的主导作用[①]。

4. 王秉安区域竞争力分析模型

王秉安等以省级区域竞争力为研究对象，认为区域竞争力是某区域在大区域中资源优化配置的能力。他认为影响区域竞争力的因素由直接竞争力因素和间接竞争力因素组成。直接竞争力因

[①] 中国人民大学：《中国国际竞争力发展报告（2001）》，中国人民大学出版社2001 年版，第 4 - 5 页。

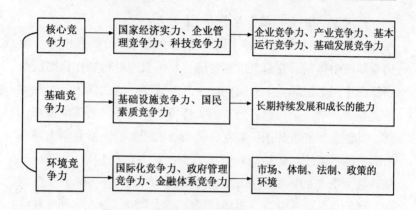

图1-2　中国人民大学国家竞争力分析模型

素指直接影响、表征区域竞争力的因素，包括产业竞争力、企业竞争力和涉外竞争力三个方面，这三个方面相互作用、相互影响，形成有机整体。间接竞争力因素是指间接影响和表征区域竞争力的因素，包括经济综合实力、基础设施竞争力、国民素质竞争力和科技竞争力四个方面，它们构成直接竞争力因素的依托。①

5. 倪鹏飞城市竞争力分析模型②

倪鹏飞以城市竞争力为研究对象，提出了"弓弦理论"。该研究认为，城市竞争力等于城市产业竞争力之和，包括硬竞争和软竞争力两个层面。硬分力为弓，软分力为弦，城市产业为箭，它们相互作用形成城市竞争力。弓弦质量越好，搭配越恰当，所形成的力越大，城市产业这支"箭"射得就越远。其中，硬分

---

① 王秉安：《区域竞争力：理论与实证》，航空工业出版社2000年版，第90－95页。

② 参见倪鹏飞：《中国城市竞争力理论研究与实证分析》，中国经济出版社2001年版。

力＝人才竞争力＋资本竞争力＋科技竞争力＋结构竞争力＋基础设施竞争力＋区位竞争力＋环境竞争力＋聚集力；软分力＝秩序竞争力＋文化竞争力＋制度竞争力＋管理竞争力＋开放竞争力。具体说来，人才竞争力包括城市劳动者队伍的数量、质量和未来潜力；资本竞争力包括资本的存量、可得的便利性和金融控制力；科技竞争力既包括科学技术知识资源的存量，也包括科技的创新和转化能力；结构竞争力主要包括产业结构、企业组织结构、城市产业转移化程度及城市的空间结构等；环境竞争力指城市环境状况；区位竞争力是指城市综合区位力，包括自然地理位置、经济区位、科技、政治区位等。集聚力指城市的人口、生产要素的聚集和企业集群状况；秩序竞争力指城市政治、经济及社会秩序；制度竞争力是城市层面表现的政治法律制度、经济体制以及社会文化等方面的制度等；文化竞争力是城市所特有的市民社会意识、道德观念、城市文化氛围和风俗习惯；管理竞争力包括城市、城市企业发展战略和管理水平、管理效率；开放竞争力包括城市内部各要素、城市与区域内外联系的程度。[①]

二、产业竞争力的分析模型

对产业竞争力的研究，具有代表性的分析模型主要是美国管理学教授迈克尔·波特提出的钻石模型，加拿大学者帕德莫和吉布森提出的 GEM 模型，以及把波特的产业竞争优势理论应用于中国产业国际竞争力分析的金碚工业竞争力分析模型。

1. 波特的"钻石"模型

在《国家竞争优势》一书中，波特通过对美国、日本、英

---

① 夏智伦：《区域经济竞争力研究》，湖南大学出版社 2006 年版，第 19 - 20页。

国、德国、韩国、新加坡、瑞士、瑞典、意大利、丹麦等 10 个
国家具备竞争优势的企业和产业的大量案例研究，讨论了一国如
何把比较优势转化为竞争优势的问题，提出了竞争优势决定因素
的"钻石"模型，又成为"菱型"模式。他指出一国产业竞争
优势水平是由六个要素的不同组合来决定的，这六个因素是生产
要素、市场需求、相关和支撑产业、企业竞争战略、机遇和政府
行为。这六个因素相互影响、相互强化，构成动态系统的钻石体
系①。对不同的国家和地区而言，谁先建立和驱动钻石体系，谁
就会率先获得很难被复制和模仿的竞争优势。

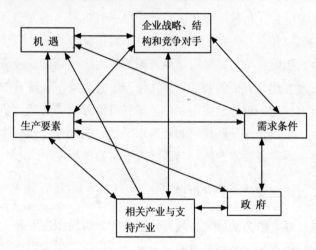

图 1-3　波特"钻石模型"

波特还对这六大要素进行了详尽分析：

（1）生产要素。波特认为生产要素基本上有两种分类方式：

---

① 谢立新：《区域产业竞争力——泉州、温州、苏州实证研究与理论分析》，
社会科学文献出版社 2004 年版，第 46 页。

一是初级生产要素和高级生产要素。初级生产要素主要包括天然资源、地理位置、非技术和半技术人工、资本等。高级生产要素主要包括现代化基础设施、高等教育人力、大学研究所等。随着社会的进步，初级生产要素的重要性越来越低，因此，如何开发和更新高级生产要素已经成为国际竞争力的重大决定条件。但对以天然产品或农业为主的产业，以及对技能要求不高或技术已经普及的产业而言，初级生产要素仍有其重要性。二是分为一般性生产要素和专业性生产要素。前者主要包括公路系统、资本等，可以被用于任何一种产业上；后者主要包括技术型人力、先进的基础设施和专业知识等，明确针对单一产业。

一个国家要想经由生产要素建立产业强大而持久的竞争优势，必须发展高级和专业性生产要素，逐步摆脱对初级生产要素和一般性生产要素的依赖。高级、专业性生产要素通常是创造出来的，必须建立企业、行业协会、个人共同投资的要素创造机制。

（2）需求条件。波特认为，一个国家的市场状况决定一国商品的商品化率，市场大小、层次高低决定着需求状况。因为市场需求会刺激企业的创新，这是产业发展的必然动力。同时，国内市场的大小也影响企业规模经济的形成。

（3）相关产业和支持产业。波特认为一定区域内能为某个产业集聚起健全的支持性产业，从而形成强大的产业集群，这不仅有利于降低交易成本，而且有利于形成产业的竞争优势。上游产业的存在可以为下游产业提供及时、高质量的原材料和零部件。相关产业的竞争力，具有关联产业内的"提升效应"，包括发挥群体优势、对"互补产品"产生需求拉动、构造有利的外部经济效果和信息环境，等等，从而增强上下游产业的国际竞争力。

（4）企业的战略、结构和竞争对手。这类因素是指企业的组织结构、战略决策特点及竞争程度所赖以存在的国家环境。如果某一产业的公司在公司目标、策略及组织形式等方面的选择与该国在该产业的竞争优势资源恰好相符合，则该国在该产业的竞争优势将充分展现。

除以上四个核心因素外，波特认为还有两个因素对一国或地区的产业竞争力水平发挥重要影响作用，即机遇和政府。机遇是那些超出企业控制范围内的突发事件，如技术的重大突破、石油危机、战争等。机遇可以打破现存的竞争环境、竞争秩序，创造出"竞争断层"，从而提供新的机会，使原来竞争力弱的国家可以后来居上。此外，政府也可以从各个方面制定相关政策直接影响企业、产业的国际竞争力。如日本之所以从一个企业、产业、国家的竞争力落后国家迅速发展成为世界经济强国，政府的行为是一个关键的因素。

以上六个因素彼此相互依赖，相互配合，形成一个类似钻石结构的双向强化的动态系统，启动竞争力。在钻石体系中，任何一项因素的状态必然影响到其他因素的状态。对于高度依赖天然资源或技术层次较低的产业而言，可能只需具备钻石体系中的两项因素就能得到竞争优势，但因产业的快速变化，要保持竞争力，必须将这些因素交错运用，形成自我强化的优势，无法模仿和摧毁。

2. GEM 模型①

加拿大学者帕德莫（Tim Padmore）和吉布森（Hervey Gibson）通过总结多年研究区域产业的经验，对"钻石模型"进行

① 张洪营：《区域产业竞争力 GEM 竞争力研究》，载《商场现代化》，2007（1）。

改进，提出了一种分析区域产业竞争力的模型 – GEM 模型。GEM 模型确定了影响区域产业集群竞争力的 6 大因素，包括资源、设施、供应商和相关辅助产业、企业的结构、战略和竞争、本地市场、外部市场，并用一个蛛网图表示。6 个因素被分为 3 对：包括资源和设施合称为"因素对 I"—基础（grounding），供应商和相关辅助行业和企业的结构、战略和竞争合称为"因素对 II"—企业（（enterprises），本地市场和外部市场合称为"因素对 III"—市场（markets）。而 GEM 模型正是这 3 个"因素对"名称第一个字母的缩写。

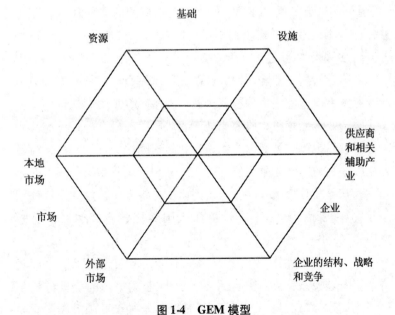

图 1-4　GEM 模型

GEM 模型虽然在模型结构、因素内容等方面与"钻石模型"有许多相似之处，但在研究区域产业竞争力方面也有自己的独特优势。主要包括：第一，应用范围的优势。钻石模型是以国家为研究对象，而 GEM 模型是以区域产业为研究对象，本区域的社会、经济、文化成为影响区域产业竞争力更主要的因素。第二，结构上的优势。GEM 模型将政府因素归入基本影响因素，如"设施"实际是地方政府在区域产业竞争力中作用的重要体现，地方政府常常可以通过改良本地的基础设施或者实行优惠的投资政策来提高本区域产业的竞争力。GEM 模型对政府作用的强调符合区域产业研究的实际。第三，作用机理上的优势。GEM 模型强调因素之间的互补作用，6 个因素分为 3 对，并认为每组因素之间具有互补的作用，即优良的"设施"可以弥补区域产业"资源"的缺乏，反之亦然。同样，潜力广阔的"外部市场"能够弥补"本地市场"需求的不足。

3. 金碚的工业竞争力分析模型

中国社科院工业经济研究所的经济学家金碚，首先把波特的产业竞争力模型应用于分析我国的产业国际竞争力。他认为，由于我国产业国际竞争力研究尚处于起步阶段，研究的视野应集中于分析较易把握的领域以及因果性比较清晰的关系。因此，应首先从工业品的国际竞争力研究开始，从国产工业品的市场占有率和盈利状况及其直接和间接决定因素的分析入手，建立适合我国产业发展实际，并易于进行更深入国际比较研究的经济分析模型。

在《中国工业国际竞争力》一书中，金碚建立了一个比较清晰的因果关系框架，并据此建立了产业竞争力的统计分析模型[1]。其基本思路是：一个国家或地区的某种工业品的国际竞争力强弱，可以从结果和原因两个方面来分析。从结果分析看，竞争力直接表现为一国工业品在市场上的占有份额。一国或地区工

---

[1] 金碚：《竞争力经济学》，广东经济出版社 2003 年版，第 38 页。

业品在国际国内市场上占有的份额越大，获得利润越多，竞争力就越强。反映竞争结果的指标成为工业品国际竞争力的实现指标，主要是产品市场占有率以及固定市场份额模型指标和显示性比较优势指标，它们表示工业品国际竞争力在市场上的实现程度。

从原因分析看，一切有利于一国（地区）工业品开拓市场、占据市场，并以此获得利润的因素，都可以成为工业品国际竞争力的研究对象。他把反映竞争力强弱原因的指标，按竞争实力和潜力称为竞争力的直接因素指标和间接因素指标，直接因素指标主要是工业品的价格、质量、品牌、产品结构和市场营销，表示产业的竞争实力；间接因素指标主要是成本、技术、经营管理、企业规模和资本实力，表示产业的竞争潜力。并用以下分析模型来概括这些指标之间的因果关系。

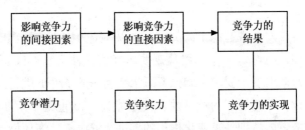

图1-5 金碚工业竞争力分析模型

综上所述，我们可以看出，国内外学者或研究机构围绕国家、区域、城市、产业等层面对竞争力的影响因素进行了深入分析。就产业竞争力而言，影响因素涉及经济、社会等多个领域的多个方面，而且对于不同国家、不同地区、不同时间、不同的产业类型来说，推动产业竞争力提升的关键因素不同。如波特的"钻石模型"作为产业竞争力分析的基础性模型，就是根据美国等 10 个国家产业发展的案例分析而构建起来的。这些模型虽然具有重要的借鉴意义，但是对于贫困县的产业竞争力分析来说，还缺乏直接针对性，不能照搬。特别是对贫困县产业可持续竞争力进行研究，还必须将生态环境因素纳入分析范围。因此，笔者认为，必须结合贫困县产业发展的具体实际，在借鉴波特等人的产业竞争力分析模型的基础上，构建一个新的产业可持续竞争力影响因素模型。由于这一模型的构建需要在对贫困县产业发展的现状进行实证分析的基础上进行，因此，笔者将贫困县产业可持续竞争力的模型分析放在第四章进行专门论述。

第四节　可持续发展理论

可持续发展观起源于人类为解决以环境为中心的社会问题而进行的理性思考。可持续发展观要求经济、社会、人口、资源、环境的协调发展，要求在确保资源永续利用的条件下进行经济和社会建设，保持发展的持续性和良好势头。20 世纪中后期以来，随着经济发展特别是工业化进程的推进，资源、生态环境对产业发展的承载能力日趋下降，人们开始围绕经济的可持续发展问题展开研究。一般认为，这一概念的讨论始于 1962 年，美国学者卡森在其《寂静的春天》一书中，首次将农药污染的危害展现在世人面前，引起人们对环境污染灾难性后果的关注。1972 年，罗马俱乐部发表了著名的研究报告《增长的极限》，明确提出"持续增长"和"合理的持久的均衡发展"的概念，并指出如果按目前的增长模式持续下去，世界会面临一场灾难性的崩溃。1972 年在瑞典首都斯德哥尔摩召开的联合国人类环境会议提出了"合乎环境要求的发展"、"连续的可持续的发展"等重要概念。1987 年以布伦特兰夫人为主席的联合国环境与发展委员会向联合国提交了《我们共同的未来》的报告，多视角地审视了传统经济发展模式对资源开发、生态环境的负面影响，第一次在国际范围内提出"可持续发展"概念，从发展的公平性、持续性、共同性"三个原则"出发，对可持续发展做出了权威的解释，即"既能满足当代人的需要，又不对后代人满足其需要的能力构成危害的发展"。可持续发展强调在发展的基础上，做到保护环境和保持生态平衡以及资源的循环和持续利用。1992 年的联合国环境与发展会议针对全球环境持续恶化的状况，以可持续发展为指导思想，反思了自工业革命以来的那种"高生产、高消费、高污染"的传统发展模式以及"先污染、后治理"的道路并加以否定，使可持续发展思想得到普遍接受，与会各国一致承诺把可持续发展作为未来的、长期的共同发展战略，做出了一系列保护环境和促进发展的承诺，通过了关于世界环境与发展问题的纲领性文件——《21 世纪议程》。随后，1997 年的特别联大和 2002 年的联合国可持续发展世界会议又进一步重申和确认了可持续发展的目标。会议认为单纯依赖技术路径实施可持续发展战略具有很大的局限性，要"在各级有一个有效的促进可持续发展的体制框架，是充分执行《21 世纪议程》，应付正在出现的可持续发展挑战的关键。"

坚持经济、社会、资源和环境相互协调的可持续发展是人类发展观的重大进步，它以保护生态环境为基本目标，在满足人类需要不断增长的同时，合理开发和利用资源，求得人类与自然和谐为重点的发展。实施可持续发展的实质是要开创一种新的发展模式。1992 年 8 月，在世界银行和联合国开发署、环境署的支持下，我国制定了指导中国环境与发展的纲领性文件《中国环境与发展十大对策》，提出走可持续发展道路是中国当代以及未来的选择。1994 年 4 月，中国政府制定完成并批准通过了第一个国家级可持续发展战略——《中国 21 世纪议程—中国 21 世纪人口、环境与发展白皮书》，确立了中国 21 世纪可持续发展的总体战略框架和各个领域的主要目标。中共十五大提出的可持续发展思想是目前我国可持续发展最完整的论述，它的贯彻实施必将对我国的经济和社会发展尤其是贫困地区的资源开发和经济社会可持续发展产生重大而深远的影响。我国总的经济社会发展目标是力求使生态环境建设与经济、城乡建设同步规划、同步实施和同步发展，变资源掠夺式粗放生产经营为资源节约型集约经营，从以外延扩大再生产为主转向以内涵增殖再生产为主，实现经济、社会和环境的最佳综合效益。这从根本上为我国贫困地区的产业发展和资源开发指明了方向。

目前我国正处于向中低收入国家的迈进阶段，这既是一个黄金发展时期，也是矛盾凸现时期。水、土地、能源、矿产等资源不足的矛盾越来越突出，生态建设和环境保护的形势日益严峻。特别是对于生态原就脆弱的贫困县来说，由于产业发展方式粗放，资源消耗、环境污染、生态破坏等问题尤为突出，生态环境已经成为影响区域产业竞争力提升的一个重要因素，因此，必须在加快县域经济发展，提升产业竞争力的过程树立以人为本、资源节约、环境友好型的可持续发展的理念，这也是我国"十二五"期间，落实科学发展观重要思想，加快经济发展方式转变的客观要求。

第二章 贫困县产业可持续竞争力的测评与制约因素

第一节 我国农村贫困治理工作的回顾与经验

中国是世界上最大的发展中国家，长期受贫困问题困扰，也从未停止过贫困治理的进程，特别是新中国成立以来，缓解和消除农村贫困，成为党和政府长期致力的重大战略任务，担负着改善民生、缩小差距，保障全体人民共享改革发展成果的艰巨使命。所谓贫困治理是指为缓解和消除贫困，促进贫困地区经济社会发展，提升贫困人群的生产发展能力，反贫困主体运用权力和手段，对社会经济资源进行支配、协调、控制、管辖的过程。纵观新中国成立60周年，我国农村贫困治理工作大致经历了五个阶段：小规模的救济式扶贫阶段（1949 - 1978 年）、农村经济体制改革推动下的发展型缓贫阶段（1978 - 1985 年）、以贫困县为重点的区域型扶贫开发阶段（1986－1993年）、以特殊困难区域为重点的攻坚型扶贫开发阶段（1994－2000年）、以农村小康社会建设为目标的综合型扶贫开发阶段（2001年至今），基本消除了农村绝对贫困现象，大幅度提升了贫困地区和贫困人口的自我发展能力。

第一阶段：小规模的救济式扶贫阶段（1949－1978年）。建国初期，广大农村面临着普遍的生存性贫困问题。由于贫困人口数量庞大，财政状况又较为困难，这一时期的扶贫战略主要是小规模的救济式扶贫，即依托自上而下的民政救济系统，对边远落后地区、因灾致贫人口和战争伤残人口实施"输血式"生活救济。这种救济式扶贫战略，虽然保障了贫困人口的临界生存需要，却难以提高贫困人口的发展能力，不能从根本上最终摆脱贫困，"救急不救穷"。同时，传统计划经济体制的弊端和一系列错误指导方针的实施，进一步加剧了当时的农村贫困问题。到1978年，以农民人均纯收入100元为贫困线，我国农村贫困人口规模高达2.5亿人，占全国人口总数的25.97%，占世界贫困人口总数的1/4，农村贫困发生率达到30.7%[1]。

第二阶段：农村经济体制改革推动下的发展型缓贫阶段（1978－1985年）。1978年召开的党的十一届三中全会，拉开了我国农村经济体制改革的伟大历程，也带动着农村扶贫事业步入一个崭新的历史阶段。由于当时导致农村普遍贫困的根本原因是农业经营体制不适应生产力发展的要求，束缚了农民的生产积极性，为"放权搞活"，我国推行了以家庭承包经营为基础、统分结合的双层经营体制，实施了提高农产品价格、发展农村商品经济等配套改革，极大地解放了农村的生产力。农村经济体制的深

---

① 赵曦、熊理然：《中国农村扶贫开发的历史成就及其历史经验》，载《中国农业经济学会纪念农村改革30周年学术论文集》。

刻变革，为这一时期我国农村经济的超常规增长和贫困人口的急剧减少提供了强劲动力。从 1978 年到 1985 年，农村居民人均纯收入从 133.6 元上升到 397.6 元，年均增长率接近 17%；农村绝对贫困人口由 2.5 亿下降到 1.25 亿左右，年均减少 1786 万人；贫困发生率也由 30.7% 下降到 14.8%[①]。

在逐步推进农村改革的同时，中国政府也开始利用专项资金来支持部分极端贫困地区的经济发展。1980 年设立了"支援经济不发达地区发展资金"，投向贫困地区。1983 年实施了覆盖甘肃定西、河西和宁夏西海固地区 47 个县的为期 10 年的"三西"农业建设计划。1984 年 9 月，中共中央、国务院联合发出了《关于帮助贫困地区尽快改变面貌的通知》，同年设立革命老区、少数民族地区和边远地区专项贷款，还实施了改善贫困地区基础设施条件的以工代赈计划。这些政策的实施不仅直接帮助了部分极端贫困地区的经济发展和生产生活条件的改善，也为后来实施更大规模的农村扶贫开发计划积累了经验。

第三阶段：以贫困县为重点的区域型扶贫开发阶段（1986 - 1993 年）。20 世纪 80 年代中期，随着农村经济体制改革的推行，农村区域发展不平衡问题开始凸显，贫困人口呈现出明显的区域集中特点，主要分布在"老、少、边、穷"地区，需要推行有组织、有计划、大规模的帮扶措施。为缓解严峻的扶贫形势，我国于 1986 年成立了专门的扶贫机构——国务院贫困地区经济开发领导小组（国务院扶贫开发领导小组的前身），使农村反贫困步入规范化、机构化、制度化轨道。为帮助贫困地区从根本上摆脱贫困，我国推行了区域型扶贫和开发式扶贫战略，划定了 18

---

① 苏国霞：《扶贫开发是中国特色社会主义的伟大实践》，载《经济研究参考》，2008（32）。

个集中连片的贫困带和一批国家级、省级贫困县，安排专项资金，出台优惠政策，通过基础设施建设和特色产业培育，增强其自我发展能力，建立"造血"机制。从中央政府采取的扶贫政策看，主要确定了三大扶贫投资计划，即专项扶贫贷款、以工代赈和财政发展资金计划，并对国定贫困县给予一定的税收优惠，动员社会力量参与农村扶贫工作。从1986年到1993年，592个国家重点贫困县的农民人均纯收入从206元提高到483.7元，年增长率在13%左右；农村绝对贫困人口由1.25亿下降到8000万，年均递减6.2%；农村贫困发生率由14.8%进一步下降到8.7%[①]。

第四阶段：以特殊困难区域为重点的攻坚型扶贫开发阶段（1994－2000年）。1994年，以《国家八七扶贫攻坚计划》为标志，我国农村扶贫开发进入到全面攻坚阶段。这一时期，农村剩余8000万贫困人口相对集中在中西部少数自然条件恶劣地区，如西南大石山区、西北黄土高原区、秦巴山区以及青藏高寒山区等。对于这些特殊困难区域的贫困人群来说，经济体制改革和区域经济发展的扶贫带动效应弱化，必须采取更有针对性的攻坚战略。"八七扶贫攻坚计划"的主要措施包括：一是帮助贫困户进行土地改良和农田基本建设，增加经济作物的种植，增加畜牧业生产，创造更多的非农就业机会；二是使大多数乡镇通路、通电，改善多数贫困村的人畜饮水问题；三是普及初等义务教育和初级预防与医疗保健服务；四是调整扶贫资金分配的区域结构，将扶贫重点进一步放到中西部地区；五是加强扶贫资金的管理，减少扶贫资金的漏出，提高扶贫投资的可持续性，扶贫资金自1997年起大幅度增加，当年就增加了50%，扭转了10年来实际扶贫资金

① 王朝明：《中国农村30年开发式扶贫：政策实践与理论反思》，载《贵州财经学院学报》，2008（6）。

下降的局面；六是明确资金、任务、权利、责任"四个到省"的扶贫工作责任制，建立东部沿海地区支持西部欠发达地区的扶贫协作机制，并推行入户项目支持、最低生活救助、科技扶贫、劳动力转移、生态移民等多元化扶贫政策措施。到 2000 年底，贫困县农民人均纯收入由 1993 年的 483.7 元增加到 1321 元，农村绝对贫困人口由 8000 万下降到 3209 万人，贫困发生率减少到 3.4%[①]，基本解决了贫困人口的温饱问题，使我国农村贫困从普遍性、区域性、绝对性贫困向点状分布和相对贫困发生了转变。

第五阶段：以农村小康社会建设为目标的综合型扶贫开发阶段（2001 年至今）。进入新世纪，以《中国农村扶贫开发纲要（2001—2010 年)》（以下简称《纲要》）为标志，我国进入到综合扶贫开发阶段。《纲要》明确提出，到 2010 年要尽快解决剩余农村贫困人口的温饱问题，巩固扶贫成果，进一步改变贫困地区经济、社会、文化落后状况，为农村小康社会建设创造条件。这一时期，我国农村扶贫开发具有许多新特征：第一，从扶贫对象看，将低收入农户纳入工作范围，公布了农村低收入贫困标准。第二，从扶贫瞄准看，由于农村贫困人口有近一半分布在重点贫困县之外，为提高扶贫资金的瞄准性，全国认定了近 15 万个贫困村，将瞄准重点转移到贫困村、贫困户。第三，从扶贫任务看，不仅是解决贫困人口的温饱问题，还要解决返贫问题；不仅强调经济开发，还要推动贫困地区教育、文化、环境等社会事业的全面进步。第四，从扶贫措施看，由于农村剩余贫困人口中许多是缺乏劳动自救能力的残疾人员、孤老和孤儿，依靠开发式扶贫很难使这些贫困群体脱贫，为此，政府加大了社会保障体系和生活

---

① 赵曦、熊理然：《中国农村扶贫开发的历史成就及其历史经验》，载《中国农业经济学会纪念农村改革 30 周年学术论文集》。

救助的扶持力度。第五，新纲要注重发展贫困地区的科学技术、教育、文化和卫生事业，不断加大对贫困地区人力资本积累的投资，并强调参与式扶贫、以村为单位进行综合开发和整村推进，同时承认城乡间人口流动是扶贫的一个重要途径，鼓励农村居民转移到城镇地区就业居住。到 2008 年，我国农村绝对贫困人口从 2000 年的 3209 万人下降到 1479 万人，农村贫困发生率下降到 1.6%；低收入贫困人口减少到 2841 万人①，占农村居民总人口的 3%。

综上所述，新中国成立以后，特别是改革开放以来，我国农村的大规模生存贫困得到了极大缓解，2.28 亿农村贫困人口实现了脱贫致富，农村贫困发生率大幅度下降（如图 2-1 所示②）；贫困地区的基础设施和生产生活条件显著改善，各项社会事业发展较快，为国民经济持续健康发展，为缓解区域、城乡发展差距，为政治稳定、社会和谐、民族团结、边疆巩固发挥了重要作用。

我国的扶贫开发成效也多次得到国际社会的高度评价，联合国开发计划署在《2005 年人类发展报告》中指出，"中国在全球千年发展目标中所做的贡献，给予再高的评价也不过分。如果没有中国的进步，整个世界在减贫方面从总体上说是倒退了。"中国的扶贫开发对全人类反贫事业做出了重大贡献：一方面，我国的成功减贫加速了世界减贫进程，扭转了过去 50 多年世界贫困人口持续上升的趋势；另一方面，我国创造的政府大规模减贫计划的经验，也为其他国家提供了借鉴的榜样。与世界发达国家和其他发展中国家的反贫模式相比，中国的扶贫开发模式具有独特的经验：

---

① 为便于将 2008 年的农村贫困人口规模、贫困发生率与以前的年份进行对比，这里仍然沿用了农村贫困标准和农村低收入标准两个标准进行统计和分析。

② 根据《中国统计摘要 2008》、《中国农村贫困监测报告 2008》等相关统计资料整理。

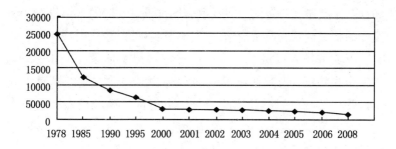

图 2-1　1978－2008 年中国农村贫困人口的变化情况

（单位：万人）

1. 在贫困治理的战略上，注重扶贫开发与农村改革发展的融合互促

我国农村扶贫开发的巨大成效来源于其并非单边推进，而是始终伴随着农村本身的改革和发展进行的。1978 年，建立以家庭承包经营为基础的农村基本经营制度，放开农产品市场和价格，大力发展乡镇企业等一系列体制改革，成为"文革"后我国扶贫事业迅速发展的第一推动力，也奠定了我国农村扶贫开发工作最基本的制度基础。进入新世纪以后，党中央又积极调整国民收入的分配格局，提出了统筹城乡发展、建设社会主义新农村等重大发展战略，从 2004－2011 年连续下发了八个以"三农"为主题的中央"一号文件"，按照"以工促农、以城带乡"，"多予、少取、放活"的方针，出台了一系列强农惠农政策。可见，正是农村改革发展与扶贫措施的相互促进、相互补充，才使我国的扶贫开发成效具有了乘数放大效应。

2. 在贫困治理的主体上，注重政府主导、群众参与和社会扶贫相结合，构建多元主体"大扶贫"格局

政府主导是我国农村扶贫开发的最大特色，这是由党的宗旨

和社会主义制度决定的。各级政府通过设置专门的组织机构，制定专项扶贫规划和政策措施，充分调动各种财政、信贷和社会资源，形成了具有权威性、统一性的扶贫组织体系。2001－2009年，中央共投入财政扶贫资金1117亿元，并通过财政贴息引导了近千亿元扶贫贷款投入。但是，单纯依靠政府投入和政府推动，其力量毕竟是有限的。为调动贫困人口、各类企业、金融机构、民主党派等其他组织的参与积极性，我国采取了参与式扶贫、产业化扶贫、机关和发达地区定点帮扶等措施，力求实现政府主导与市场调节的有机结合，实现政府扶贫、群众参与社会扶贫的联动，如272个中央国家机关和企业事业单位定点帮扶481个重点县，东部15个省市及计划单列市对口帮扶11个西部省（区、市），从而构建了多元化扶贫机制，营造了一种全社会普遍参与的扶贫济困氛围。

3. 在贫困治理的方针上，注重开发式扶贫与救助式扶贫、保障式扶贫相结合，构建多层次扶贫体系

我国农村扶贫开发的基本方针是"以开发式扶贫为主，救助式扶贫、保障式扶贫为辅"。其中，开发是促发展，救助、保障是保生存。1986年，我国针对救济式扶贫战略"救急不救穷"的弊端，针对有劳动能力的贫困群体、有开发潜力的贫困地区，可以通过国家扶持和自力更生摆脱贫困的客观实际，提出了开发式扶贫战略。依托贫困地区自然资源和人力资源开发，加强基础设施建设和重点项目带动，实施整村推进、劳动力培训、产业化扶贫、科技扶贫等措施，有效增强了贫困地区的自我发展能力。如通过扶持扶贫龙头企业和产业化基地，带动400多万贫困农户脱贫致富。但是，由于我国许多贫困人口是不具备劳动能力的弱势人群，还需要通过救助式扶贫和保障式扶贫来保证其生活。因此，为适应不同类型贫困区域和贫困人口的扶贫需要，我国按照

分类指导的原则，构建起了一个多层次的扶贫政策体系，共同驱动农村扶贫事业。

4. 在贫困治理的目标上，注重生存贫困治理与发展贫困治理相结合，构建动态化扶贫目标体系

反贫面临的最大问题，是怎样使贫困人口获得公平的发展机会和发展条件，而不是简单解决其温饱问题。20 世纪 80 年代初，农村绝对贫困人口的生存问题最为迫切，但进入新世纪，随着绝对贫困人口的减少和国家扶贫实力的增强，中央政府即时调整了扶贫目标和扶贫任务的重心，把解决相对贫困和发展贫困，实现贫困地区的综合开发和全面发展，摆在更加突出的位置。结合《我国农村扶贫开发纲要（2001 — 2010 年)》的实施，采取一系列发展性扶贫措施：强化对贫困人口教育、医疗服务的供给，提高他们的发展能力；强化对贫困人口的人力资本投资，完善劳动力培训和转移的社会服务体系，扩大贫困人口的就业机会；强化生态环境建设，完善资源和生态补偿机制；等等，从而实现贫困地区经济开发、收入增长、人力资本培育、社会事业发展、生态环境改善的协调推进、全面进步。

5. 在贫困治理的对象上，注重区域瞄准和群体瞄准的系统搭配，构建立体型扶贫对象识别机制

如何提高扶贫目标的瞄准度是各国反贫事业的重点和难点。我国在 20 世纪 80 年中后期和 90 年代初，针对农村贫困人口分布的区域集中性，主要采取了区域瞄准方式，即以贫困县作为扶贫的基本操作单位，通过整体区域经济增长来大规模缓解贫困。90 年代后期以来，随着贫困人口分布日益分散，"点、线、面"共存格局的显现，扶贫开发逐步采取了区域瞄准和群体瞄准相结合的方式，瞄准主体日益微观化：一方面将区域瞄准重心从贫困县转向贫困村，全国共确定了 15 万个贫困村，到 2009 年共有

10.84 万个村实施了整村推进规划，另一方面直接面对贫困人口，做好贫困人口的建档立案和动态管理工作，推动扶贫资源到村到户，以防止扶贫资源的错配或遗漏，有效提高了贫困人群的受益率。

第二节 国家扶贫开发工作重点县取得的贫困治理成就

1986 年以后，针对我国贫困人口的地理集中性特征，为解决区域性贫困问题，我国在制定明确的贫困标准和贫困政策的同时，确定了国家重点扶持的贫困县，以集中使用扶贫资金，有效扶持贫困人口。目前，我国国家级贫困县主要指列入《国家八七扶贫攻坚计划》的 592 个国家扶贫开发工作重点县，分布在 21 个省区市。

一、国家对扶贫开发工作重点县的扶持力度不断加强

1. 扶贫资金投入不断增加，资金结构继续优化

随着国家财力的增强，对贫困县扶贫资金的投放力度逐年加大，从 2002 到 2009 年，国家扶贫开发工作重点县获得的扶贫投资总额从 250.9 亿元持续扩大到 457.3 亿元（如表 2-1 所示），7 年增加了 207 亿元，年均递增 9%，特别是 2009 年无论是扶贫资金增长规模还是增长速度，均创历史最高水平，比 2008 年增加了 89.5 亿元，增速达到 24.5%。从当年扶贫资金的来源看，主要包括中央扶贫贴息贷款、中央财政扶贫资金、以工代赈资金、中央财政退耕还林还草工程补助、省级财政扶贫资金和其他资

金。其中，2009 年国家扶贫开发工作重点县获得的中央扶贫贴息贷款累计发放额达 108.1 亿元，比 2002 年增加了 5.6 亿元，年均递增 0.8%；中央财政扶贫资金 99.8 亿元，比 2002 年增加了 64 亿元，年均递增 15.8%；以工代赈资金 39.4 亿元，比 2002 年下降了 0.5 亿元，年均递减 0.2%；专项退耕还林还草工程补助 64.2 亿元，比 2002 年增加了 41.6 亿元，年均递增 16.1%；省级财政安排的扶贫资金 23.4 亿元，比 2002 年增加了 12.5 亿元，年均递增 13.1%；外资实际投资额 22.2 亿，比 2002 年增加了 4.7 亿元，年均递增 3.4%；其他扶贫资金 100.2 亿元，比 2002 年增加了 78.2 亿元，年均递增 24.2%。

表 2-1　国家扶贫开发重点县扶贫投资总额和县平均资金[①]

单位：亿元、万元

指标名称	2002	2007	2008	2009 年
一、扶贫资金总额	250.2	316.8	367.2	456.7
1. 中央扶贫贴息累计发放额	102.5	70.5	84.0	108.7
2. 中央财政扶贫资金	35.8	60.3	78.5	99.5
3. 以工代赈	39.9	35.4	39.3	39.3
4. 中央专项退耕还林还草工程补助	22.6	63.2	51.5	64.2
5. 省级财政安排的扶贫资金	9.9	14.2	18.9	23.4
6. 外资实际投资额	17.6	19.1	14.1	21.3
7. 其他资金	22.0	54.0	81.4	100.2
二、平均每个县得到的扶贫资金	4227	5351	6203	7715

从扶贫资金投入主体看，中央各类扶贫资金投入是主体力

---

① 国家统计局农村社会经济调查司：《2010 中国农村贫困监测报告》，中国统计出版社 2011 年版，第 49 页。

量，特别是中央财政扶贫资金投入总量从 2002 年到 2009 年分别为 35.8 亿、39.6 亿、45.9 亿、47.9 亿、54 亿、60.3 亿、78.5 亿和 99.5 亿元，呈逐年递增的态势。① 如果以县为单位，2009 年 592 个扶贫开发重点县的县均获得扶贫资金额为 7715 万元，分别比 2002、2005、2006、2007、2008 年增长了 3488 万元、1744 万元、1491 万元、852 万元和 1522 万元，年均递增 9%。但各省得到的资金分配强度不同：2009 年宁夏平均每个县得到的扶贫资金超过 2 亿元，黑龙江、湖南和云南 3 个省平均每个县得到的扶贫资金超过亿元，但河北、山西、内蒙古和甘肃等 4 省平均每个县得到的扶贫资金不到 5000 万元，其他省平均每个县得到扶贫资金在 5000 万——10000 万元之间。与 2002 年相比，山西、黑龙江、海南、云南、陕西、宁夏和新疆等 7 个省区扶贫资金的年均递增速度超过 10%，其他省区市的年均增速不到 10%，没有资金减少的省。

从国家扶贫资金的投向看，主要用于农业发展、基础设施建设和技术培训推广上，2009 年国家扶贫开发工作重点县投向农林牧渔业和农产品加工业的资金占全部资金比重达到 46.4%，其中：用于种植业的扶贫资金为 68.9 亿元，占全部资金的 15.2%；林业的扶贫资金为 69.9 亿元，占 15.4%；养殖业的扶贫资金为 52.4 亿元，占 11.5%；还有 19.7 亿元的资金用于农产品加工业，占 4.3%。对于基础设施建设的投入主要用于道路修建及改扩建，资金投入为 67.8 亿元，占全部扶贫资金的 14.9%，其次为基本农田建设和人畜饮水工程、电力设施和电视接收设施等领域的投资，达到 51.9 亿元；但用于教育、医疗、技术培训

---

① 国家统计局农村社会经济调查司：《2008 中国农村贫困监测报告》，中国统计出版社 2009 年版，第 170 页。

方面的投入相对较少，其中学校及设备、技术培训和推广、扫盲分别获得 7.3 亿、5.2 亿和 3.5 亿元。总体来看，与 2002 年相比，扶贫资金分配由基础设施建设向农业生产和社会服务倾斜，2009 年投向农林牧渔业和农产品加工业的扶贫资金比重比 2002 年的 36.2% 提高了 10.4%，用于社会服务的扶贫资金比重提高了 0.5%，用于基础设施的扶贫资金比重下降了 13%①。（如表 2-2 所示）

表 2-2　国家扶贫重点县扶贫资金投向比例

单位：亿元、%

指标名称	2002 年	2009 年	2009 比 2002 年	
			绝对值	年均递增
扶贫资金总额	250.1	453.9	203.8	8.9
一、生产项目				
1、种植业	25.2	68.9	43.7	15.5
2、林业	27.0	69.9	42.9	14.6
3、养殖业	22.9	52.4	29.5	12.5
4、农产品加工	15.6	19.7	4.1	3.4
5、其他生产行业	22.0	17.3	-4.7	-3.4
二、基建项目				
6、基本农田建设	15.3	21.4	6.1	4.9
7、人畜饮水工程	12.2	21.2	9.0	8.2
8、道路修建及改扩建	49.5	67.8	18.3	4.6
9、电力设施	14.5	7.5	-7.0	-9.0

① 国家统计局农村社会经济调查司：《2010 中国农村贫困监测报告》，中国统计出版社 2011 年版，第 48—50 页。

续表 2-2

指标名称	2002 年	2009 年	2009 比 2002 年	
			绝对值	年均递增
10、电视接收设备	1.6	1.8	0.2	2.1
11、学校及设备	6.3	7.3	1.0	2.3
12、卫生室及设施	3.5	4.4	0.9	3.3
三、培训及教育项目				
13、技术培训、技术推广	2.0	5.2	3.2	15.1
14、资助儿童入学、扫盲	1.8	3.5	1.7	10.2
四、其他	30.8	85.5	54.7	15.7

从扶贫资金的使用效果看，扶贫资金对于改善贫困县的生产生活条件成效显著。在 592 个扶贫开发工作重点县中，2009 年新增基本农田 402 千公顷，占全部耕地的 1.5%；当年新增及改扩建公里里程达 10.4 万公里，占全部公里里程的 11.5%。

从扶贫资金的到村、到户率看，资金覆盖率逐步提高，到村、到户资金规模逐步上升，其中 2009 年直接投入到村的扶贫资金无论是数量还是增幅都是历年之最。国家扶贫重点县平均每村当年落实的到村到户资金 16.9 万元，分别比 2002、2007、2008 年增加了 13 万元、1.4 万元和 4.4 万元，年均递增 23.5%。就 2009 年来说，扶贫重点村平均每村当年得到资金 21 万元，比 2002 年年均递增 22.7%；非扶贫重点村平均每村当年得到资金 12.3 万元，比 2002 年年均递增 31.9%，虽然非重点村的增加幅度更大，但用于重点村的扶贫资金量明显超过非重点村。在 2009 年到村使用的扶贫资金中，用于退耕还林还草的资金是 3.6 万元，用于新修及改扩建公路的资金是 3.4 万元，用于人畜饮水

工程的资金是 1.5 万元，用于养殖业和种植业的资金分别是 1.1
万元和 1 万元，用于基本农田建设的资金是 0.8 万元，用于卫生
设施、技术培训、电力设施和资助儿童入学等项目的费用少于
0.5 万元。

从扶贫资金的到户率看，当年得到项目资金的农户占全部农
户数的 19.5%。在直接得到资金的农户中，扶贫重点村得到过
扶贫资金的农户比重为 25.4%，非重点村的比重为 14.3%，重
点村到户的资金规模比非重点村要大。与 2002 年相比，2009 年
得到项目资金的农户占全部农户的比重提高了 12.9%。在直接
得到资金的农户中，户均得到的扶贫资金为 1349 元，比 2002 年
提高了 543 元，年均递增 7.6%。从农户获得的扶贫资金结构看，
2009 年，重点村得到资金在 500 元以下的农户占 36.4%，超过
2000 元的农户为 18.9%，与 2002 年相比，无论是贫困村还是非
贫困村，得到资金在 500 元以下的农户比例都在下降，2000 元
上的农户比例都在上升。

2. 扶贫政策体系日益健全，功能互补

为加快贫困县的发展，我国推行了一系列扶贫开发的优惠政
策，主要包括财政扶贫政策、信贷扶贫政策、以工代赈政策、国
家易地扶贫搬迁政策、退耕还林（草）政策、新型农村合作医
疗政策、扶持人口较少民族发展政策和国有贫困林场扶贫政策、
科技扶贫政策、教育扶贫政策、卫生扶贫政策、民政扶贫政策、
水利扶贫政策和农业扶贫政策等等。其中，财政扶贫政策又包括
多形式区域性财政转移支付制度、区域性开发和生态保护政策、
基本公共服务均等化政策和专项财政扶贫政策，如 2003 - 2007
年，中央财政对地方的转移支付资金累计 4.25 万亿元，其中

87%用于支持中西部贫困地区发展①。1998 - 2007 年的 10 年间，农业银行累计发放扶贫贷款 2010.11 亿元，其中扶贫贴息贷款 1176.74 亿元，发放范围覆盖了全国 592 个国家级扶贫开发重点县及部分省级扶贫重点县，已经成为当地扶贫开发的一个重要渠道。②与此同时，我国还逐步完善对贫困地区的农业农村补贴政策、税收减免等优惠政策，如 2008 年，从国家扶贫开发工作重点县农户的收入来看，人均得到的各项政策性补贴达到 133 元，比 2007 年增加了 59 元，增长了 79.7%。此外，减轻农民负担的各项政策已经得到落实，2008 年扶贫重点县农户的人均上缴税费为 3.5 元，比 2007 年下降 10.6%，均为第二、三产业税和其他收费。国家扶贫重点县的农民税费负担率（税费负担占农民人均纯收入的比重）为 0.1%。③

此外，为加快贫困地区脱贫致富，我国推行了一系列扶贫开发工程，如天然林资源保护工程、康复扶贫贷款项目、小额到户扶贫贷款项目、农村改水工程、农业部对口帮扶沼气项目、林业局对口帮扶九万大山项目、降消项目、改善贫困地区儿童营养状况项目、母亲水窖项目、母亲健康快车项目、巾帼扶贫行动、春蕾计划项目、中国农村信息网络项目等，初步形成了支撑贫困地区发展的多元化、多层次、功能互补的扶贫开发政策体系和工程体系。

3. 参与式扶贫活动推进顺利，扶贫项目瞄准有所改善

为调动贫困农户的积极性，提高扶贫项目的瞄准度和扶贫资

---

① 国家统计局农村社会经济调查司：《2008 中国农村贫困监测报告》，中国统计出版社 2009 年版，第 75 页。

② 国家统计局农村社会经济调查司：《2008 中国农村贫困监测报告》，中国统计出版社 2009 年版，第 77 页。

③ 国家统计局农村社会经济调查司：《2009 中国农村贫困监测报告》，中国统计出版社 2009 年版，第 26 - 27 页。

金的使用效率,我国逐步推行了参与式扶贫战略,并取得了一定成效。如从农户参与扶贫项目的比重看,2009年扶贫重点县有23.8%的农户参加了各种形式的到户项目或从公益项目中受益,与2002年相比,参加到户项目或从公益项目中受益的农户比重提高了13.1%。2009年,在当年有扶持项目的村中,93.1%的农户知道本村当年是否落实了新的项目或资金;有45.9%的农户参与了项目的规划;有77.8%的到户项目得到了农户的事先同意。从2002-2009年国家扶贫重点县到村扶贫项目看,当年参与扶贫项目的村的比例呈现稳步提升状态,如表2-3所示:

表2-3 2002-2009年国家扶贫重点县到村扶贫项目情况

单位:%

年份	当年参与项目的村的比例	参与项目形式		
		现金扶持	实物扶持	技术援助
2002	29.6	19.9	18.4	10.0
2003	33.2	21.8	22.2	11.8
2004	39.9	28.8	22.8	12.9
2005	37.3	29.2	18.5	10.3
2006	43.0	34.7	19.3	12.5
2007	51.0	43.6	18.0	12.6
2008	48.3	41.8	18.2	13.1
2009	50.7	44.1	18.3	14.8

从项目安排与农户需求的接近度看,总体上,种植、养殖、修建公路、人畜饮水工程、修建基本农田和技术培训是行政村及农户最迫切希望得到的项目,从农户获得项目和资金情况看,项目瞄准的改善程度还是较大的,贫困农户项目覆盖提高的速度快

于其他农户，分别从 2007 年的 18.3% 提高到 2008 年的 19.4% 和 2009 年的 24.3%，得到资金的农户比例从 2007 年的 15.2% 提高到 2008 年的 17.7% 和 2009 年的 20.2%[①]。

二、国家扶贫开发工作重点县的经济社会发展成效

根据近年来《中国农村贫困监测报告》关于国家扶贫工作重点县的经济社会发展状况的调查，进入新世纪以来，国家扶贫工作重点县的贫困程度持续减轻，经济实力不断增强，教育卫生等社会事业均有较大进步

1. 贫困程度持续减轻

如表 2-4 所示，进入新世纪以来，国家扶贫重点县的农村贫困人口规模和贫困发生率呈现持续减少和下降态势，其中 2002 年按照农民年人均收入 869 元的贫困标准，全国共有 8645 万农村贫困人口，贫困发生率为 9.2%，同期国家扶贫重点县的农村贫困人口为 4828 万人，占全国农村贫困人口总数的 55.8%；贫困发生率为 24.3%，比全国平均水平高 15.1%。到 2008 年，随着农村贫困标准和低收入标准合二为一，按照 1196 元的新贫困标准，国家农村贫困人口调整为 4007 万人，贫困发生率为 4.2%，同期扶贫重点县农村贫困人口为 2421 万人，占全国农村贫困人口总数的 60.4%，但农村贫困发生率为 11.9%，仅比全国平均水平高 7.7%。2009 年扶贫重点县的农村贫困人口进一步下降为 2175 万人，占全国农村贫困人口 3597 万人的 60.5%，贫困发生率下降为 10.7%，比 2008 年下降了 1.2%。

---

① 国家统计局农村社会经济调查司：《2010 中国农村贫困监测报告》，中国统计出版社 2011 年版，第 52 - 54 页。

表 2-4　2000～2009 年农村贫困人口规模及贫困发生率①

单位：元、万人、%

年份	贫困标准	贫困人口		贫困发生率	
		全国	重点县	全国	重点县
2000	865	9422	—	10.2	—
2001	872	9030	—	9.8	—
2002	869	8645	4828	9.2	24.3
2003	882	8517	4709	9.1	23.7
2004	924	7587	4193	8.1	21.0
2005	944	6432	3612	6.8	17.9
2006	958	5698	3110	6.0	15.4
2007	1067	4320	2620	4.6	13.0
2008	1196	4007	2421	4.2	11.9
2009	1196	3597	2175	3.8	10.7

分地区看，2009 年西部国家扶贫重点县的贫困人口为 1515 万人，比 2008 年减少 190 万人，贫困发生率为 13.5%，比 2008 年下降 1.7%；中部国家扶贫重点县的贫困人口为 591 万人，比上年减少 54 万人，贫困发生率为 7.9%，比 2008 年下降 0.8%；东部国家扶贫重点县的贫困人口为 69 万人，比上年减少 3 万人，贫困发生率为 5.4%，比上年下降 0.2%。可见，西部地区国家扶贫开发重点县的贫困人口规模、贫困发生率、贫困下降率均为

---

①　国家统计局农村社会经济调查司：《2009 中国农村贫困监测报告》，中国统计出版社 2009 年版，第 182 页。其中，表格中的"—"表示数据不详。国家统计局农村社会经济调查司：《2010 中国农村贫困监测报告》，中国统计出版社 2011 年版，第 19 页。

全国最高的区域。从各省份看，2009年家扶贫重点县贫困人口超过300万的有贵州、云南、甘肃3个省，超过100万的有安徽、河南、湖南、陕西4个省，其他省国家扶贫重点县的贫困人口均在100万人以下。2009年，随着国家低保制度的保障标准提高，覆盖面继续扩大，对贫困人口减少发挥了比较大的作用。国家扶贫重点县低保户的比重由2008年的7.1%提高到8.8%，户均领取的低保金由上年的461元增加到693元，增长了50.3%。①

2. 农民收入水平和消费能力持续增长

从2002到2009年，国家扶贫重点县农村居民人均纯收入从1305.2元增加到2842.1元，年均递增8.5%，略高于全国农村平均7.8%的水平。其中，人均工资性收入由435.5元增加为1011.2元，人均家庭经营纯收入由796.0元增加1522.4元，人均财产性收入由12.5元增加为40.4元，人均转移性收入由61.2元增加268.0元，实现了大幅增长（表2-5所示）。

表2-5　2002-2009 国家扶贫重点县农民人均纯收入②

单位：元/人

年份	一、纯收入	（一）工资性收入	（二）家庭经营收入	（三）财产性收入	（四）转移性收入
2002	1305.2	435.5	796.0	12.5	61.2
2003	1406.3	451.4	865.1	26.5	63.3
2004	1585.3	489.4	997.2	28.5	70.2

① 国家统计局农村社会经济调查司：《2010中国农村贫困监测报告》，中国统计出版社2011年版，第19-20页，第42页。
② 国家统计局农村社会经济调查司：《2009中国农村贫困监测报告》，中国统计出版社2009年版，第190页。

续表2-5

年份	一、纯收入	（一）工资性收入	（二）家庭经营收入	（三）财产性收入	（四）转移性收入
2005	1725.6	560.8	1042.6	28.1	94.1
2006	1928.0	644.0	1144.0	31.8	108.2
2007	2278.0	783.6	1306.0	52.0	136.3
2008	2610.8	887.7	1467.0	42.1	214.0
2009	2842.1	1011.2	1522.4	40.4	268.0

根据《2010中国农村贫困监测报告》所做的测评分析，我们可以发现，扶贫重点县农民人均纯收入的增长与扶贫项目和扶贫资金的投入实施直接相关，如表2-6所示，如果以具有劳动能力的农户、贫困户为调查对象，可以看出，参与扶贫项目的项目户的收入增长速度明显高于没有参与扶贫项目的非项目户。其中，项目户人均纯收入增长速度在2007到2009年分别为20.2%、15.9%和21.7%，比非项目户收入增长速度分别高出了11.1%、5.7%和14.3%。[①]

表2-6 2007－2009年国家扶贫重点县项目户和非项目户
人均纯收入增长速度　　　　单位:%

指标名称		2007	2008	2009
有劳动能力的农户	项目户	20.21	15.8	21.71
	非项目户	9.11	10.19	7.36
	二者差值	11.1	5.67	14.35

① 国家统计局农村社会经济调查司：《2010中国农村贫困监测报告》，中国统计出版社2011年版，第138—143页。

续表 2-6

指标名称		2007	2008	2009
有劳动能力的贫困户	项目户	44.18	48.35	47.43
	非项目户	33.07	36.35	28.48
	二者差值	11.11	12.00	18.96

收入增长直接导致国家扶贫重点县农户生产生活条件的逐步改善，从 2002 到 2009 年，扶贫重点县农民人均生活消费支出由 1131.4 元提高到 2367.4 元，其中，人均食品消费支出由 649.5 元提高到 1155.6 元，人均衣着消费支出由 69.3 元提高到 134.1 元，人均居住消费支出由 126.8 元提高到 413.3 元，人均家庭设备、用品消费支出由 33.6 元提高到 108.7 元，人均交通和通讯消费支出由 44.9 元提高到 194.7 元，人均文化教育、娱乐消费支出由 121.2 元提高到 167.3 元，人均医疗保健消费支出由 65.4 元提高 155.3 元，人均其他商品和服务消费支出由 20.8 元提高到 38.5 元。其中，主要生活消费支出状况如表 2-7 所示①

表 2-7　2002-2009 年国家扶贫重点县农村居民人均生活消费支出

单位：元/人

年份	生活消费支出	1、食品消费支出	2、居住消费支出	3、文化教育、娱乐消费支出	4、衣着消费支出
2002	1131.4	649.5	126.8	121.2	69.3
2003	1220.1	655.6	154.5	137.4	69.6
2004	1394.4	741.5	165.0	177.7	74.4

---

① 国家统计局农村社会经济调查司：《2010 中国农村贫困监测报告》，中国统计出版社 2011 年版，第 172-173 页。

续表2-7

年份	生活消费支出	1、食品消费支出	2、居住消费支出	3、文化教育、娱乐消费支出	4、衣着消费支出
2005	1528.5	793.2	192.5	182.2	86.3
2006	1679.6	840.3	242.1	168.4	95.8
2007	1931.3	980.1	289.3	160.6	111.8
2008	2200.3	1137.2	343.7	159.1	123.3
2009	2367.4	1155.6	413.3	167.3	134.1

3. 地区生产总值快速增长，产业结构逐步优化

从2002到2009年，国家扶贫开发工作重点县地方生产总值由6425.6亿元增加为22196.9亿元，首次超过2万亿元。其中，第一产业增加值5199亿元，比上年增长5.4%；第二产业增加值9758亿元，比上年增长9.9%；第三产业增加7242亿元，比上年增长18.3%[1]。与2000年相比，国家扶贫重点县地方生产总值年均递增16.6%，其中，第一产业增加值年均递增10.4%，第二产业增加值年均递增20.6%，第三产业增加值年均递增17.3%，如图2-2所示，特别是地方生产总值和第二、三产业增加值保持了高速增长态势。

从人均国民生产总值的变动情况看，从2002到2009年，国家扶贫重点县的人均国民生产总值持续提高，从2842.6元持续增加到9348.6元。

①　国家统计局农村社会经济调查司：《2010中国农村贫困监测报告》，中国统计出版社2011年版，第21页。

表 2-8-2002－2009 年国家扶贫重点县三次产业产值及比重变化状况①

单位：亿元

年份	地方生产总值	第一产业增加值	第二产业增加值	第三产业增加值	三次产业增加值比重
2002	6425.6	2332.7	2208.2	2133.5	35:33:32
2003	7493.2	2449.8	2704.0	2374.0	32.5:36:31.5
2004	9151.3	2960.7	3402.7	2735.7	32.5:37.4:30.1
2005	11056.2	3282.2	4143.8	3635.8	29.6:37.5:32.9
2006	13004.4	3558.4	5200.8	4241.4	27.4:40:32.6
2007	16131.0	4206.6	6812.4	5109.7	26.1:42.2:31.7
2008	19941.6	4934.1	8882.5	6123.0	24.7:44.5:30.8
2009	22196.9	5198.7	9758.4	7241.9	23.4:44:32.6

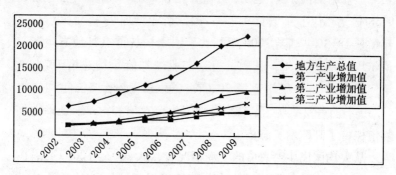

图 2-2　2002－2009 年国家扶贫重点县三次产业增加值

从产业结构的优化情况看，以国家扶贫重点县的三次产业增加值比重为例，从 2002 到 2009 年，三次产业增加值比重从

---

① 国家统计局农村社会经济调查司：《2010 中国农村贫困监测报告》，中国统计出版社 2011 年版，第 161 页。

35:33:32 提升为 23.4:44:32.6，其中，如图 2-3 所示，第一产业增加值的比重从 2002 年的 35% 持续下降为 2009 年的 23.4%；第二产业增加值的比重从 2002 年的 33.1% 持续提高为 2009 年的 44%；第三产业增加值的比重从 2002 年的 32% 稳定增长为 2009 年的 32.6%。可以看出，扶贫重点县依旧保持第二产业优先发展的模式，产业结构逐步优化。

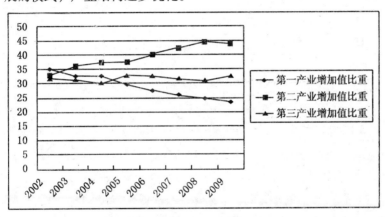

图 2-3 2002－2009 年国家扶贫重点县三次产业增加值构成

而且，从扶贫重点县工业产业特别是规模以上工业企业的发展情况看，规模以上工业企业的数量、工业总产值、产品销售收入均呈现快速增长态势，如表 2-9 所示：

表 2-9 2002－2009 年国家扶贫重点县工业发展情况

年份	规模以上工业企业数（个）	规模以上工业总产值（亿元）	产品销售收入（亿元）
2002	9276.0	2040.8	1872.2
2003	9258.0	2597.9	2443.2
2004	10253.0	3628.6	3504.7

续表2-9

年份	规模以上工业企业数（个）	规模以上工业总产值（亿元）	产品销售收入（亿元）
2005	10886.0	5200.5	5031.2
2006	12264.0	7548.1	6740.5
2007	13641.0	10877.0	9965.0
2008	16956.8	17097.9	13379.1
2009	18965.0	16956.9	16239.8

4. 财政收入平稳增长，财政支出继续向"三农"倾斜

从2001到2009年，国家扶贫开发工作重点县地方财政一般预算内总收入从275亿元持续提高到1018亿元，地方财政一般预算支出从2001年的894亿元持续提高到5431亿元，得到了国家转移支付和各项扶贫项目的大力支持，如表2-10所示。其中2009年农林水事务支出799亿元，医疗卫生支出448亿元、教育支出1177亿元，三项费用占总支出的比重超过40%，这充分表明贫困地区的财政支出开始由以经济建设为中心逐步转向重视民生，经济建设和社会发展并举的方向①。

表2-10 2001～2009年国家扶贫重点县地方财政收支变动情况

单位：亿元

年份	地方财政一般预算收入	地方财政一般预算支出
2001	275	894
2002	283	1082

---

① 国家统计局农村社会经济调查司：《2010中国农村贫困监测报告》，中国统计出版社2011年版，第22页。

续表2-10

年份	地方财政一般预算收入	地方财政一般预算支出
2003	311	1215
2004	349	1452
2005	411	1794
2006	528	2281
2007	670	3054
2008	845	4232
2009	1018	5431

5. 金融机构的存贷能力不断增强

进入新世纪以后，国家扶贫开发工作重点县金融机构年末各项存款、贷款指标均有所提高。2000－2009年扶贫重点县人均金融机构各项存款余额年均递增19.5%，贷款余额年均递增9.9%。其中，2006—2009年，国家扶贫重点县金融机构年末各项贷款余额分别为6121亿元、7039亿元、7521亿元和9459亿元；人均贷款余额分别为1728元、2089元、3156元和3984元，均处于持续增加状态。2006—2009年国家扶贫开发重点县金融机构的年末各项存款余额分别为11210.9亿元、13341亿元、16856亿元和20485亿元，其中2008年的增速达到2000年以来的最高点；人均存款余额分别为4802元、5665元、7074元和8628元，其中人均城乡居民年末存款余额分别为3425元、3943元、4835元和5651元。与全国县市的平均水平相比，2009年扶贫重点县人均金融机构各项存款余额的增长速度比全国县市平均水平高出 1.1%，但贷款余额的增长速度低 4.3%。①

从不同类型农户的贷款情况看，2009 年扶贫重点县农户从金融机构得到的贷款规模均有所增加，当年从银行或信用社得到贷款的农户占全部农户的 3.9%，比上年提高了 0.6%，贷款户的户均贷款金额为 10575 元，分别比 2008、2007 年增加 2253 元和 2707.9 元（如表 2-11 所示）；特别是个体工商户、种养业大户的户均贷款金额增长迅速，分别从 2007 年的 8100 元增加到 2009 年的 22226.6 元，从 2007 年的 5888.8 元增加到 2009 年的 13942 元。与此相比，贫困户的户均贷款金额增长相对平缓，从 2007 年的 5114 元增加到 2009 年的 7382.6 元。

表 2-11   2007－2009 年国家扶贫重点县不同类型农户得到贷款的
比例和户均贷款额   单位：元、%

指标名称	2007		2008		2009	
	得到贷款户比重	户均贷款金额	得到贷款户比重	户均贷款金额	得到贷款户比重	户均贷款金额
全部农户	4.2	5614.4	3.3	8322.3	3.9	10575.4
个体工商户	3.4	8100.0	4.1	24531.4	4.8	22226.6
种养业大户	8.0	5888.8	7.6	8094.3	9.4	13942.6
贫困户	3.3	5114.0	2.2	5421.3	2.7	7382.6

6. 农村教育、医疗等民生事业持续改善

多年来，扶贫重点县的儿童入学率在逐年提高，从 2002 年到 2009 年提高了 6.4%，平均每年提高约 1%，特别是 13－15 岁儿童的在校率，7 年提高了 10.8%。到 2009 年底，扶贫重点

---

① 国家统计局农村社会经济调查司：《2010 中国农村贫困监测报告》，中国统计出版社 2011 年版，第 22－23 页。

县 7 – 15 岁学龄儿童在校率为 97.4%，比上年提高了 0.4%。其中 7 – 12 岁儿童在校率为 98.2%，比上年提高 0.3%；13 – 15 岁儿童在校率为 96.2%，比上年提高了 0.5%（如表 2-12 所示）。扶贫重点县因贫困而失学的儿童数量持续下降，从 2002 年到 2009 年，扶贫重点县 7 – 15 岁的儿童中，失学儿童的比例从 9% 下降到 2.6%，平均每年下降 0.9%。其中，7 – 12 岁失学儿童的比例从 5.1% 下降到 1.8%，13 – 15 岁失学儿童的比例从 14.6% 下降到 3.8%。①

表 2-12 国家扶贫重点县 7—15 岁儿童在校率情况

单位:%

年份	其中		
	7 – 15 岁	7 – 12 岁	13 – 15 岁
2002	91	94.9	85.4
2003	92.2	95.2	88.4
2004	93.5	95.8	90.7
2005	94.6	96.9	91.7
2006	95.3	97	92.9
2007	96.4	97.7	94.4
2008	97	97.9	95.7
2009	97.4	98.2	96.2

　　而且，近年来扶贫重点县义务教育阶段的家庭教育负担不断下降，农村义务教育阶段免费政策得到了很好地贯彻，其中 2008 年扶贫重点县农村平均每个小学生的学杂费和书本费为 75

---

　　① 国家统计局农村社会经济调查司：《2010 中国农村贫困监测报告》，中国统计出版社 2011 年版，第 32 页。

元，初中生为 201 元，分别比上年减少 31 元和 68 元，分别下降 29.5% 和 25.3%。2004 - 2008 年扶贫重点县每个学生的教育费用状况如表 2-13 所示。

表 2-13　2002 - 2009 扶贫重点县平均每个学生教育费用

单位：元/人 年

指标名称	2004	2005	2006	2007	2008
小学教育费用	300.7	307.9	269.7	271	261.7
其中：学杂费和书本费	186.7	173.8	133.3	106.3	74.9
初中教育费用	802.6	849.3	793.3	828.9	806.7
其中：学杂费和书本费	412.9	392.6	332	269.1	201.2
高中教育费用	2927.2	2489	2620.5	2881.3	2965
其中：学杂费和书本费	1449	1147.8	1235.7	1205.5	1182.7

同时，青壮年劳动力文化素质有所提高，参与培训比例上升。2002 - 2009 年，国家扶贫重点县 15 - 50 周岁的青壮年劳动力平均受教育年限从 7.1 年延长到 7.9 年，青壮年文盲率从 12.4% 下降到 7.5%，平均每年下降 0.7%。随着"雨露计划"的推行和国家对扶贫重点县劳动力培训支持力度的加大，2006—2008 年接受过劳动技能培训的劳动力比例分别为 13.6%、14.3% 和 15.1%；2007 和 2008 年分别比上年提高了 0.7% 和 0.8%，其中，2008 年国家扶贫资金中用于技术培训的资金达到 4.5 亿元，比 2007 年增加了 5000 万元，参加技术培训的达到 1147 万人次。此外，扶贫重点县医疗卫生条件和农户的健康状况不断改善，2006—2009 年参加农村新型合作医疗的农户比例分别为 37.7%、81.7%、87.4% 和 92.1%，2009 年比 2006 年提高了 54.4%，比全国平均 98.5% 的水平低了 6.4%。此外，新型合作医疗覆盖率的提高，有助于农户及时就医，2009 年扶贫重点县农民有病能及时就医比例提高到

91.2%，比 2002 年提高了 4.8%①。

　　7. 交通、通讯、电力等基础设施不断完善

　　多年来，改善交通条件是扶贫重点县的重要扶贫措施。2009 年国家扶贫重点县获得的中央扶贫资金中，用于交通建设的资金达到 67.9 亿元，占当年全部扶贫资金的 14.9%，比 2002 年增加了 18 亿元。2009 年，扶贫重点县公路里程达到 89.6 万公里，当年新增公路里程 5.9 万公里，其中高等级公路 5.2 万公里，与 2002 年相比，公路里程增加量 35.3 万公里，年均增长 7.1%。与交通条件改善同步，民用汽车拥有量达到 322.6 万辆。国家扶贫重点县的通讯设施发展较快，2009 年，通电话的行政村占全部行政村的比重为 96.4%，与 2002 年相比，比例提高了 14.2%；能接收电视节目的行政村占总数的 98%，与全国平均水平相差无几。供电能力有所提高，到 2009 年底，通电的行政村占全部行政村的比重为 98.7%，接近全国平均水平，农村用电量人均 155 千瓦小时，与 2002 年相比，比重提高了 1.9%，农村用电量人均增加了 75 千瓦小时②。

第三节　贫困县产业可持续竞争力的测评

　　本书准备从指标测评和阶段定位两个角度，对贫困县的产业可持续竞争力现状展开分析。首先，选择一定的评价指标，对产

————————

　　① 国家统计局农村社会经济调查司：《2010 中国农村贫困监测报告》，中国统计出版社 2011 年版，第 33 页。
　　② 国家统计局农村社会经济调查司：《2010 中国农村贫困监测报告》，中国统计出版社 2011 年版，第 44 － 45 页。

业可持续竞争力的现实水平进行静态测评。其次，以波特的产业竞争优势阶段理论为基础，划分产业竞争的一般演进阶段，对贫困县产业竞争所处的发展阶段进行定位分析。

一、贫困县产业可持续竞争力的指标测评

（一）评价指标体系的选定

为考察贫困县的产业发展状况，对其产业可持续竞争力水平进行测评，我们必须首先选择科学的评价指标。根据已有的竞争力评价指标体系建立方法看，国内外学者主要采取了主成分分析法。所谓主成分分析法是指根据评价目标，选择一系列的评价指标，并将原指标重新组合成一组相互独立的综合指标来替代原指标，并且反映原指标的主要信息的一种统计方法。本书拟以产业可持续竞争力的结果评价为切入点，设立产业的市场份额和盈利水平、产业结构高度化水平、产业要素的配置效率水平、产业与生态环境的协调水平这四个二级评价指标，其中每个二级指标体系下又包括几个三级指标（如表2-14所示）。

第一，产业市场竞争力是区域特定产业通过在市场上销售其产品而反映出的比较生产力，产业竞争力的强弱显然应通过产业产品是否能在市场上实现，并获得满意的经济收益来衡量和检验，因此，最直接的结果性指标是产业的市场占有率和盈利率。根据数据的可得性，我们准备以产业产值规模、产品商品化率等子指标作为产业市场影响力的评价指标。产业的产量规模越大、商品化率越高，则说明其产业竞争力越强，反之则相反。

第二，产业竞争力的实质是产业生产力水平的比较，因此，产业要素的配置效率是衡量产业生产力水平的重要指标。我们拟以人均农业产值、人均企业产值和单位企业产值等指标，对贫困县产业资源的配置效率和要素生产率加以测量。

第三，产业结构的高度化状况，既是产业竞争力强弱和能否持续的重要影响因素，也是竞争力水平的直接反映，因此，本书拟采用贫困县三次产业的产值结构、各产业内部产值结构和就业结构等指标，体现产业要素的结构配置效率。

第四，由于产业发展和生态环境的协调状况是决定产业是否具有长期成长性，影响产业竞争力可持续水平的直接因素，因此，本书拟采用水土流失、草场退化等生态环境的破坏度等指标，对贫困县产业的可持续竞争力水平进行评价分析。

表2-14　产业可持续竞争力的评价指标体系

一级指标	二级指标	三级指标
产业可持续竞争力	产业的市场份额和盈利水平	地方国民生产总值
		三次产业的产值规模
		产品的商品化率
	产业结构高度化水平	三次产业的产值结构
		三次产业的内部产值结构
		三次产业的就业结构
	产业要素的配置效率水平	人均农产品产值额
		人均工业企业产值、利润
		单位工业企业产值、利润
	产业发展与生态环境协调水平	产业发展对生态环境的破坏度，如水土流失面积、草场退化情况等

(二) 贫困县产业面临市场竞争力和生态承载力双重低下的困境

1. 产业产值规模偏小，市场份额狭窄

(1) 主要农牧产品的产值规模小，出售率偏低。由于自然资源相对贫乏，生产效率偏低，贫困县主要农产品的产出水平和市场占有份额偏低，均低于其农作物总播种面积占全国总播种面积的比重。如从 2002 到 2009 年，国家扶贫开发重点县的农作物总播种面积基本稳定，从 33694.7 千公顷稳步扩大到 36368.5 千公顷，约占全国农作物总播种面积的 23% 左右，与此同时，从扶贫重点县主要农产品产量及其占全国总产量的比重看[①]，粮食、棉花、油料、肉类、水果、蔬菜等主要农业作物的产值规模偏小。其中，如表 2-15 所示，2008 年国家扶贫开发重点县粮食、

表 2-15 2006 – 2008 年国家扶贫重点县农产品产量与全国水平比较[②]

单位：千公顷、万吨、%

指标名称	2006		2007		2008	
	重点县农产品产量	重点县农产品产量占全国总量的比重	重点县农产品产量	重点县农产品产量占全国总量的比重	重点县农产品产量	重点县农产品产量占全国总量的比重
粮食产量	9922.2	19.9	10045.3	20	10814.1	20.5
棉花产量	77.1	11.4	79.1	10.3	81.9	10.9
油料产量	562.7	18.3	553.4	21.5	594.2	20.1
肉类总产量	1544.7	19.1	1501.5	21.8	1418.3	19.5
水果产量	1358.8	7.8	1588.4	8.7	1849.9	9.6
蔬菜产量	6515.9	11.2	6692.6	11.9	7020.4	11.9

---

① 国家统计局农村社会经济调查司：《2008 中国农村贫困监测报告》，中国统计出版社 2009 年版，第 169 页。

② 国家统计局农村社会经济调查司：《2007 中国农村贫困监测报告》，中国统计出版社 2008 年版，第 147 页；《2008 中国农村贫困监测报告》，中国统计出版社 2009 年版，第 169 页的相关数据计算得出。

棉花、油料、肉类、水果、蔬菜等主要农业作物的产量分别为10814.1 万吨、81.9 万吨、594.2 万吨、1418.3 万吨、1849.9 万吨、7020.4 万吨，分别占全国相关农产品总产量的 20.5%、10.9%、20.1%、19.5%、9.6%、11.9%，可见，农产品所占的市场份额明显偏小，低于重点县农作物播种面积占全国农作物总播种面积的比重。

　　而且，贫困县农产品的出售量和商品率偏低。从国家扶贫开发工作重点县主要农产品的人均产量和产品出售率看，均低于全国平均水平（如表 2-16 所示），2009 年扶贫重点县谷物、棉花、油料、蔬菜、瓜果、畜禽肉、蛋类、奶类的出售率分别为35.2%、94.9%、38.7%、41.5%、77.7%、67.9%、60.9% 和84.7%，仅分别相对于全国平均水平的 59.5%、98.6%、60.7%、59.9%、87.8%、78.5%、70.8% 和 91.4%。由于市场风险的应对能力弱，农产品的市场供求、价格波动会对农户的生活造成放大的影响，使之处于非常不稳定和缺乏保障的状态，直接影响贫困户农业的盈利水平和农民的收入水平。2009 年，国家扶贫重点县农民人均农产品的出售收入为 734 元，仅占农业收入的 48.4%。①

表 2-16　2009 年全国和国家扶贫重点县农牧产品人均产量和出售率

单位：公斤、%

指标名称	全国		扶贫重点县	
	产量	出售率	产量	出售率
谷物	766.5	59.2	509.2	35.2

---

　　① 商品出售率即出售量占产量的比重。国家统计局农村社会经济调查司：《2010 中国农村贫困监测报告》，中国统计出版社 2011 年版，第 26 页的相关数据根据引用数据计算得出。

貧困县产业发展与可持续竞争力提升研究

续表2-16

指标名称	全国		扶贫重点县	
	产量	出售率	产量	出售率
棉花	23.5	96.2	8.7	94.9
油料	35.5	63.7	22.2	38.7
蔬菜	246.9	69.2	121.8	41.5
瓜果	117.2	88.5	54.7	77.7
畜禽肉	56.1	86.5	37.4	67.9
蛋类	15.0	86.0	3.0	60.9
奶类	13.7	92.7	8.2	84.7

（2）工业产值规模和盈利水平低，在全国市场总量中的比重低下。由于许多贫困县尚处于工业化发展的初期，民营经济发展相对迟缓，招商引资困难，普遍存在重点项目和骨干企业少，工业经济总量小，产业链条短，缺乏集群、集聚化发展能力等现象，在区域市场竞争和市场拓展中处于弱势地位。如表2-17所示，2006—2007年，国家扶贫工作重点县国有企业及规模以上工业企业总产值分别为7548亿元和13641亿元，产品销售收入分别为6740亿元和9965亿元，产品销售利润分别为603.9亿元和996.2亿元，虽然自身总额不断增加，但与全国总值相比比重偏低，其中，2006年仅分别相当于全国总值的2.4%、2.1%、3.1%，2007年仅分别相当于全国总值的4%、2.5%、3.7%。

— 116 —

表 2-17　2006－2007 年国家扶贫重点县的工业市场份额和盈利状况①

2006		2007	
国有企业及规模以上工业企业总产值（亿）	重点县占全国比重（%）	国有企业及规模以上工业企业总产值（亿）	重点县占全国比重（%）
7548	2.4	13641	4
国有企业及规模以上工业企业产品销售收入（亿）	重点县占全国比重（%）	国有企业及规模以上工业企业产品销售收入（亿）	重点县占全国比重（%）
6740	2.1	9965	2.5
国有企业及规模以上工业企业产品销售利润（亿）	重点县占全国比重（%）	国有企业及规模以上工业企业产品销售利润（亿）	重点县占全国比重（%）
603.9	3.1	996	3.7

　　而且，如表 2-18 所示，从 2002 年到 2009 年国家扶贫重点县规模以上工业企业的户均总产值的变动情况看，单个规模企业的产值偏低，且增长缓慢，仅从 2002 年的 0.22 亿元提升为 2009 年的 0.89 亿元，特别是由于应对国际金融危机和宏观环境收紧的能力偏低，2009 年扶贫重点县规模以上工业企业的户均总产值没有增加，反而比 2008 年又减少了 0.11 亿元，这表明贫困县具有规模竞争力的工业企业不仅数量少，而且企业市场竞争力和发展能力提升缓慢。

---

　　①　国家统计局农村社会经济调查司：《2007 中国农村贫困监测报告》，中国统计出版社 2008 年版，第 147 页；《2008 中国农村贫困监测报告》，中国统计出版社 2009 年版，第 169 页的相关数据计算得出。

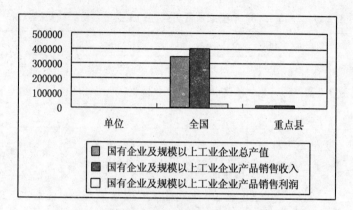

图 2-4　2007 年国家扶贫重点县与全国工业
市场份额和盈利状况比较

表 2-18　2002 - 2009 年国家扶贫重点县规模以上工业企业发展情况

年份	规模以上工业企业数（个）	规模以上工业总产值（亿元）	规模以上工业企业的户均产值（亿元）
2002	9276.0	2040.8	0.22
2003	9258.0	2597.9	0.28
2004	10253.0	3628.6	0.35
2005	10886.0	5200.5	0.48
2006	12264.0	7548.1	0.62
2007	13641.0	10877.0	0.79
2008	16956.8	17097.9	1.00
2009	18965.0	16956.9	0.89

　　（3）从产品出口额看，2007 年 592 个国家扶贫开发工作重点县的商品出口总额为 67.4 亿美元，仅占全国出口总额 12177.8 亿美元的 0.55%，2008 年国家扶贫重点县的出口总额为 89.9 亿美

元,仅占全国出口总额 14285.5 亿美元的 0.63%,虽然 2008 年比 2007 年略有增加,但各类产品在国际市场中的份额严重低下。

2. 产业发展方式粗放落后,产业要素配置效率和生产力水平低

(1)从农业生产力水平看,国家扶贫开发工作重点县农户缺乏生产投入资金,农业生产方式落后,农业机械化、技术化、现代化发展能力偏低。如表 2-19 所示,从国家扶贫开发工作重点县农户拥有的生产设备看,2008 年户均拥有的固定资产原值仅为 5621.5 元,仅相当于全国平均水平 9054.9 元的 62.1%[1],特别是现代化的生产性固定资产更少,直接影响了贫困农业生产力的提高。2009 年扶贫重点县农户人均生产支出为 1080 元,仅为全国平均水平的一半左右,相当于全国 2004 年的水平,尤其是对于扶贫重点县的贫困农户来说,由于收入有限直接制约了其生产投入能力的提高,2009 年重点县贫困农户的人均生产投入仅为 571 元,仅为扶贫重点县平均水平的 52.9%,比 2008 年减少了 7.2%,减幅快于扶贫重点县的平均水平,其中,人均种植业、牧业费用支出分别减少 4.8% 和 11.2%。[2]

表 2-19　2008 年国家扶贫重点县贫困农户生产性固定资产拥有状况

每百户拥有的生产性固定资产	全国	重点县	重点县占全国平均水平的比重
大中型拖拉机	3.1 台	2.4 台	77.4%
手扶拖拉机/三轮车	26.1 台	16.5 台	63.2%

[1]　国家统计局农村社会经济调查司:《2009 中国农村贫困监测报告》,中国统计出版社 2009 年版,第 189 页的相关数据计算得出。

[2]　国家统计局农村社会经济调查司:《2010 中国农村贫困监测报告》,中国统计出版社 2011 年版,第 27 页。

续表2-19

每百户拥有的生产性固定资产	全国	重点县	重点县占全国平均水平的比重
汽车	2辆	1.3辆	65%
机动脱粒机	9.8台	6.9台	70.9%
收割机	1.1辆	0.7辆	63.6%
农业动力机械	14台	8.4台	60%

据中国农村贫困监测报告统计，2002－2009年国家扶贫重点县主要农产品人均产量均呈现波动性变动状态，2009年与2002年相比，7年时间内，除人均粮食、棉花、油水果、禽蛋、奶类产品的产量略有提升外（如表2-20所示，人均粮食产量增长6.9%，人均棉花产量增长186.7%，人均水果产量增长21.7%，人均禽蛋产量增长18.4%，人均奶类产量增长48.2%），人均油料、蔬菜、肉类等主要经济作物的产量不仅没有增加反而明显减少，其中，人均油料产量下降2.5%，人均蔬菜产量下降15.9%，人均肉类产量下降16.5%，这充分表明扶贫重点县农业劳动生产率提升缓慢。

表2-20　2002－2009年国家扶贫重点县主要农产品的人均产量

单位：公斤/人

年份	粮食	棉花	油料	蔬菜	水果	肉类	禽蛋	奶类
2002	476.2	3.0	22.8	144.8	45.0	44.8	2.6	5.5
2003	458.1	6.6	23.7	136.8	39.9	39.5	2.9	5.7
2004	482.4	7.8	23.3	133.9	45.1	39.6	2.7	6.5
2005	494.6	7.9	21.6	132.9	39.9	38.7	2.2	7.5
2006	455.0	9.6	20.2	132.6	45.2	38.8	2.7	7.8
2007	454.0	10.5	17.6	126.6	41.8	35.1	2.4	8.3
2008	493.4	10.0	21.4	124.0	50.5	33.9	2.9	9.4
2009	509.2	8.7	22.2	121.8	54.7	37.4	3.0	8.2

而且，如表 2-21 所示，从 2006—2009 年国家扶贫开发工作重点县人均粮食、棉花、油料、肉类等主要农产品的产量与全国平均水平对比情况看，扶贫重点县主要农产品的劳动力生产力远低于全国平均水平，如 2009 年扶贫重点县人均粮食、棉花、油料、肉类产值分别为 509.2 公斤、8.7 公斤、22.2 公斤和 37.4 公斤，仅分别相当于全国平均水平的 66.4%、37%、62.5%、66.7%，这充分表明，扶贫重点县主要农产品的产业生产率和市场竞争力偏弱。

表 2-21　2006–2009 年国家扶贫重点县主要农产品的人均
产量及与全国对比情况①　　　　单位：公斤、%

2006		2007		2008		2009	
人均粮食产量	重点县占全国平均水平的比值	人均粮食产量	重点县占全国平均水平的比值	人均粮食产量	重点县占全国平均水平的比值	人均粮食产量	重点县占全国平均水平的比值
455.1	60.2	510.9	66.7	493.4	65.2	509.2	66.4
人均棉花产量	重点县占全国平均水平的比值	人均棉花产量	重点县占全国平均水平的比值	人均棉花产量	重点县占全国平均水平的比值	人均棉花产量	重点县占全国平均水平的比值
9.6	35.2	10.5	38	10.0	35.8	8.7	37
人均油料产量	重点县占全国平均水平的比值	人均油料产量	重点县占全国平均水平的比值	人均油料产量	重点县占全国平均水平的比值	人均油料产量	重点县占全国平均水平的比值
20.2	69	17.6	61.7	21.4	62.4	22.2	62.5

---

①　国家统计局农村社会经济调查司：《2007 中国农村贫困监测报告》，中国统计出版社 2008 年版，第 151 页；《2009 中国农村贫困监测报告》，中国统计出版社 2009 年版，第 189 页；《2010 年中国农村贫困监测报告》，中国统计出版社 2011 年版，第 26 页的相关数据计算得出。

续表 2-21

2006		2007		2008		2009	
人均肉类产量	重点县占全国平均水平的比值	人均肉类产量	重点县占全国平均水平的比值	人均肉类产量	重点县占全国平均水平的比值	人均肉类产量	重点县占全国平均水平的比值
38.8	67.5	35.1	69	33.9	68.8	37.4	66.7

（2）从工业生产力水平看，国家扶贫开发工作重点县企业的单位产值和盈利率偏低。许多企业成长缓慢，资产重组整合困难，成为规模偏小的企业"小老树"。如表 2-22 所示，2007 年国家扶贫开发工作重点县的国有企业及规模以上工业企业的单位企业平均产值、销售收入和利润总额分别为 0.797 亿元、0.731 亿元和 0.073 亿元，仅分别相当于全国平均水平的 66%、61% 和 90%。

表 2-22　2006 - 2007 年国家扶贫重点县国有企业及规模以上工业企业
发展及与全国平均水平的比较分析[1]　单位：亿元、%

2006			
指标		指标	重点县与全国平均水平的比值
重点县单位工业企业的平均产值	0.61	全国单位工业企业的平均产值	1.04	59
重点县单位工业企业的平均销售收入	0.55	全国单位工业企业的平均销售收入	1.04	53
重点县单位工业企业的平均销售利润	0.049	全国单位工业企业的平均销售利润	0.064	76

---

[1]　国家统计局农村社会经济调查司：《2007 中国农村贫困监测报告》，中国统计出版社 2008 年版，第 147 页；《2008 中国农村贫困监测报告》，中国统计出版社 2009 年版，第 169 页的相关数据计算得出。

续表 2-22

2007				
指标		指标		重点县与全国平均水平的比值
重点县单位工业企业的平均产值	0.797	全国单位工业企业的平均产值	1.2	66
重点县单位工业企业的平均销售收入	0.731	全国单位工业企业的平均销售收入	1.19	61
重点县单位工业企业的平均销售利润	0.073	全国单位工业企业的平均销售利润	0.081	90

（3）从人均地区生产总值和各产业增加值水平看，国家扶贫重点县与全国县市平均水平存在很大差距。如表 2-23 所示，2009 年扶贫重点县的人均地区生产总值是 9348 元，仅为全国县市平均水平（18878 元/人）的 49.5%。其中，人均第一产业增加值 2190 元，与全国县市平均水平（2997 元/人）的差距较小；人均第二产业增加值 4110 元，仅为全国县市平均水平（9702 元/人）的 42.4%；人均第三产业增加值 3050 元，仅为全国县市平均水平（6179 元/人）的 49.4%[1]，可见，国家扶贫重点县的工业、服务业生产力水平明显低于全国平均水平，制约了贫困县产业竞争力的有效提升。

---

[1]　国家统计局农村社会经济调查司：《2009 中国农村贫困监测报告》，中国统计出版社 2009 年版，第 25 页。

表 2-23　2008 - 2009 年国家扶贫重点县人均产业产值与全国县市水平对比

单位：元、%

	2008			2009		
	扶贫县	全国县市平均水平	扶贫县占全国的比重	扶贫县	全国县市平均水平	扶贫县占全国的比重
人均地方生产总值	8368	17038	49.1	9348	18878	49.5
人均第一产业增加值	2071	2824	73.3	2190	2997	73.1
人均第二产业增加值	3727	8868	42	4110	9702	42.4
人均第三产业增加值	2569	5347	48	3050	6179	49.4

3. 产业结构层次低，在参与现代分工和市场竞争中处于劣势

（1）从一、二、三产业的增加值比重看，弱质农业比重偏高，工业发展处于初级阶段，服务业发展滞后。目前，我国贫困县的产业结构大体处于全国县市 2002 年的水平。据统计，2009 年国家扶贫开发工作重点县的一、二、三产业增加值分别为 5198 亿元、9758 亿元和 7241 亿元[①]。如表 2-24 所示，从 2000 - 2009 年，国家扶贫重点县虽然第一产业增加值比重不断下降，第二、三产业增加值比重不断提高，但与全国县市平均水平相比，重点县的第一产业增加值比重始终偏高，第二和第三产业增加值比重始终偏低。其中，如图 2-5 所示，2009 年国家扶贫重点

---

① 国家统计局农村社会经济调查司：《2009 中国农村贫困监测报告》，中国统计出版社 2009 年版，第 182 页。

县第一产业增加值占地方生产总值的 23.4%，比全国县市平均水平高了 7.5%；第二产业增加值占地方生产总值的 44%，比全国县市平均水平低了 4.7%；第三产业增加值占 32.6%，比全国县市平均水平低了 0.1%。可见，产业结构升级缓慢，特别是高生产率、高附加值的工业、服务业发展滞后，使贫困县难以有效抢占产业竞争高地。

表2-24　2000－2009 年全国县市和国家扶贫重点县产业结构变动比较①

单位:%

年份	全国县市的平均水平			592 个国家扶贫开发工作重点县		
	第一产业增加值	第二产业增加值	第三产业增加值	第一产业增加值	第二产业增加值	第三产业增加值
2000 年	26.6	41.8	31.6	37.7	31.9	30.4
2001 年	25.5	42.0	32.5	36.3	32.0	31.7
2002 年	24.0	43.0	33.0	35.0	33.0	32.0
2003 年	22.0	45.5	32.5	32.5	35.9	31.6
2004 年	21.7	46.9	31.4	32.5	37.4	30.1
2005 年	20.4	47.9	31.7	29.7	37.5	32.8
2006 年	18.5	49.6	31.9	27.4	40.0	32.6
2007 年	17.5	50.9	31.6	26.1	42.2	31.7
2008 年	16.6	52.0	31.4	24.7	44.5	30.8
2009 年	15.9	51.4	32.7	23.4	44.0	32.6

　　（2）从产业内部结构看，传统行业比重高，新兴行业发展

---

① 国家统计局农村社会经济调查司:《2009 中国农村贫困监测报告》，中国统计出版社 2009 年版，第 26 页;《2010 中国农村贫困监测报告》，中国统计出版社 2011 年版，第 21 页。

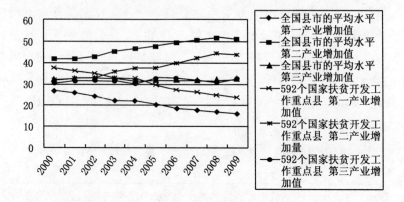

**图 2-5　2000－2009 年国家扶贫重点县和全国县市三次
产业增加值变动及比较情况**

缓慢。首先，农业产业仍然以粮食等传统种植业为主，蔬菜、林果、特色养殖等高效农业比重低，农业产业化发展尚处于起步阶段，龙头企业和农业专业合作经济组织数量少、规模小，市场竞争和辐射带动功能较弱，直接制约了农业产业链条的延伸和农业附加值的提升。第二，工业产业以资源开采型和初级加工型产业为主。高投入、高污染、高能耗的资源型、原料型产业比重高，高加工度产业和后续制造业基本空白；传统劳动密集性产业比重高，资本和技术密集性产业比重低；初级产品、中间产品、中低档次产品多，名优特新产品少，产品的科技含量低。工业效益主要依靠资源消耗和低廉的成本价格来拉动，市场需求适应性和盈利空间狭窄，且容易受到外地同行的挤压，存在较大的市场风险。如河南省国家扶贫开发工作重点县——淮阳县原来拥有 12个国有和集体企业，除淮阳县棉纺厂和药厂经过改制，每年有 2000 万左右的经营收益外，其他 10 个企业基本处于破产状态。又如河北省承德市国家扶贫重点县——丰宁满族自治县工业产业结构落后，初级资源开采业产值约占工业总产值的 80% 左右，产业发展的赢利稳定性较弱，对生态环境的压力较大。第三，服务业以传统生活服务业为主，现代物流、休闲旅游、金融服务、研发培训等生产型服务业和新兴服务业发展滞后，难以有效壮大服务业规模，发挥服务业对工业、农业发展的提升功能。

（3）从产业组织结构和空间结构看，贫困县行业类型宽泛，企业空间布局分散。许多贫困县都处于"有企业无产业或有产业无企业"的状态，企业分布的行业领域散杂，但每个行业的产值规模都不大，行业内企业之间关联度低，缺乏细致的分工协作关系。如河北省饶阳县，2009 年财政收入仅为 7190 万元，入统工业增加值为 4.2 亿，但工业行业涉及纺织服装、鞭炮烟花、内画、玻璃制品、铜雕、铁路配件、矿山配件、毛刷、电线电缆、民族乐器制造等近 20 个行业。而且，企业空间布局分散，尚未形成向重点工业园区的集聚发展态势，难以形成特色化、规模化的产业集群经济。

综上所述，国家扶贫开发重点县产业结构升级缓慢，缺乏骨干龙头企业和集群化、链条化发展优势，直接制约了区域产业竞争力的全面提升，并导致就业渠道狭窄，劳动力就业层次偏低。如表 2-25 和图 2-6 所示，从 2000 到 2008 年，虽然第一产业就业比重不断下降，但仍然有绝大多数的劳动力停留在第一产业，第二、第三产业的就业吸纳能力偏低，如 2008 年国家扶贫重点县在第一产业就业的劳动力占劳动力总人数的 78%，与 2007 年持平，直接影响了居民收入水平的有效提升。

表 2-25　2000 – 2008 年国家扶贫开发工作重点县的劳动力就业结构①

单位:%

指标名称	一产劳动力比重	二产劳动力比重	三产劳动力比重
2000 年	88.0	3.2	8.7
2001 年	88.5	3.2	8.4
2002 年	84.7	6.9	8.4
2003 年	84	7.4	8.7
2004 年	81.8	8.8	9.3
2005 年	79.9	10.2	9.9
2006 年	78.7	11.3	10.0
2007 年	78.0	12.0	10.0
2008 年	78.0	12.1	9.9

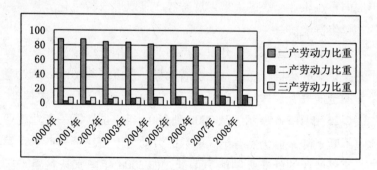

图 2-6　2000 – 2008 年国家扶贫重点县劳动力就业结构变动情况

另外,从国家扶贫开发工作重点县的财政收入增长看,产业层次偏低,产业盈利能力和纳税能力偏弱,直接导致贫困县财政

① 国家统计局农村社会经济调查司:《2008 中国农村贫困监测报告》,中国统计出版社 2009 年版,第 26 页。

增收困难，长期处于入不敷出状态。如表 2-26 所示，从 2000 到 2009 年，国家扶贫开发工作重点县地方财政一般预算收入从 260 亿元持续增加到 1017 亿元，同期地方财政一般预算支出从 681 亿元持续增加到 5431 亿元，地方财政支出的增长速度远高于财政收入，并有逐年加大的趋势，地方财政预算内收入与支出之比从 2000 年的 1：2.6 扩大到 2009 年的 1：5.3，财政收支差额从 - 421 亿持续扩大到 - 4414 亿元（如图 2-7 所示），需要国家转移支付和各项扶贫项目投资的有力支持！

表 2-26　2000 - 2009 年国家扶贫开发工作重点县财政收支状况

单位：亿元

指标名称	地方一般预算收入	地方财政支出	地方财政收支差额
2000 年	260	681	- 421
2001 年	275	894	- 619
2002 年	283	1082	- 799
2003 年	314	1215	- 901
2004 年	349	1452	- 1103
2005 年	411	1794	- 1383
2006 年	528	2281	- 1753
2007 年	670	3054	- 2384
2008 年	844	4232	- 3388
2009 年	1017	5431	- 4414

4. 资源消耗和环境污染严重，产业发展的生态承载力低下

发展与保护是我国贫困县产业发展中面临的两难选择，近年来，生态环境恶化成为贫困县发展中的一个突出问题，实证调研表明环境与贫困存在一定正向关系，即贫困度越高，环境越

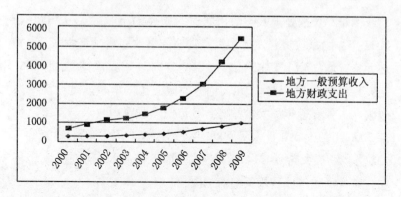

图 2-7   2000 – 2009 年国家扶贫重点县地方财政收入支出对比图

脆弱。

（1）引发贫困县生态环境恶化的直接因素是粗放的产业发展方式。原始的农牧业和落后的工业生产方式，使贫困县的产业发展对生态环境和自然资源高度依赖，使资源生态系统的易损性增强，导致区域产业系统的不稳定和持续发展能力弱化。突出表现在两个方面：

第一，农业耕作方式粗放，延续了广种薄收的经营模式。贫困县大多处于生态敏感地带，即介于两种或两种以上具有明显差异生态环境的过渡带和交错带，经济发展对环境因子变动的敏感性强，而粗放的农业发展方式，进一步导致森林、草场退化和水土流失加剧。例如，"三西"地区①的农民，为了生存，大肆毁林垦草，陡坡开荒，导致水土流失愈演愈烈，其结果是地貌切割加剧，农田冲毁，土壤肥力下减，农作物大量减产，致使人口与粮食、燃料、肥料、饲料之间的矛盾日益加剧，本来就脆弱的生

---

①   "三西"地带包括甘肃河西地区 19 个县、市、区、甘肃中部以定西为代表的干旱地区 20 个县、区和宁夏西海固地区 8 个县，共计 47 个县、市、区，总面积 38 万平方公里。

态环境日趋恶化。又如，河北坝上贫困县也由于畜牧业过度超载放牧，农业过度开荒，广种薄收，土地沙化退化问题突出，目前河北省承德丰宁、围场两个贫困县有1374万亩退化草场，2.1万平方公里水土流失面积，占国土面积的57%。①据统计，我国因毁林开荒等原因每年损失林地约44万公顷，水土流失面积356万平方公里，占国土面积38%，严重的水土流失使土地资源贫乏，耕地减少，土地生产力下降，生态环境日益恶化，进而导致大量贫困人口的产生②。

第二，工业化进程中，对资源进行了耗竭性、破坏式开发。贫困县由于地理环境、资源禀赋等原因，形成了高消耗、高污染、低收益为特征的粗放工业发展模式。许多贫困县没有更好的致富途径，单纯依赖矿产资源的过度开采支撑经济发展，缺乏招商引资能力，常常成为污染企业的转移扩散之地，薄弱的经济基础迫使贫困县工业放弃对产业结构高度化的选择，而低层次的产业结构决定了贫困县对资源环境的高破坏度。贫困县污染行业主要包括两类，一类是农产品加工、酿酒业、皮革加工业、纺织业、小五金、小造纸、小化肥、小农药等行业产生的一般性有机物污染；另一类是煤炭开采、建材工业和黑色金属及有色金属开采业等行业形成的资源散失型污染。大量研究表明，除人口增加以外，资源开发和加工是影响环境质量的重要因素。

（2）贫困县出现资源掠夺式开发、环境污染问题的根源在于贫困。为了生存，贫困县难以制止无止境的索取资源等对生态环境的破坏行为，从而陷入"贫困——环境退化"的循环怪圈

---

① 丁元竹：《建设健康和谐社会》，中国经济出版社2005年版，第93页。
② 冉红美、唐治诚：《我国山区生态环境现阶段面临的问题及对策》，载《水土保持研究》，2004（11），第180页。

中不能自拔。这是因为和贫穷这一最大的难题相比，工业污染的危害对于生活在贫困地区的人们来说，可谓微不足道。因此，出于追求产值增长、缓解就业压力和保持地方财政收入的稳定增长等短期目标，贫困县地方政府、农户和企业，常常放弃对环境目标的选择，放弃对环境资源的补偿，使生态环境建设缺乏内在的持续支持机制，从而使环境治理任务越积越重。而同样因为贫困，贫困县缺乏必要的环保资金和人才投入。

值得注意的是，不少贫困县位于我国大江大河的发源地，对中下游地区的生态影响破坏性强、波及面大，如在长江上游的水土流失敏感区就有 135 个贫困县，占全国贫困县总数的 22.8%。近年来，为了落实可持续发展目标，贫困县往往成为我国生态保护、污染治理的重点地区，生态环境保护缩小了产业定位的选择空间，提高了产业发展的门槛，增加了产业发展的成本。如环首都贫困县大多地处首都北京的上风上水位置，是首都北京的生态屏障、城市供水源头、风沙源重点治理区。近年来，为保护首都的水源和防止风沙危害，中央和地方政府不断加大对这一地区资源开发和工农业生产的限制，不断提高水源保护标准，关闭了承德、张家口贫困县的大量工业企业，阻断了这些地区有比较优势的工业的发展。而仅仅依靠弱质且变数很多的农业，贫困县产业无法获得持续的竞争能力。

综上所述，贫困县产业发展面临市场竞争力和资源环境承载能力双重低下的困境，其结果导致贫困县陷入"贫困——环境破坏"的恶性循环中不能自拔。由于贫困县产业发展与生态环境存在相互影响、相互制约的关系，不解决产业发展问题，其生态环境就难以得到稳固的改善；不解决生态发展问题，产业发展问题也缺乏良好的条件和保障基础。因此，如何"双管齐下"，在二者之间形成一个良性循环，实现生态环境与产业发展的协调双赢，实现产业竞争力和可持续力的有机结合，已经成为贫困县产业发展中面临的突出难题。

二、贫困县产业发展的阶段定位

任何区域的产业发展都是要素流动与组合的结果。生产要素的组合方式不同，产业竞争力的决定性因素不同，主导产业的类型和产业依赖的主要竞争优势也会呈现出不同的特征，从而使产业发展、竞争经历不同的演进阶段。

（一）产业竞争优势的一般演进阶段

在产业发展的阶段分析上，美国经济学家迈克尔·波特的竞争优势阶段理论具有代表性。他认为："一国经济地位上升的进程就是其竞争优势加强的过程。从国际竞争看，每个国家可以根据产业发展情况，分为不同的竞争优势阶段，且每个阶段所强调发展的产业、产业环境、企业发展战略和政府产业政策与所不同。"[①] 把竞争优势阶段化，"主要目的在于清楚地刻画那些促进国家经济繁荣的产业特色"，同时"讨论企业战略和政府政策的标准所在。"[②]

波特提出一国产业参与竞争的过程大致可以分为四个阶段，在不同发展阶段，企业和产业竞争优势的来源是不同的：第一阶段为要素推动阶段，此阶段自然资源、土地、劳动力等初级要素上的优势是竞争优势的主要来源。第二阶段是投资推动阶段，该阶段竞争优势主要来源于资本要素。第三阶段是创新推进阶段，在这一阶段企业通过自己的研究、生产和开发，把科技成果转化为商品，赢得持续的竞争优势。第四阶段是财富推动阶段，在这

---

① ［美］迈克尔·波特：《国家竞争优势》，华夏出版社 2002 年版，第 532 页。
② ［美］迈克尔·波特：《国家竞争优势》，华夏出版社 2002 年版，第 534 页。

一阶段企业通过影响政府政策来保护自己，产业竞争力逐渐衰退。波特认为，在产业竞争的不同阶段，一国不同产业的竞争力及其决定因素会发生显著的变化，整个国家的产业结构也会发生重大变化。产业竞争的阶段演进，不仅会在特定产业的竞争态势中表现出来，也会反映在一国各产业群以至产业总体的竞争态势中。

我国经济学家金碚也提出，从 20 世纪 70 年代到 21 世纪，我国产业参与国际竞争的发展过程大致已经和将要经历四个阶段：资源竞争、产销竞争、资本实力竞争、技术创新竞争。目前，我国的多数产业处于从第一阶段向第二阶段的过渡时期。[①]随着经济开放的扩大和外国资本的大量进入，已有不少产业处于从第二阶段向第三阶段过渡的时期；极少产业已开始进入国际竞争的第四阶段。

从我国县域产业发展的实践历程看，多数区域都是从初级生产要素起步，依靠当地的自然资源和劳动力资源开发实现发展，进而随着资本在区域产业发展中逐渐发挥决定性作用，资本密集型工业快速发展，成为提升区域产业竞争力的主体产业；到了区域产业发展的更高阶段，科技知识和创新人才逐步成为主导因素，知识、技术密集型产业在区域产业竞争体系中地位上升。因此，根据产业竞争的驱动因素的演进规律，笔者将产业竞争的演进过程大体分为资源推动、投资推动、创新驱动三个阶段。

1. 资源推动阶段

在区域产业发展的初期，优势产业的形成主要依靠本地的劳动力、土地、矿产资源等初级生产要素的投入推动，与此相适应，在产业结构上，低层次的农业、资源开采业和劳动密集型加

————

① 金碚：《竞争力经济学》，广东经济出版社 2003 年版，第 38 页。

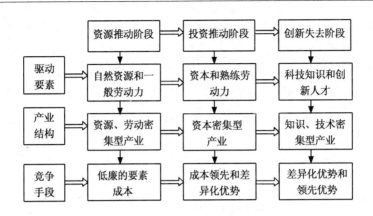

图2-8　产业竞争力演进阶段分析

工产业成为区域主导产业。产业的技术层次相对较低，企业的规模平均偏小。在这一阶段，低廉的要素价格成为区域产业竞争优势的主要源泉，成本领先战略成为区域产业赢得竞争的主要战略。由于资源推动阶段，区域产业发展对矿产资源、土地等自然资源的依赖性很强，综合开发和深度开发能力较弱，因此，产业发展表现出高消耗、高污染的特征，资源短缺和生态环境破坏问题突出。

2. 投资推动阶段

在投资推动阶段，产业竞争主要依赖于区域和企业的投资能力，使区域特色优势产业的资本密集型特征日益凸显。在这一阶段，驱动区域产业发展和竞争力提升的主要动力是对投资的吸引和运作能力。一般而言，哪个区域的投资环境和创业环境越好，基础设施越完善，激励政策和生产配套能力越强，市场竞争合作的氛围越浓厚，就越能加快资本积累，实现招商引资，从而实现区域产业的快速发展和竞争能力的不断增强。在投资推动阶段，企业数量逐步增多，规模逐步扩大，产业内部和产业之间的竞争日益加剧，资源、要素和市场份额逐步向盈利能力较强的特色优势产业及其内部优势企业集中整合，产业链条不断延伸，关联产业和支持产业不断发展，形成了一些产业集群的雏形。在这一阶段，产业的技术水平有所提高，产业竞争的主要手段不再是依赖本地廉价的初级生产要素，而是实现成本领先优势和差异化优势相结合。所谓差异化优势是指区域某一产业或内部企业通过向市场提供异质产品和服务来赢得竞争，获得利润的能力。而且，这一阶段产业降低成本的主要渠道不再是依靠廉价的生产要素，而是依靠企业内部规模效益和外部范围效益的获得。

从产业的可持续发展状况看，在投资推动阶段，伴随着传统资源型产业的改造升级和一些生态型产业的培育，产业的资源利用和生态环保能力不断增强，产业发展与资源环境的协调度不断改善。

3. 创新推动阶段

随着竞争压力的增大，消费结构的升级，产业市场目标逐渐从低端市场转向中高端市场，知识、人才、技术日益成为影响区域产业竞争力的关键要素，创新越来越成为决定区域产业竞争优势的主要能力，产业竞争逐步进入创新推动阶段。在这一阶段，技术、知识密集型产业等高附加值产业不断形成和发展，传统产业不断得到改造升级，产业结构呈现出高加工度化和技术密集化的态势。在创新推动阶段，产业竞争依赖于区域和企业的技术创新愿望和技术创新能力，产业竞争手段从追求规模扩张向追求质量提升、技术升级转变。产业竞争的主导优势也逐步转移到差异化优势和领先优势上来。所谓领先优势是指区域企业或产业通过主动出击，率先推出某产品或服务，抢占市场、先发制人，以赢得竞争、获得盈利的能力。而且，由于创新推动阶段，产业发展对自然资源等物质要素的依赖性逐步降低，对环境治理和资源利用的能力逐步增强，产业发展与资源环境的协调发展度不断提高。

笔者认为，包括贫困县在内的区域产业可持续竞争的发展，将基本遵循从资源推动——投资推动——创新推动的演进阶段。当然，产业竞争阶段的划分并不是绝对的，理论上所描述的某些竞争特征可能在产业发展不同的阶段都会有所表现，而且，不同产业的发展过程也可能表现出不同的阶段性竞争特征。

（二）贫困县产业竞争基本处于初级的资源推动阶段

准确把握贫困县产业竞争的所处阶段，具有重要的意义。因为，竞争力决定因素的选择以及各种因素权重的确定、主要动力源泉的研究、主要竞争战略的制定和改进等，都与特定产业竞争的发展阶段有着直接的关系。例如，在产业竞争的第一阶段，要素成本的高低最为重要；第二阶段资本实力、资本运作越来越具有战略意义；在第三阶段，研究开发、技术进步，成为更为关键的因素。因此，明确定位贫困县产业竞争的发展阶段，对于贫困县产业根据自身条件，选择并逐步改善驱动因素和竞争战略具有重要的导向意义。

根据对国家扶贫开发工作重点县的产业可持续竞争力的测评结果，我们不难看出，我国贫困县的产业竞争仍然基本处于第一阶段：资源推动阶段。这是主要因为：

第一，从贫困县产业发展的主要驱动因素看，土地、矿产资源、劳动力等初级生产要素成为产业发展的主要驱动力量，基本依赖土地开垦、矿产资源开采和廉价劳动力的开发利用来实现区域产业的发展，而资本、技术、高级人才等要素的积累能力低下，外流现象严重，贫困县产业发展缺乏高级要素的持续投入能力。

第二，从产业结构的高度化水平看，贫困县产业结构呈现弱质农业比重过高、工业化处于初级水平、服务业发展严重滞后等特征，产业结构高度化水平比全国平均水平落后 10 年以上。以土地和劳动力等初级生产要素为主要驱动力的传统农业，产值在地方生产总值中的比重接近 30%，农业内部结构以维持生存需求的粮食生产为主导。工业化进程尚处于初级阶段，资源开采业、传统劳动密集型轻工业、初级加工业比重高，资本和技术密集型产业比重严重偏低，工业产品结构以初级产品、中间产品为主，市场开拓能力和盈利能力弱。

第三，从竞争战略来看，贫困县产业竞争大多采取了低成本的竞争战略，依靠廉价的土地、矿产资源和劳动力，降低产品成本和销售价格。而这种低层次的成本竞争优势，在消费结构不断升级，要素流动日益频繁的现代市场竞争中，很容易被模仿和取代，缺乏可持续性。

第四，从产业发展的生态维持能力看，由于贫困县大多沿用了粗放的农业耕作方式和高消耗、高污染的传统工业发展模式，产业的资源利用效率和生产率水平低，对生态环境的破坏度高，生态恶化和资源短缺已经成为制约贫困县产业发展和对外竞争的重要因素，产业的长期成长和发展能力弱。

由此可见，我国贫困县的产业竞争仍基本处于最低层次的资源推动阶段，因此，要提升产业发展的市场竞争力和可持续发展力，贫困县必须通过改善要素投入结构，实现产业结构升级，转变产业发展方式等途径，增强资本、技术、人才对产业竞争的推动作用，提高产业的创新能力和差异化竞争能力，实现产业竞争向投资推动阶段和创新推动阶段的逐步演进，以提高竞争优势的层次，保证产业市场竞争力的可持续和资源环境承载能力的可持续。

第四节 贫困县产业发展面临的主要制约因素

制约贫困县产业发展的因素很多，既包括内部因素，也包括外部因素。笔者认为，内部制约因素主要体现为自然条件恶劣、要素支撑薄弱、体制创新滞后、贫困文化束缚，等等；外部制约因素主要体现为政府的扶持功能弱化、生态环保约束，等等。具体分析如下：

一、自然条件恶劣，产业发展的生产成本、交易成本偏高

区位地理和自然条件是影响产业发展的基础因素，直接影响到产业的生产成本和要素凝聚能力。我国贫困县主要分布在高原山区、沙漠荒漠地区、喀斯特环境危急区、黄土高原水土流失地区等，虽然各县的自然、生态、气候、资源等情况千差万别，但仍具有许多共同的特征：

1. 地质地貌复杂、自然灾害频繁

如青海、新疆、甘肃、河北坝上等地，干旱严重，降水量少；喀斯特地区地表水渗透严重无法利用；藏区高寒阴冷，不适合农业耕作；山区和黄土高原地区山高坡陡，水土流失严重，灾害频繁。正如美国经济学家皮尔斯和沃福德在《世界无末日》一书中论证的那样，"最贫困的人口生活在世界上生态威胁最大、恢复能力最弱的地区"。贫困县是我国自然灾害发生率最高的地区，常见的有洪、旱、霜、雹、震、病虫等多种自然灾害。如从2002 到2009 年，扶贫重点县当年受灾达3 成以上的村比重分别达 到 62.3%、56.9%、40.8%、53.4%、51.6%、48.2%、

40.8%和39.1%[①]。

2. 矿产、水、土地等自然资源短缺，开采利用效率偏低

美国经济学家迈克尔·P·托达罗在《经济发展与第三世界》中曾经指出："从整体来看，当今第三世界国家所拥有的自然资源要少于目前发达国家开始他们现代增长时所拥有的资源。大多数欠发达国家，如几乎占世界人口1/3的亚洲国家，自然资源都很贫乏。"我国贫困县域的情况也是如此。从农业生产条件看，贫困县一般人均宜农耕地少，46%的农民人均耕地不足1亩，且土地贫瘠。此外，水资源严重短缺，最少的宁夏、天津、上海、山西、河北等地水资源的丰度不足0.1%，西北干旱地区年降雨量稀少，一般在200–500毫米，对产业发展十分不利。如我国最贫困的"三西"贫困带[②]由于自然条件恶劣，农作物产量极低，谷物的单产仅相当于全国平均水平的56.1%，是东部地区的49.6%，棉花的单产仅是全国平均水平的46.9%[③]。自建国开始就是我国最贫穷的地区之一，处于"年年扶贫年年贫"状态。

一些贫困县虽然矿产资源丰富，但深入分析不难发现，其资源储备一般品位不高，以难选矿、共生矿、小型矿和"鸡窝矿"居多，关键性矿种少，开发环境恶劣，开发成本大。特别是由于基础设施条件差，缺乏外来资本和技术的投入，贫困县常常开发利用方式粗放，资源开发的经济效益、生态效益和社会效益都难如人意。

---

① 国家统计局农村社会经济调查司：《2010中国农村贫困监测报告》，中国统计出版社2011年版，第182页。

② "三西"地带包括甘肃河西地区19个县（市、区）、甘肃中部以定西为代表的干旱地区20个县、区和宁夏西海固地区8个县，共计47个县、市、区，总面积38万平方公里。

③ 姚树洁：《中国改革二十多年来的经济发展与贫困缩减》，载《当代经济科学》，2003（4）。

3. 交通通讯等基础设施欠账多，产业发展的交易成本增加

基础设施是现代工农业建立与发展的基本条件，它驱动产业"车轮"。基础设施的水平直接和间接地影响生产部门的成本与效益，影响其供给的数量和质量，它可以为专业化分工创造要素和产品空间转移以及市场交易的便利。但是由于贫困县财政收入少，投资建设能力弱，通常只相当于全国平均水平的一半左右，导致道路交通、电讯、供水、供电、供气等基础设施建设滞后，难以有效支撑产业发展和结构升级的需要。近年来，国家扶贫开发重点县通路、通电话、通电视、通电的自然村占全部自然村的比重呈现不断上升的趋势，但始终低于同期全国平均水平。如2009 年 592 个国家扶贫重点县通路、通电话、通电视、通电的行政村比例分别为 86.9%、91.2%、94.5%、98%，均低于全国平均水平，自然村"四通"率水平差距更大。而且，由于收入水平和用电成本高，贫困县的供电能力虽有所提高，但用电量水平偏低，2008 年国家扶贫重点县农村用电量人均为 142 千瓦小时，比全国县市人均 496 千瓦小时农村用电量的水平低了 354 千瓦小时，仅相当于全国县市平均水平的 28.6%！此外，国家扶贫重点县可以接收有线电视的行政村仅占全部行政村的 44.7%，比全国县市 63.7% 的平均水平低了 19%！[1]可见，贫困县基础设施建设滞后于全国平均水平，特别是电话、电视、电力等公共服务设施供给不足，导致贫困县产业发展的生产成本、运输成本和交易成本偏高，直接影响了资源开发、产业发展，影响了产业竞争力和市场开拓能力的增强。

---

① 国家统计局农村社会经济调查司：《2009 中国农村贫困监测报告》，中国统计出版社 2009 年版，第 43 页；《2010 中国农村贫困监测报告》，中国统计出版社 2011 年版，第 159 页。

表 2-27　2006－2009 年国家扶贫重点县和全国的"四通"比率状况①

单位:%

指标	2006		2007		2008		2009
	重点县	全国	重点县	全国	重点县	全国	重点县
通电率	96	99.4	96.5	99.5	96.8	99.5	98.0
通路率	81.2	97.8	82.8	98.2	84.4	98.7	86.9
通电话率	80.2	98.1	85.2	98.7	87.5	98.7	91.2
通电视率	89.3	98.6	92.2	98.9	92.9	99.1	94.5

4. 地处偏远，难以承接经济中心的产业扩散效益

经济地理比单纯的自然地理因素对区域产业发展的影响更重要，这是因为，邻近城市对落后地区的发展会产生扩散带动作用，为其提供市场、就业机会、融资渠道和知识信息的传播等。但是贫困县由于交通不便，信息闭塞，接受经济辐射和扩散的机会少，制度环境、配套能力等产业环境缺乏吸引力，再加上临近地区缺乏有带动能力的中心城市，"小马拉大车"难以起到带动作用。如西南许多贫困县远离重庆、成都等大城市，许多贫困县虽然出台了一系列土地、税收优惠政策，加大招商引资力度，但由于产业发展环境差、产业配套协作能力低，常常在激烈的竞争中败下阵来，无法引入真正有市场竞争力的产业。许多贫困县不得不接受高污染、高能耗的传统产业，造成土地资源和资金的极大浪费，环境的破坏，得不偿失。

---

① 国家统计局农村社会经济调查司：《2008 中国农村贫困监测报告》，中国统计出版社 2009 年版，第 31 页；《2009 中国农村贫困监测报告》，中国统计出版社 2009 年版，第 43 页；《2010 中国农村贫困监测报告》，中国统计出版社 2011 年版，第 159 页。

二、要素支撑薄弱，产业发展的要素持续投入能力低下

产业竞争力提升的重要支撑在于对生产要素的争夺、控制和配置能力。但贫困县由于资金、技术、人才等要素的自我积累能力薄弱，且在"极化"效应作用下，稀缺要素大量流向发达地区，普遍存在要素支撑薄弱、持续投入能力低下等问题。对于这种现象，经济学者早就有相关理论提出。1958年，美国著名发展经济学家艾伯特·赫希曼在其代表作《经济发展战略》一书中也提出，在区域经济发展过程中，发达区域和欠发达区域之间存在"淋下效应"（Trickling – down Effect）和"极化效应"（Polarized – effect）。其中，极化效应表现为发达区域借助落后区域提供的各种条件加速发展，导致落后区域的发展进一步受制，从要素流动上主要表现为：一是发达区域更好的收入和就业机会，会吸引大量"关键技术人员、管理者以及更具有企业家精神的青年人"从落后地区流向发达地区，这就使得原来人才紧缺的不发达区域更加缺乏人才，经济创新受到抑制。二是发达区域一般拥有更好的投资机会，同时落后区域也因人才外流而无法有效利用资金，使得原本有限的资金积累也会外流。

1. 资金短缺和外流现象突出，成为贫困县产业发展的首要"瓶颈"

首先，从产业主体的自我积累和投入能力看，贫困农户和县域企业的产值和利润水平明显偏低，从而造成较低的收入水平，而收入水平的低下决定了他们自身的积累水平和投资能力严重不足，常常在扩大再生产过程中陷入资金不足的困境。实际上，贫困县也存在一些有竞争潜力的经营项目，但其中的绝大部分由于缺乏必要的资金支持而无法启动。

其次，从间接融资状况看，农户和企业的金融服务可及性

差。伴随着股份制改革的推进，四大国有商业银行撤销了在贫困县的许多支行，上收了贷款审批权，导致贫困县金融网点设置稀疏，运作规模小，资金外流现象严重，商业银行通过只存不贷或少贷的方式，类似"抽血机"，使得本来就缺乏资金的贫困县处于严重的"贫血"状态。2009 年，国家扶贫开发工作重点县金融机构年末各项贷款余额达到 9459 亿元，比上年增长 25.8%，人均贷款余额 3984 元；年末各项存款余额 20485 亿元，比上年增长 21.5%，人均存款余额 8628 元，扶贫重点县的存款增速始终保持高于贷款增速的趋势，与全国县市的平均水平相比，扶贫重点县人均金融机构各项存款余额的增长速度比全国县域平均水平高出 1.1%，但贷款余额的增长速度低了 4.3%①。可见，存款水平和增长率高于贷款的结果是贫困县本来就十分紧缺的资金大量外流，2006－2009 年国家扶贫重点县金融机构的存贷差额从 5063 亿元持续拉大到 11026 亿元，人均贷款存贷差额从小于 1000 元扩大到 2009 年的 4644 元。（如表 2-28 和图 2-9 所示）。

表 2-28　2006－2009 年国家扶贫重点县金融机构存款、贷款情况

单位：亿元、元

年份	重点县金融机构各项存款余额	重点县金融机构各项贷款余额	重点金融机构的存贷差额	重点县人均存款余额	重点县人均贷款余额	重点县人均存贷差额
2006	11185	6122	5063			
2007	13341	7039	6302	3943	2989	954
2008	16856	7521	9335	7074	3156	3918
2009	20485	9459	11026	8628	3984	4644

---

①　国家统计局农村社会经济调查司：《2009 中国农村贫困监测报告》，中国统计出版社 2009 年版，第 27 页。

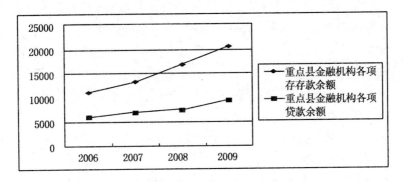

**图 2-9 2006－2009 年国家扶贫重点县金融
机构存款贷款增长情况**

从企业贷款情况看，由于贫困县企业普遍规模小，自有资本少，资产负债率高，市场信用度低，缺乏信贷能力和偿债能力，很难寻找到合适的担保机构或企业，融资困难。再加上符合国家产业发展方向的企业和产品不多，许多是属于国家明令限制的高污染"五小"企业，在争取技改资金和银行贷款方面几乎是不可能的。

从农户贷款情况看，虽然近年来国家不断扩大政策性小额信贷和扶贫贷款规模，但由于小额信贷数额小、还款周期短、贷款成本高，难以满足贫困户发展新兴种养业的需要。从 2007－2009 年国家扶贫重点县不同类型农户得到贷款的比例看，2007 年得到贷款的农户仅占全部农户的 4.2%，2008 年下降到 3.3%，2009 年略有回调到 3.9%，比重明显偏低，特别是贫困农户的贷款困难，2007 年得到贷款的贫困户仅占 3.3%，2008 年下降到 2.2%，2009 年略有回调到 2.7%，比重均低于扶贫重点县农户的获贷比例，这表明贫困县农户特别是贫困农户很难得到金融机构的资金支持。从农户借款的来源看，更多依赖于亲戚朋友和民间组织的融资。2009 年,农户年末人均借贷余额270 元,其中来自亲戚朋友的人均借款余额为131 元,占全部借款的48.5%;来自银行的人均商业贷款余额为122 元,占46.9%;人均扶贫贷款余额为8 元,占1.8%;来自其他渠道的人均普通借贷余额为10 元①。金融服务的可及性差,使得贫困县农户的生产投入能力弱,维持性投入的特征明显。

从扶贫贷款的瞄准情况看,对贫困农户的瞄准精度并不理想,并未有效覆盖"真贫"人群。2008 年我国扶贫贷款的发放对象是上年人均纯收入为2228 元以下的贫困农户,但扶贫重点县的贷款总额有13.4%贷给了上年人均纯收入低于1000 元的农户,有35.3%贷给了上年人均纯收入在1000 - 2000 元之间的农户,有21.7%贷款了人均纯收入在2000 - 3000 元之间的农户,有29.6%贷款给了人均纯收入高于3000 元的农户,可见,仅有48.7%的扶贫贷款发放给了上年人均纯收入低于2000 元的贫困农户。2009 年,扶贫贷款同样更多地贷给了高收入的农户,按收入三等份分组,2009 年低收入农户得到扶贫贷款的比例为33.3%,比2008 年下降了3.6%;而高收入农户得到扶贫贷款的比例为32.8%,比2008 年提高了3.4%,这充分表明最贫困的人群由于金融机构的进入门槛偏高,而被拒之门外。②

2. 教育培训滞后,人力资源匮乏

英国经济学家哈比森曾经指出:"人是积累资本,开发自然资源,推动国家向前发展的主动力量。显而易见,一个国家如果

① 国家统计局农村社会经济调查司:《2010 中国农村贫困监测报告》,中国统计出版社2011 年版,第23 - 24 页。
② 国家统计局农村社会经济调查司:《2010 中国农村贫困监测报告》,中国统计出版社2011 年版,第23 - 24 页。

不能发展人民的技能和知识，就不能发展任何别的东西。"[1] 可见，人力资本对于提升贫困县产业的发展和竞争能力起着重要的支撑作用。但是，贫困县的人力资源开发普遍存在培育不足、引进困难、流失严重等现象。如中央政府近年来用于教育、医疗、技术培训方面的扶贫投入相对较少，其中 2009 年学校及设备、技术培训和推广、扫盲分别获得 7.3 亿、5.2 亿和 3.5 亿元扶贫资金，仅占当年扶贫资金总额的 1.6%、1.1% 和 0.7%。[2]

表 2-29　2006－2009 年国家扶贫重点县获得教育和培训扶贫资金情况

单位：亿元、%

指标名称	2006	2007	2008	2009
扶贫资金总额	280.7	314.0	364.9	453.9
学校及设备	3.9	3.6	5.6	7.3
技术培训推广	4.2	4.0	4.5	5.2
资助儿童/扫盲	2.5	2.9	2.3	3.5

首先，贫困县教育培育滞后，劳动力素质偏低。突出表现为文盲、半文盲劳动力比重高，2006—2009 年分别为 12.3%、17.7%、11.1% 和 10.8%，比全国平均水平高 5.7%、11.4% 和 5%；2007—2009 年中专及以上文化程度的劳动力比重分别为 1.8%、1.8% 和 3%，比重明显偏低；2006—2008 年受过技能培训的劳动力比重分别为 13.6%、10% 和 15.1%，比全国平均水平低 7.7%、13.4% 和 8.8%。可见，高素质、高学历和专业性

---

① 崔满红：《中国欠发达地区金融、企业、政府协调机制研究》，中国财政经济出版社 2005 年版，第 135 页。

② 国家统计局农村社会经济调查司：《2010 中国农村贫困监测报告》，中国统计出版社 2011 年版，第 164－165 页。

人才的匮乏直接制约了贫困县人力资源竞争力的提升。

表 2-30   2006 – 2009 国家扶贫开发工作重点县劳动力文化
程度及培训情况①
单位:%

指标	2006		2007		2008		2009
	全国	重点县	全国	重点县	全国	重点县	重点县
文盲半文盲	6.6	12.3	6.3	17.7	6.1	11.1	10.8
小学	26.4	34.3	25.8	38.5	25.3	33.4	32.6
初中	52.8	44.2	52.9	37.8	52.8	45.2	45.5
高中			11	4.3	11.4	7.7	8.1
中专及以上	14.2	9.2	3.9	1.8	2.7	1.8	3.0
曾受过技能培训劳动力比重	21.3	13.6	23.4	10	23.9	15.1	——

在广大贫困地区,因贫困产生文盲,又因文盲导致贫困,形成了"低教育水平——贫困——低教育水平"的恶性循环。贫困地区普遍存在贫困文化现象,思想保守,安贫守穷,听天由命,缺乏创业、创新和市场竞争意识。这种由于长期生活在贫困之中所形成的特有的贫困文化、行为方式、心理态势和价值观念,直接影响了贫困人口向非农产业和其他发达地区的流动,影响了贫困县产业创新能力和生产效率的提高,制约了贫困县对市

---

① 国家统计局农村社会经济调查司:《2008 中国农村贫困监测报告》,中国统计出版社 2009 年版,第 179 页;《2009 中国农村贫困监测报告》,中国统计出版社 2009 年版,第 193 页;《2010 中国农村贫困监测报告》,中国统计出版社 2011 年版,第 160 页。

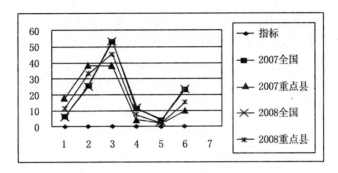

图2-10　2007－2008年国家扶贫重点县与全国农村
劳动力文化程度和培训情况

场竞争的参与程度。如国家为帮助贫困县发展，一个县拨50万用于小额贷款贴息，河北39个国家扶贫开发工作重点县共获得贴息资金1950万，按照5%的贴息比例，按说应放大贷款5亿元，但实际只放出2亿元，彰显出贫困县农民习惯于依赖国家救济，却不愿贷款开展产业自救。

其次，贫困县人才外流现象突出，缺乏聚集力。由于贫困县企业大多处于初级发展阶段，在企业规模、工资收入、品牌形象、创业环境上缺乏竞争力，不仅难以吸引到大中专毕业生及本行业的高精尖人才，甚至很难留住从本地成长起来的优秀人才，"智力外流"现象严重，使区域之间的人力资源差距越来越大。贫困县发展教育培训事业常常面临一个困境，即自己培育的人才很难为己所用，劳动力素质一旦提高，就业竞争力增强，就会流向发达地区，寻求更好的发展前景和工资待遇。从企业的人才拥有状况看，贫困县第二、三产业的技术人员缺乏，国家扶贫开发工作重点县每万人拥有各类技术人员为122人，是全国县域平均水平的73.6%。

3. 技术创新能力薄弱，产业差异化竞争能力低下

目前，贫困县产业竞争优势的获得主要依靠廉价劳动力、资源过度消耗、土地占用和优惠政策等途径，走低成本、低价格的发展之路，技术进步对产业竞争力提升的贡献率低下。贫困县以中小企业为主，小而弱的县域企业缺乏创新资金和研发人才，技术装备落后，新产品开发能力差，产品档次低，跟不上国内外市场的变化，市场竞争力低下，企业在国内、国际产业分工中处于低端位置。

综上所述，由于资金、人才、技术等高级要素的短缺，使贫困县的产业发展处于"要素短缺——产业竞争优势低下——要素外流"的恶性循环状态。因此，必须通过产业发展环境的改善，制度和政策的创新，增强贫困县产业发展对生产要素的积累和凝聚能力，打破恶性循环的怪圈。

三、体制创新滞后，产业发展的市场化、开放化水平偏低

在市场经济体制下，一个地区的市场化水平直接关系到产业竞争力的高低。要增强贫困县的自我发展能力，必须打破封闭的自然经济状态，通过市场体系和市场组织的培育，提高贫困县产业发展的市场参与度，但由于经济体制转轨滞后，贫困县产业发展面临被市场"边缘化"的危险。

1. 市场主体发育不充分，产业发展缺乏骨干企业和重点项目支撑

20世纪90年代初期，随着所有制结构调整，原有的集体和国营企业，基本上通过破产改制消失殆尽，而民营经济又缺乏成长能力，限于资金、人才、土地和落后经营管理理念的制约，招商引资困难，企业规模扩张和产品升级步履迟缓，项目入驻数量和质量均落后于周边地区，直接导致区域产业发展缺乏必要的骨

干区域和重点项目支撑。

2. 市场体系不完善, 本地市场容量狭窄, 产业拓展空间受限

贫困县的市场体系建设普遍落后, 由于交通不便、信息闭塞、经营人才短缺, 大型商场、电子商务和专业市场、批发市场等现代贸易体系起步晚、发展慢, 许多农产品仍采取传统的流动性集市和地头市场进行交易, 与大型超市、知名流通企业和中高层消费人群的对接能力差。封闭的市场环境, 低层次的对外开拓水平, 使贫困县产业发展常常囿于满足本地市场需求, 而本地市场需求又常常囿于城乡居民收入水平偏低, 消费能力和市场容量极其有限, 难以有效促进产业规模扩张和结构升级。

以国家扶贫重点县农村居民的收入和消费能力为例, 据统计, 2002 年以来, 虽然扶贫重点县农村居民人均纯收入的增速高于全国平均水平, 但收入只有全国平均水平的一半左右, 且扶贫重点县与全国农民人均纯收入水平的绝对差距呈现逐年扩大趋势, 从 2002 年的 1171 元扩大到 2009 年的 2311 元 (如表 2-31 所示)。而收入水平偏低, 直接制约了扶贫重点县农村居民消费需求的扩张。例如, 2008 年国家扶贫重点县农民人均生活消费支出为 2200 元, 仅为全国县市平均水平 3660 元的 60%。其中, 人均衣、食、住及家庭用品等基本生活消费支出为 1696 元, 占全部生活消费支出的 77.1%, 特别是食品支出份额即恩格尔系数达到 51.7%, 比全国平均水平 43.7% 高出 8%, 与此同时, 交通通讯、医疗保健、文化教育、娱乐用品及服务等其他高层次商品和服务的消费比重偏低。如图 2-11 所示, 从 2009 年国家扶贫重点县农民人均生活消费支出的变动和结构状况看, 食品消费支出占生活消费支出的一半以上, 而服装、居住、家庭设备用品、医疗保健、文化教育等支出比重偏低, 可见, 较低的消费能力和相对落后的消费结构，难以有效支撑贫困县产业市场空间拓展的需要。

表 2-31　2002－2009 年全国与国家扶贫重点县农牧人均纯收入比较

单位：元、%

年份	全国	扶贫重点县	重点县占全国的比例	重点县与全国的差额
2002	2476	1305	52.7	－1171
2003	2622	1406	53.6	－1216
2004	2936	1585	54.0	－1351
2005	3255	1726	53.0	－1529
2006	3587	1928	53.7	－1659
2007	4140	2278	55.0	－1862
2008	4761	2611	54.8	－2150
2009	5153	2842	55.2	－2311

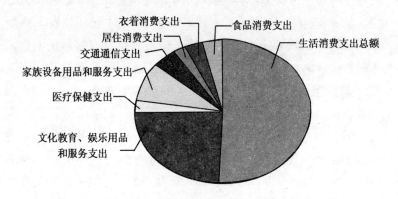

图 2-11　2009 年国家扶贫重点县农民生活消费支出结构图

**表 2-32 2007—2009 年国家扶贫开发工作重点县农民人均
生活消费支出状况①**

单位：元

指标名称	2007		2008		2009
	全国	重点县	全国	重点县	重点县
生活消费支出总额	3223	1931	3660	2200	2367
食品消费支出	1389	980	1598	1137	1155
衣着消费支出	193	111	211	123	134
居住消费支出	573	289	678	343	413
交通通讯支出	328	160	360	176	194
家庭设备用品和服务支出	149	79	174	92	108
医疗保健支出	210	161	246	133	155
文化教育、娱乐用品和服务支出	305	114	314	159	167

3. 市场制度创新缓慢，产业发展缺乏高效的体制支撑

我国的市场经济体制改革采取了渐进式的区域推进模式，即先在沿海地区进行个别试点，然后再向内地省区推进。这使得沿海地区率先从传统的计划经济体制下走出来，市场制度逐步健全，经济的市场化程度不断提高，经济发展的潜力得到了快速释放，产业发展的竞争力大为增强。相比之下，中西部落后地区的经济体制改革步伐相对迟缓。如表 2-33 所示，我国各区域经济市场化状况比较如下：

---

① 国家统计局农村社会经济调查司：《2008 中国农村贫困监测报告》，中国统计出版社 2009 年版，第 176 页；《2009 中国农村贫困监测报告》，中国统计出版社 2009 年版，第 191 页。

表 2-33　我国各省区市场化程度比较①

区域	市场化得分	排名	区域	市场化得分	排名
广东	2.58	1	江西	-0.29	16
福建	2.42	2	河南	-0.30	17
浙江	1.40	3	湖南	-0.34	18
江苏	1.35	4	四川	-0.43	19
天津	1.17	5	广西	-0.56	20
上海	1.11	6	陕西	-0.65	21
辽宁	0.89	7	黑龙江	-0.81	22
北京	0.72	8	甘肃	-0.96	23
海南	0.58	9	宁夏	-1.00	24
山东	0.56	10	内蒙古	-1.04	25
河北	-0.02	11	新疆	-1.30	26
山西	-0.21	12	青海	-1.32	27
安徽	-0.26	13	贵州	-1.34	28
吉林	-0.27	14	云南	-1.37	29
湖北	-0.29	15			

　　对于贫困县来说，由于它们主要位于中西部地区，恶劣的地理区位和落后的人力素质，使它们更是市场化改革的滞后区，现代企业制度、市场竞争制度、对外开放政策、政府对产业发展的扶持和服务功能等进程相对缓慢，贫困县在与其他地区进行资源和市场争夺时缺乏活力和效率，面对已经发育的市场环境和强大

———————————

　　① 陈述云、吴小钢：《我国地区经济市场化程度的比较研究》，载《数量经济技术经济研究》，1995（1）。

的竞争对手常常处于束手无策的境地。可见，区域之间经济市场化程度的较大差异，直接加剧了区域竞争力特别是产业竞争力的差距。

四、思想观念落后，产业发展受"贫困文化"的束缚严重

一个地区的产业发展模式往往附有区域文化思想的烙印，如温州产业发展迅速、竞争力较强与其受"永嘉学派"思想的影响，形成了发达的商业文明紧密相关。而贫困县由于封闭的自然地理环境、落后的经济发展水平、狭窄的社会交往和传统文化的束缚，普遍存在着"贫困文化"[1] 现象。突出表现为：

1. 因循守旧、忽视创业的生计观

贫困地区由于长期自给自足的生产方式，不断滋生和强化着保守、封闭的落后思想观念。不愿接受或不善于接受新事物，害怕承担风险，害怕变革，缺乏创业和创新精神。在生产技术引进、工艺创新、新产品开发等方面，常常瞻前顾后，"跟进"思想较重，"不敢为天下先"，阻滞了科技、教育观念的更新，难以打破传统的生产方式。与保守的生计价值观念相关联，形成了小富即安、知足长乐的生活心态，"有粮吃，有衣穿，温饱知足求平安"。

2. 重义轻利、重农抑商的生产观

几千年来从中国传统文化中沿袭下来的重农轻商的观念，在

---

[1] 最早提出"贫困文化"概念的是美国人类学家刘易斯。1959 年，他在所著的《五个家庭：贫困文化的墨西哥个案研究》一书中指出，贫困现象不仅表现为一种经济状况，更重要的是一种文化现象。贫困文化是"一种比较固定的、持久不变的、代代相传的生活方式"，是贫困人群一种自我维持的文化体系。他从社会、社区、家庭和个人四个层面对贫困文化作了分析。从个人层面上看，作为贫困文化典型代表的个人，通常知识贫乏、眼界狭窄，相信"宿命论"。

封闭的贫困地域有很强的积淀，加上市场经济的冲击较少，使得贫困县人口的市场意识淡漠，限制了市场经济发展的条件，缺乏对市场经济的驾驭能力，丧失了很多产业发展和产业创新的重大机会。

总之，恶劣的自然地理环境、经济因素和社会文化因素是贫困文化产生的土壤，而贫困文化一旦形成，又阻碍了贫困县市场化水平的提高，抑制和阻断了产业演进的固有机制，使贫困县摆脱贫困、促进经济发展和社会结构变革的进程，缺乏内在的推动力量。因此，要加快贫困县的产业发展和竞争力提升，必须通过经济扶贫和文化扶贫的有机结合，推动贫困人口在思想观念上革旧布新。

五、产业扶持偏弱，政府治理贫困的效益有待提升

对于贫困县来说，政府的有效扶持是弥补发展劣势，改善发展环境，增强其自我发展能力和竞争能力的重要因素。从我国扶贫开发工作的实践看，虽然20世纪80年代以后，中央政府陆续采取了以工代赈、整村推进、产业化扶贫、劳动力输出、小额信贷、生态移民等一系列扶贫开发措施，来推动贫困县的产业发展，但是与贫困县增强区域竞争力，实现稳定脱贫致富的需求相比，还存在许多缺陷和不足。

1. 贫困县资格调整滞后，"富戴穷帽"现象突出

《国家扶贫开发工作重点县管理办法》规定：对重点县采取"定期确认、适时调整、奖优惩劣"办法，不再搞"终身制"。这一管理办法从总体上看无疑是合理的，但在实际工作中，"适时调整"往往异变为"滞后调整"，许多贫困县自1992年被确定为扶贫开重点县以来，经济实现了跨越式发展，农民人均收入等各项经济指标位于区域排名前列，已经成为戴着贫困县帽子的

经济强县，如河北省涉县早在 2004 年就已经跻身河北省县域经济发展综合排名前 30 强，2008 年位列第 13 位；宽城满族自治县也位列全省县域经济发展综合排名 19 位；安徽的无为县是全省经济排名前 10 县，凤台县是安徽财政第一县，等等。但由于作为扶贫重点县，每年可以享受近亿元的扶贫支持和各项教育、招商引资的优惠政策，所以存在贫困帽难摘的现象，为保住"贫困县"资格，部分经济强县可谓不择手段，一方面将财政资金用于城镇建设、经济和社会事业发展，乃至超标准兴建楼堂馆所、吃喝挥霍；另一方面，坐视农村贫困、人口贫困，将其作为地方政府继续获得国家扶贫资金的筹码。

贫困县的选择瞄准存在偏差，导致我国稀缺的扶贫资源大量漏出，一些事实上的贫困县难以纳入国家扶持的范围，严重降低了扶贫资源的使用效率，加剧了区域经济社会发展不协调。如河北省共有 136 个县市，其中国家和省级扶贫开发重点县 51 个，2008 年河北省县域经济发展综合排名后 30 弱县中，有 29% 的县未纳入国家或省级扶贫开发重点县的扶持范围。从各县市农民人均纯收入看，排名后 51 个县市中有 6 个县不是扶贫重点县：望都（95）、宣化（94）、故城（92）、逐鹿（90）、枣强（89）、唐县（122）。从各县市地方财政一般预算收入看，排名后 51 个县市中有 21 个不是扶贫重点县：柏乡（134）、鸡泽（132）、任县（131）、邱县（128）、南和（125）、临西（121）、博野（119）、曲周（118）、肥乡（116）、吴桥（113）、故城（111）、南宫（109）、枣强（107）、临漳（105）、成安（104）、高邑（101）、望都（98）、深州（96）、容城（90）、蠡县（89）、定兴（86）。①

由此可见，由于国家对各级扶贫重点县采取总量控制的原则，如果不及时取消部分经济强县的"重点县"资格，就意味着其他真正的贫困县难以进入扶贫规划，"富县戴穷帽，穷县没帽戴"的现象也就难以避免。笔者认为：其一，不论重点县是何时、何因变富变强的，都应及时取消其"重点县"资格，否则，既浪费国家扶贫资源，又会限制其它欠发达县进入国家扶贫规划；其二，在国家扶贫重点瞄准贫困村后，仍将县区的国内生产总值、财政收入、人均国内生产总值、人均财政收入等整体性指标和直接反映贫困人口、贫困村状况的指标捆绑、混淆，并以此作为重点县评定标准的办法已不合适宜，完全可以取消其重点县资格，而直接认定和扶持贫困村、贫困人口；其三，与贫困人口识别不准相比，对贫困县的识别失误会造成更严重的扶贫资源漏出和浪费。据估算，错认一个贫困县每年就会浪费 5351 万元的扶贫资金；而反之，若少认定一个贫困县又会疏漏对近 2 万农村贫困人口的重点扶持。② 因此，对贫困县的认定需要更加谨慎客观、动态精准。

2. 扶贫资金投入不足，对贫困县发展的支持功能较弱

（1）中央财政扶贫资金投入不足。据统计，虽然进入新世纪以来，中央用于扶贫开发的财政扶贫资金总额不断增加，从 2003 年的 39.57 亿增加到 2008 年的 167.34 亿元，但扶贫资金的

---

① 《河北经济年鉴 2009》，中国统计出版社 2009 年版，第 556—557 页。括号中的数字为 2008 年的排名位次。

② 《2008 中国农村贫困监测报告》，中国统计出版社 2009 年版，第 19 页、170 页的相关数据计算：2007 年，592 个重点县得到的与扶贫有关的扶持资金达 316.8 亿元，则平均每县获得 5351 万元；592 个重点县的贫困人口达 1051 万，则每个重点县约 2 万贫困人口。

增长率大大低于中央财政收入和支出的增长率，导致财政扶贫资金在整个财政支出体系中所占比重偏低，长期徘徊在 0.25% 左右，只有在 2007、2008 年才提升到 0.4% 以上（如表 2-34 所示）。

表 2-34　2003 - 2008 年中央财政扶贫资金与财政总收支的对比情况[①]

单位：亿元、%

年份	中央财政扶贫资金		中央财政总收入			中央财政总支出		
	数额	增长率	数额	增长率	扶贫资金所占比率	数额	增长率	扶贫资金所占比率
2008	167.34	16.1	33626	17.5	0.49	36334	22.8	0.46
2007	144	166.81	28589.49	34.6	0.50	29557.49	25.8	0.49
2006	53.97	11.69	21232.31	23	0.25	23482.26	15.9	0.23
2005	48.32	5.32	17249.79	17.6	0.28	20249.41	13.4	0.24
2004	45.88	15.95	15081.54	16.6	0.30	18274.39	13.3	0.25
2003	39.57	10.65	12465	9.6	0.32	15663	8.3	0.25

（2）各级地方政府的扶贫配套投入比例过低。从 2002 - 2009 年国家扶贫重点县获得的扶贫资金投入情况看，重点县获得的省级财政扶贫资金分别为 9.9 亿、10.4 亿、11.6 亿、9.6 亿、10.8 亿、14.2 亿、18.9 亿和 23.4 亿元，而同期中央财政扶贫资金分别为 35.8 亿、39.6 亿、45.9 亿、47.9 亿、54 亿、

---

① 2003 - 2007 年中央财政扶贫资金数额来源于《2008 中国农村贫困监测报告》，中国统计出版社 2009 年版。2008 年中央财政扶贫资金，相关年度中央财政总收入数额、增长率和中央财政总支出数额、增长率等数据分别来源于：中央和地方预算执行情况和预算草案报告（摘要），中央政府门户网站。

60.3 亿、78.5 亿和 99.5 亿元,省级财政扶贫资金与中央的配套比例分别为 27.7%、26.3%、25.3%、20%、20%、23.5%、24% 和 23.5%[①]。可见,地方政府的扶贫配套投入从 2002－2006 年呈现持续下降态势,2007－2009 年呈现在低位徘徊态势,配套投入比例过低。另外,以河北省为例,从 2004 年到 2009 年,全省全部财政收入由 778.3 亿元增加到 2018.1 亿元,增加了 1239.8 亿元,增长了 159.4%。但省扶贫配套投入增幅与财政收入增幅不成比例,全省配套财政扶贫资金由 2004 年的 9054 万元增加到 2009 年的 1.2 亿元,只增长了 2946 万元,增长了 32.5%,[②] 两相比较,增幅相差 126.9%,河北省与中央扶贫资金配套比例基本呈现下降趋势(如表 2-35 所示),2004 年为 40.58%,2009 年仅为 24.53%,除 2007 年略有上升外,基本处于逐步下降状态。

表 2-35　2004－2009 年河北省财政扶贫资金投入情况[③]

单位:万元、%

年份	2004	2005	2006	2007	2008	2009
资金量	9054	9500	9500	10600	11000	12000
年均增幅	2.26	4.93	0	11.58	3.77	9.09
与中央投入的配套比率	40.58	33.78	29.74	31.44	29.63	24.53

---

① 国家统计局农村社会经济调查司:《2010 中国农村贫困监测报告》,中国统计出版社 2011 年版,第 163 页。配套比例根据相关数据计算得出。

② 花永兰:《新时期承德坝上及接坝地区贫困问题的调查》,载《领导之友》,2010(3)。

③ 2004－2007 年的数字来自《认真贯彻党的十七大精神 切实提高扶贫开发的水平——在全省"四帮一"扶贫工作队长培训班上的讲话》,扈双龙,2008－3－5。2008－2009 年的数字来自《关于全省扶贫开发工作情况的汇报》,河北省扶贫开发办公室,2010 年 1 月。

（3）信贷扶贫资金投入规模偏小，并呈逐步减少态势。随着我国金融机构市场化改革的推进，进入新世纪以来，我国扶贫贷款、扶贫贴息贷款呈现逐步下降的态势。如从 2002 - 2009 年，592 个国家扶贫重点县得到的中央扶贫贴息贷款累计发放额分别为 102.5 亿、87.5 亿、79.2 亿、58.4 亿、55.6 亿、70.5 亿、84.0 亿和 108.7 亿元，可见，基本呈现大幅下降和缓慢回升的态势，2009 年仅比 2002 年增加了 6.2 亿元，年均递增仅 0.8%[①]。另外，从 2000 - 2007 年农业银行扶贫贷款的发放情况看，全部扶贫贷款的发放额从 2000 年的 213 亿元，逐步下降为 2007 年的 98.21 亿元，发放的扶贫贴息贷款从 2000 年的 213 亿元，减少到 2007 年的 38.97 亿元，财政贴息额从 2000 年的 5.24 亿元，减少到 1.57 亿元，下降速度和下降规模均让人吃惊（如表 2-36 和图 2-12 所示）。

表 2-36　2000 - 2007 年农业银行扶贫贷款发放情况表[②]

单位：亿元

年份	累计发放		余额			财政贴息
	全部扶贫贷款	扶贫贴息贷款	全部扶贫贷款余额	扶贫贴息贷款余额	一般扶贫贷款余额	
2000	213	213	706	270	436	5.24
2001	217	170	793	359	434	5.2
2002	254.5	188.6	900	545	355	5
2003	287.4	181.5	962	457	505	5.3

---

① 国家统计局农村社会经济调查司：《2010 中国农村贫困监测报告》，中国统计出版社 2011 年版，第 163 页。

② 国家统计局农村社会经济调查司：《2008 中国农村贫困监测报告》，中国统计出版社 2009 年版，第 78 页。

续表 2-36

年份	累计发放		余额			财政贴息
	全部扶贫贷款	扶贫贴息贷款	全部扶贫贷款余额	扶贫贴息贷款余额	一般扶贫贷款余额	
2004	279.1	171.5	996	421	575	6.13
2005	197.8	76	959	319	640	4.21
2006	157.9	56.17	960	266.74	693.26	1.64
2007	98.21	38.97	918	234.97	683.03	1.57

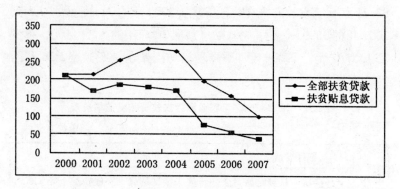

图 2-12　2000－2007 年农业银行发放扶贫贷款和财政贴息情况

从各省情况看，2008 年广西省获得的到户贷款和扶贫项目贷款贴息资金只有 2900 万元和 2100 万元，分别为计划申报的 67% 和 75.3%，不能满足实际贷款需要。而且，由于贫困群体的金融需求具有成本高、风险高、收益低等特点，政策性贷款与金融机构的市场化改革存在偏差，导致绝对贫困户和扶贫龙头企业的获贷比例偏低，2008 年广西全区获得到户贷款的 10.5 万户贫困农户中，绝对贫困户只占 30.2%，有的县还不到 10%。

2009 年河北省各类金融机构共发放到户贷款仅 7.5 亿元，支付财政贴息资金1783万元，与贫困地区的要求相去甚远。从对各项扶贫方式的评估中可以看出，资金短缺已经成为限制扶贫开发效益的主要瓶颈。仅以整村推进为例，根据对全国16个省、区的7万个贫困村的调查表明，要彻底解决一个村的贫困问题，平均每个村需要投入223万元。即使只进行公共基础设施（包括生产性和社会服务性）的建设，每个贫困村也至少需要100万元，但以河北省为例，每个贫困村实际获得的扶贫投资平均为34万元，仅为需求量的15%。

3. 扶贫资金管理分散，缺乏有效整合

扶贫开发是一项综合性很强的社会事业，需要众多职能部门、社会团体的参与、支持，为了调动各部门、团体的积极性，我国扶贫开发工作采取的是国务院扶贫开发小组领导下条块分割的管理体制，大约涉及27个职能系统和各级政府。① 即便是中央的三项扶贫资金也分别由不同部门掌控。在这种庞大而分散的管理体制下，不同级别政府和不同部门的职能各不相同，目标各有侧重，权力、利益相互独立。这种扶贫治理结构在调动各级政府、各部门的扶贫力量、积极性、责任心的同时，也潜藏了其各自为政、泾渭分明、难以统筹整合的先天不足。

我国扶贫资源难以整合的主要原因在于：第一，"专款专用"的资金管理机制，客观上限制了资金的有效整合。专款专用以及由此衍生的专款专管（即专业部门管理）使许多资源成为部门权力的象征和部门利益的附属，这使资源的统筹、整合面临难以逾越的行政障碍。第二，"各负其责，各记其功"的扶贫管

---

① 涉及国务院办公厅、国家计委、经贸委、财政部、人民银行、教育部、科技部、民委、民政部、劳动和社会保障部、国土资源部、交通部、水利部、农业部、卫生部、计生委、环保总局、统计局、林业局、农业银行、全国总工会、团中央、全国妇联、供销总社、中国残联等有关部门。

理体制将各项资金打上了部门利益的烙印，限制了不同系统、不同部门之间的资源整合。"各负其责，各记其功"在调动各部门投身于农村建设、农村扶贫事业的积极性方面有着重要作用，但由于各专项资金的计划、分配、监督、评估等，都是由各专业管理部门进行的，所以各类资源自源头起就封闭运行、泾渭分明、各行其是。第三，中央政府与地方政府之间存在目标冲突和利益矛盾。就中央政府而言，站在创建和谐社会、共享改革发展成果等国家宏观利益的高度，有强烈的政治意愿和雄厚的财力来消除贫困；但各级地方政府尤其是县乡政府和村干部，一方面面临有限财力的硬约束，没有太多资金投入到扶贫开发事业，另一方面，还要服从地方财源建设、经济和社会事业发展、行政正常运转等多重行政目标的引导，常常设法将有限的财力甚至扶贫资源投入给更有利于地方发展和个人政绩，但扶贫效益欠佳的项目上来。

4. 扶贫资金投入结构有待优化，过于偏好公共设施和初级种养业

如图 2-13 和表 2-37 所示，从我国扶贫资金的支出结构看，各地扶贫项目选择和扶贫资金投入中存在两大偏好：

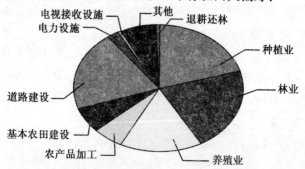

图 2-13　2009 年国家扶贫重点县扶贫资金投入构成情况

表 2-37　2002－2009 年国家扶贫重点县扶贫资金使用情况①

单位：亿元

年份	合计	种植业	林业	养殖业	农产品加工	基本农田建设	道路建设	电力设施	电视接收设施
2002	250.1	25.2	27.0	22.9	15.6	15.3	49.5	14.5	1.6
2003	276.7	22.2	37.4	24.7	17.3	16.8	36.1	37.0	1.7
2004	290.8	26.2	45.9	25.5	15.3	16.8	34.6	26.9	1.4
2005	263.4	23.6	46.2	23.2	10.2	15.5	35.2	16.6	1.1
2006	280.6	31.5	48.1	27.0	13.0	14.5	38.6	12.1	0.9
2007	313.8	39.4	53.6	31.5	11.0	13.9	47.6	10.1	1.0
2008	364.9	48.8	55.7	40.5	17.1	16.0	62.6	9.7	0.9
2009	453.9	68.9	69.9	52.4	19.7	21.4	67.8	7.5	1.8

（1）偏好基础设施和公共设施建设。从表 2-37 可以看出，道路、电力、电视等设施建设成为扶贫资金投入的重点领域，其中，2002－2009 年用于道路修建及改扩建的资金始终是扶贫资金的最大投入，分别达到 49.5 亿、36.1 亿、34.6 亿、35.2 亿、38.6 亿、47.6 亿、62.6 亿和 67.8 亿元。另外，从河北省情况看，整村推进工作标准的"十二有"中，有 9 项属于硬件设施，如入村公路、安全卫生的饮用水、进村入户的通电条件、广播电视、电话线路或信号覆盖、学校、两委办公室、医务室、文体活动场所等。这种情况反映了贫困地区公共设施的匮乏，但也凸显了相关部门的急功近利心态，主要表现在两方面：一是公共设施建设只会增加扶贫业绩，不存在任何市场风险；二是在设施建设

---

① 相关数据引自国家统计局农村社会经济调查司：《2010 中国农村贫困监测报告》，中国统计出版社 2011 年版，第 164 页。

中作为项目及资金的掌管部门，可以从中渔利，捞取油水。而扶贫资金投入的公共设施化倾向，无疑会挤占产业扶持资金，降低绝对贫困农户的直接受益率。

扶贫项目安排与贫困农户的需求仍存在较大偏差，从 2008 年项目村和项目户希望得到的扶贫项目与 2009 年实际实施的项目看，项目村愿望与实际的一致率只有 12.9%，偏差率高达 87.1%；项目户愿望与实际的一致率只有 49.2%，偏差率虽然相对降低，但仍然高达 50.8%。①

（2）偏好初级种养业，对高附加值的农产品加工业投入不足。我国对贫困地区产业发展的帮扶资金几乎完全锁定在农业产业领域，特别是初级的农业生产环节，而我国农村贫困地区大多位于耕地短缺、土地贫瘠、气候恶劣、严重缺水的农业生产条件较差区域，高自然风险和高市场风险的并存，导致贫困农户的利润空间微薄而不稳定。用于支持高附加值的农产品加工业的资金规模偏小，导致产业化扶贫进程相对缓慢，农业产业化、现代化经营水平难以有效提升，农业增收效果难以有效发挥。如从 2002 - 2009 年，扶贫重点县用于农产品加工的扶贫资金投入分别为 15.6 亿、17.3 亿、15.3 亿、10.2 亿、13 亿、11 亿、17.1 亿和 19.7 亿元，分别仅占当年重点县获得的扶贫资金总额的 6.2%、6.3%、5.3%、3.9%、4.6%、3.5%、4.7% 和 4.3%。②

而扶贫资金的支持弱化，直接制约了"产业化扶贫"进程的有效推进。2002 年以来，扶贫部门、其他有关部门和金融机

---

① 国家统计局农村社会经济调查司：《2010 中国农村贫困监测报告》，中国统计出版社 2011 年版，第 54 页。

② 相关数据根据国家统计局农村社会经济调查司：《2010 中国农村贫困监测报告》，中国统计出版社 2011 年版，第 164 页的数据计算得出。

构为加快农业产业化进程，推行了产业化扶贫工程，即按照一定标准选择一定的龙头企业，对其在投资环境、土地使用、金融服务、人才培训等方面给予支持。所谓扶贫龙头企业是指以农产品加工或流通为主业，或以贫困地区劳动力为就业主体的，通过各种利益联结机制带动贫困农户进入市场、促进贫困地区产业结构和就业结构调整，在规模后经营指标上达到规定标准并经国务院扶贫办认定的企业。为加快龙头企业发展，国家和各地政府都从税收、贷款、科技创新、人才培训等方面出台了一系列优惠政策。但是，由于目前产业化扶贫还处于探索完善阶段，存在一些问题和不足：

一是放不开眼界，只在眼皮子底下选龙头、联龙头，一些龙头的竞争力和对贫困户的带动辐射作用不强，与"两周转"和"扶贫开发细胞工程"结合得不够紧密。贫困县本地的许多龙头企业本身效益欠佳，主要是看中扶贫企业的优惠政策；二是龙头企业的选择和扶贫项目的选择主观限于农业领域，而贫困县大多农业生产条件恶劣，再加上农业自身的自然风险、市场风险、效益不高等弱质特征，很难从根本上通过政府扶持培育起有可持续竞争优势的特色产业和骨干企业；三是龙头企业贷款和农户贷款面临着同样的困难，如作为商业银行的中国农业银行在考察龙头企业的信贷信誉等级时，仍然以其还贷能力作为放款的主要依据，大部分龙头企业很难获得必要的资金支持；四是龙头企业与农户之间的双赢机制没有建立，龙头企业追求商业利润的本质使得他们常常会将市场风险转嫁到农民身上，而农民在市场波动情况下履行合同的诚信度也不高，农户与扶贫龙头企业的利益联接机制极为脆弱，很难实现双赢。

5. 贫困县产业发展的支持性政策不足，落实不到位

政策导向是政府引导资源流动，协调区域经济发展的重要手

段。无论是东南沿海的飞速发展，还是西部大开发、东北老工业基地改造，都与国家区域倾斜政策的实施密不可分，而贫困县地区虽然也享受了国家的一些扶贫政策，如根据扶贫开发的特点和需要，适当延长扶贫贷款的使用期限，放宽抵押和担保条件；对贫困县新办企业和发达地区到贫困地区兴办的企业，在三年内免征所得税，等等。但由于贫困县大多处于工业小县、财政穷县、金融弱县状态，优惠政策常常得不到有效落实。如为了确保财政正常运转，企业税费优惠无法有效兑现，甚至还逐步加码。一些行政执法部门由于经费短缺而陷入政府"收费养人、养人收费"的怪圈，乱收费、乱罚款屡禁不止，企业负担越来越重，企业生存发展的优越空间大幅度缩小。

六、生态约束明显，优势产业的选择空间受限

许多贫困县处于上风上水的位置，是周边区域水、气候、风沙等环境保护的重要屏障。近年来虽然国家一系列生态工程的推进和环保政策的出台，使得这些贫困县为了维持其生态修复和环境保护的功能，发展成本和发展机会受到了很大限制，却没有得到合理、稳定的生态补偿，贫困县产业发展的公平性受到了损害。如河北的阳原、丰宁、滦平、尚义、张北等贫困县，处于北京的上风上水位置，是首都北京的生态屏障、城市供水源头、风沙源重点治理区。长期以来，为保证北京的用水安全和气候改善，这些地区做出了很大贡献，每年支付大量的生态修复和维持投入，较多地牺牲了自身产业发展的利益，但却没有得到符合市场性、公平性的利益补偿。如从用水方面讲，首都的城市用水和工农业用水主要来自河北张家口、承德两地。官厅水库自 1953年起，累计向首都供水 392 亿立方。建官厅水库淹没土地 113 平方公里，动迁 81 个村庄，4.16 万人，累计经济损失达 6.6 亿元。

而且，为确保首都人民喝上放心水，保护首都的水源和防止风沙危害，中央和地方政府不断加大对张家口、承德地区资源开发和工农业生产的限制，关闭了众多金、铁采矿企业，该区域产业发展、原始资本积累和工业化进程屡屡被打断，财源性产业和企业的缺乏使贫困县处于连"吃饭财政"都难以维持的境地。

与此同时，贫困县缺乏长效化、科学化、规范化的资源和生态保护补偿机制。如我国在 2000 和 2001 年陆续推出了森林生态效益补偿、退耕还林、退牧还草等生态补偿工程。但是这些生态工程普遍存在补偿标准差异大、水平低，缺乏可持续性，补偿机制不健全等问题。如从补偿标准上看，无论是退耕还林还是生态公益林的补偿都存在补偿标准偏低的问题，如陕西安康旬阳的农民在坡度 25 以上的坡耕地上种植烟叶的经济收入在每亩 1000 元左右，而退耕还林以后的收入只有 210 元，远低于退耕前的经济收入。从补偿方式看，主要是中央财政转移支付的纵向补偿，缺乏市场调节下的，生态受益方对受损方的稳定补偿机制，使得生态补偿资金投入渠道无法得到有效拓宽，替代产业得不到有效培育。

第三章 贫困县产业可持续竞争力的影响因素模型

　　用模型分析经济现象，可以比较清晰地表达各种变量之间的关系，揭示经济现象的内在联系，因此，本书准备结合贫困县产业发展的现状，以波特的"钻石模型"和中国人民大学的竞争力分析模型为基础，构建一个贫困县产业可持续竞争力的影响因素模型，以准确把握其关键的影响和表征因素，分析这些影响因素对可持续竞争力的作用机理，研究各因素之间的内在关联，从而为提出科学的战略对策寻找着力点。

　　笔者认为，要提升贫困县产业的可持续竞争力，本质是提高其产业的比较生产力，降低对生态环境的破坏力，实现市场竞争优势的可持续和资源环境承载的可持续。根据国内外学者提出的产业竞争力分析模型，我们不难看出，产业竞争力作为一个整体系统，受经济、社会等多个领域的多种因素影响，本书准备从核心因素、动力因素和支持因素三个层面展开分析。

第一节　核心因素：结构优化力

产业竞争力的实质是产业生产力的比较。生产力系统中，各生产要素的相互组合往往以结构的形式体现出来。生产要素的有效组合在产业部门之间表现为产业结构优化，在产业内部表现为产业组织结构优化，在产业的空间结构上表现为产业空间集聚发展。因此，笔者认为，通过结构的不断优化，实现生产要素的高效组合配置，是提高产业市场竞争力和资源生态承载力的核心因素，结构优化力是产业可持续竞争力的核心组成部分。具体说来，结构优化力主要包括产业结构优化力、产业组织结构优化力和产业空间结构优化力三个方面。对于贫困县来说，产业结构优化力突出表现为特色优势产业培育能力，以发挥资源比较优势，实现产业合理定位；产业组织结构优化力突出表现为骨干企业成长能力，以获得内部规模经济，增强微观企业的竞争能力；产业空间结构优化力突出表现为产业的集群发展能力，以获得外部规模经济和范围经济，增强中小企业的群体竞争优势。

一、产业结构优化：特色优势产业培育能力

区域产业结构是指在一定经济空间内，各产业部门之间的比例构成和它们之间的相互依存、相互制约的联系。从量的层面看，产业结构是各产业之间以及产业内部各行业之间的量的比例关系；从质的层面看，产业结构体现为各产业部门之间的关联协调方式和高度化水平。产业结构中各产业相互制约、相互联系，形成产业系统的整体能力。产业结构优化力是指通过推动产业结

构的优化升级，优化区域资源配置，从而增强产业竞争优势，实现可持续发展的能力。

1. 产业结构优化力的作用机理

关于产业结构优化对经济发展的贡献，理论界的探讨由来已久。20 世纪 60 年代，在产业结构与经济增长的关系争论中，美国经济学家罗斯托与库兹涅茨的意见相左，提出现代经济增长本质上是一个部门的过程，离开了部门分析，无法解释增长为什么会发生。他指出："一个或几个新的制造业部门的迅速增长是经济发展的强有力的、核心的引擎。这种部门的成长，因为带有高生产率的生产函数，会发生出各种扩散效应，最终会引出新的主导部门的出现，从而使经济增长产生飞跃。"[①] 20 世纪 80 年代，随着发展经济学对发展中国家经济发展实证研究的深入，经济学家钱纳里和赛尔奎因等认为："把发展中国家的增长过程理解为经济结构全面转变的一个组成部门最恰如其分。"经济总量的高增长率常常产生于经济结构的高变动率。[②]

事实表明，产业结构在很大程度上决定了稀缺资源的配置效果，从而在很大程度上决定区域经济增长质量和速度，决定了区域竞争优势。由于各产业劳动生产率有着较大的差异，因此，产业结构的合理变动与调整的过程，实际上也就是产业劳动生产率重新分化与组合的过程，而各产业的收缩与扩张过程恰好是强化专业化与分工的过程，所有这一切必然会促进竞争力的提升而强有力的拉动经济增长。根据钱纳里等人的研究，伴随着社会分工程度的加深，生产的专业化程度乃至产业链条的长度都会不断提

---

① ［美］罗斯托主编：《从起飞进入持续增长的经济学》，四川人民出版社 1988 年版，第 6—7 页。

② ［美］钱纳里、赛尔奎因等：《工业化和经济增长的比较研究》，上海人民出版社 1995 年版，第 56 页。

高和扩展。在这一过程中，哪个国家或地区率先促进了社会分工并占据产业链条的高端，其产业的发展水平、生产效率也就越高，从而具有较高的竞争优胜。因此，不同国家或地区的产业结构不仅可以反映出产业结构成长的阶段性，也能够体现出各国产业竞争力的差异，产业结构优化力是产业可持续竞争力的重要影响和表征因素。

2. 贫困县产业结构优化力的导向：培育特色优势产业，打造产业核心竞争力，并不断推动产业结构高度化、可持续化

（1）培育特色优势产业，打造产业核心竞争力。贫困县区域资源有限，必须优先发展具有比较优势和相对竞争优势的特色产业，形成具有鲜明地域性、不可替代性的关联产业群，从而达到提高资源利用效率，获得特色竞争力和核心竞争力的目的。培育特色优势产业，对于贫困县提高产业可持续竞争力具有较强的促进作用：

一是有利于形成"人无我有，人有我优"的差异化竞争优势。特色经济的本质要求是"人无我有，人有我优"，因此，发展特色产业有利于发挥区域比较优势，依托资源和要素禀赋的差异，实现产品和产业市场定位的差异，促进资源的深度开发和综合开发，增强差异化竞争优势。

二是有利于提高单个产业的规模化、专业化发展水平，增强规模竞争优势。发展特色优势产业，一方面可以通过确立区域特色产品，在"一村一品"、"一乡一品"的活动中，通过大户带小户，多户带一村，一村连多村，逐步形成一乡一业，一县一业的格局，形成规模竞争的优势。同时，特色产品的规模经营又会促进产业链条的分工协作和对外延伸，如依托特色农产品的区域发展，可以形成"公司＋基地＋农户"的农业产业化经营链条，提高专业化、社会化发展水平，提高关联产业体系的整体竞争

优势。

三是有利于打造区域品牌，增强产业的市场开拓优势。特色产业发展有利于依托区域规模经营、专业化经营，打造区域品牌。品牌是开拓市场的通行证，是产品质量和知名度的凝结。没有品牌的企业是缺乏竞争力的企业，是缺乏活力和后劲的企业。贫困县中小企业自身缺乏品牌开拓能力，但借助特色经济这一区域品牌，有利于形成商品销售优势，促进专业化生产和营销，扩大市场需求。

（2）推动产业结构高度化。所谓产业结构高度化是指产业发展类型和层次由低级向高级逐步演进，从而提高要素生产率，更高地满足社会发展需求的过程。产业结构高度化一般包括三个方面的内容：一是三次产业由第一产业占优势比重逐步向第二、三产业占优势比重演进；二是产业类型由劳动密集型占优势比重逐步向资金密集型、技术密集型占优势比重演进；三是工业结构由轻工业占优势比重向重工业占优势比重，由低加工度产业占优势比重逐步向高加工度产业占优势比重演进。产业结构高度化总是以新技术的发明和应用作为基础，以创新为基本动力，对于产业发展质量的改善和区域产业竞争力的提高起到很大作用。

产业结构的高度化对产业竞争力的提升作用是显而易见的：一是从技术水平看，产业结构高度化意味着产业整体技术水平较高，而高技术水平对产业市场竞争力和可持续发展能力都具有决定性影响；二是产业结构高度化意味以工业特别是服务业为主的产业结构，通过服务业与工业的相互渗透、融合、改造升级，有利于提升彼此的竞争力；三是产业结构高级化意味着产业发展对原材料、劳动力等一般意义上的资源依赖性大大降低，因此，通过生产要素的流动，在产业要素的获得上遇到的障碍会减少。

产业结构高度化本质上并不是指某些部门比例的上升或下

降，而是指技术的集约化，即采用先进技术的部门在数量和比例上增加。只有具有高增长、高创新和高关联性的主导产业的更迭，才能提高整个产业的技术集约化程度，导致产业结构向高度化方向演进。可见，以创新为核心的特色主导产业的培育和更替是产业结构高度化的作用机制。

（3）推动产业结构可持续化。所谓产业结构的可持续化是指在产业发展中推广可持续发展模式，从而达到充分利用资源、减少废弃物、循环利用物质、消除对环境破坏的目的。产业可持续发展要求追求产业发展质量的提高，强调产业发展方式必须与环境的承载力相协调。因此，在产业结构的调整过程中，加快低消耗、低污染和高效益产业的发展，能有效增强贫困县产业的可持续发展能力。

二、产业组织结构优化：骨干企业成长能力

产业是由一群生产同类或有替代关系的企业组成的，产业组织结构是指某一产业内各企业间的相互关系。合理的产业组织结构使企业在保持市场竞争活力的同时，充分利用规模经济，是一种有利于资源优化配置的市场秩序。因此，产业组织结构优化力是产业竞争力的重要影响因素和组成部分，它是指一个国家或地区，把生产同类商品或生产具有密切替代关系的商品的企业整合起来，实现资源优化配置，从而增强竞争优势，促进可持续发展的能力。

1. 产业组织结构优化力的作用机理

产业组织状况对区域产业竞争力的影响是一个尚待研究的领域，我们认为合理的产业组织是一种最有利于资源优化配置的市场秩序，其核心是使企业在保持市场竞争活力的同时，充分利用"规模经济"。产业组织优化对产业竞争力的促进功能至少表现在三个方面：

第一，合理的产业组织有利于推动产业结构的高度化发展。因为产业结构高度化的发展过程是生产要素不断向高度化产业流动的过程，这是通过许多企业的扩张、兼并、破产、转产等改变经营结构的结果，是产业组织不断重组的结果。

第二，合理的产业组织有利于推动产业的有效竞争，从而为企业提供适当的竞争压力和动力，使其不断进行技术创新，改进产品和工艺流程，降低生产成本和交易成本，增强产业的竞争力。

第三，合理的产业组织有利于企业充分利用规模经济，从而在要素获得、技术研发、产品销售等方面获得市场竞争的规模优势，增强企业的竞争力。

2. 贫困县产业组织结构优化力的导向：增强骨干企业的成长能力

关于企业成长能力从不同层面研究具有不同内涵：从狭义上看，是指企业规模扩大的过程。日本经济学家清水龙莹教授认为：企业成长就是在"许多约束条件下经过较长的时间企业规模扩大的过程。"[①] 从广义上看，既包括企业素质的提高，也包括企业规模的扩大。国内学者陈佳贵[②]认为：企业成长是指企业"量变"和"质变"的动态过程，既包括企业生产线、职工人数、产品种类、销售收入、地区分布等量的扩张，也包括采用先进工艺、引进先进技术和设备、改善管理手段和方法、提高职工技术业务水平等质的提高。

---

① 转引自刘国光主编：《中小企业成长》，民主与建设出版社 2001 年版，第 19 页。

② 陈佳贵：《企业经济学》，经济科学出版社 1998 年版，第 277 页。

我国贫困县产业组织结构存在的突出矛盾是企业的规模偏小、成长能力和竞争能力偏弱。如农业生产中，以分散家庭经营为基础的农户经济仍占主导地位，农业企业规模小；在工业发展中，由于国有、集体企业改制缓慢、效益低下，民营经济发展滞后，中小企业成为工业组织的微观主体。因此，能否有效优化企业组织结构，提高骨干企业的培育能力，直接关系到贫困县产业能否获得内部规模经济，增强竞争优势。突出表现为：

（1）骨干企业的成长，有利于推动产业结构高度化。产业结构的高度化是生产要素不断向高度化产业流动的过程，它是通过微观企业的扩张、兼并、破产、转产等经营结构转变的结果。成长性强的骨干企业可以凭借自身规模经济、范围经济和创新优势，不断提高要素配置效率，促进要素向高级产业延伸扩张，从而推动区域产业结构的优化升级。

（2）骨干企业的成长，有利于强化专业化分工和协作。成长性强的骨干企业作为一种有效的企业组织体，具有大规模生产方式和资金、人才等资源优势，在产业组织中发挥核心和龙头作用。而面对骨干企业的竞争压力，中小企业会被迫适应社会分工和专业化要求，寻找自身发展定位，或发挥拾遗补缺的作用，积极为大企业搞好配套协作，从而推动产业内部企业间分工协作网络的形成，提高资源配置效益。

（3）骨干企业的成长，有利于增强企业竞争力，为产业竞争优势奠定微观基础。伴随着骨干企业的规模扩张，企业可以实现资产总量和市场占有率的提高，从而在要素获得、产品销售等方面获得生产成本和交易成本降低优势；伴随着骨干企业技术素质和管理素质的提高，企业可以增强专业化生产和经营能力，从而获得差异化竞争优势。而企业竞争力的提升，必然推动所在产业的竞争力提升。

三、产业空间结构优化：产业集群发展能力

所谓产业集群发展力是指一个地区通过推动关联企业和机构的空间集聚，加快产业集群的形成和演进，获得规模经济和范围经济，从而增强产业竞争优势，促进可持续发展的能力和素质。区域产业发展水平在很大程度上取决于经济集聚的空间模式，在生产力要素的流动和组合中，通过产业要素的空间集聚配置，可以获得聚集效应或外部规模效应，实现要素的高效组合，增强产业竞争力。

20 世纪中后期以来，产业集群作为一种高级的空间组织形式，日益成为增强区域产业竞争力的重要路径。关于产业集群的概念，最早源自 19 世纪英国经济学家马歇尔（A·Marshall），他在《经济学原理》中把专业化中小企业聚集的地区称为"产业区"（industrial district）。美国哈佛大学的管理学家迈克尔·波特首次明确提出集群概念，指出产业集群（cluster）是在某一特定领域中（通常以一个主导产业为核心），大量产业关联密切的企业以及相关支撑机构在空间上集聚，并形成强劲、持续竞争优势的现象。①

从国内学者的研究看，仇保兴在《小企业集群》一书中对产业集群做了如下定义：（1）由一群独立自主但相互之间又有着特定关系的小企业组成；（2）在这种特定关系中隐含着专业化分工和协作现象；（3）集群中存在企业间的互补与竞争关系；（4）用信任与承诺等人文因素来维持集群的运行并使集群在面对外来竞争时，拥有其独特的竞争优势。王缉慈则认为产业集群一般是以中小企业为主的地方生产系统，具有如下特征：企业的

---

① ［美］迈克尔·波特：《国家竞争优势》，华夏出版社 2002 年版，第 2 页。

空间集聚和部门集中；地方经济主体之间有社会文化联系，产生共同的行为准则；物品、服务、信息和人员基于贸易和非贸易的关系相互依赖；有支持众多企业的公共机构或经营机构。

产业集群作为一种高级的产业组织和空间布局形式，具有自身的特点：一是空间聚集性。集群内不仅有众多位于价值链上下游的企业，而且还有很多辅助性企业和支持性公共机构或私营机构，这些企业和机构在特定的地域空间范围内集聚。二是产业分工协作性。集群内各关联企业和机构之间存在广泛的专业化分工协作关系，形成集体效率。那些仅仅在空间上形成了"扎堆"形象的企业集合不是真正意义上的集群。三是社会根植性。集群内企业之间拥有共同的社会文化和制度背景，结成了特定的网络关系和结构。可见，产业集群是一个类似于生物有机体系统的产业群落，在集群内部相互联系的企业或机构通过价值链和各种联系渠道，既有竞争又有合作，既有分工又有协作，彼此间形成一种互动行动关联。因此，它具有的群体竞争优势和集聚规模效益是其他产业空间组织难以相比的，通过要素之间和产业链条之间的整合，建立以专业化分工网络为基础的产业集聚，能增强地区产业发展的核心竞争能力。

1. 产业集群发展力的作用机理

关于产业集群竞争优势的形成机理国内外学者进行了广泛的研究。比较有代表性的是马歇尔（1991）的外部经济理论、韦伯（1997）的集聚经济理论，和克鲁格曼（2000）的规模报酬递增理论。马歇尔把经济规模划分为两类：一是外部规模经济，取决于产业的地区性集中度；二是内部规模经济，取决于单个企业的规模和资源、组织、管理效率。他发现外部规模经济与产业集群之间具有密切的关系，外部规模经济主要体现在三个方面：具有共享的专用性劳动力市场、生产专业化而便利取得中间产品；技术与信息的外溢等。韦伯则从企业的区位选择角度，阐明了集聚效应。他认为产业集群有利于推动技术设备的发展、劳动力组织的发展、市场规模的扩张和基础设施的建设，降低企业的生产和交易成本。克鲁格曼从新经济地理学的角度为产业集群的运行机理提供了解释，他认为产业集聚是企业的规模报酬递增、运输成本和生产要素转移成本降低而产生的。波特把产业集群理论推向了新的高峰，他从组织变革、价值链、经济效率和柔性生产方面重新审视了集群创造的竞争优势。他提出形成产业集群的区域往往从三个方面影响竞争：一是提高了该区域企业的生产率；二是指明了创新方向、提高了创新速率；三是促进了新企业的建立，从而不断扩大和加强集群本身。

我国学者则把产业集群的竞争优势归纳为地域分工、外部经济、合作效率和技术创新与扩散等综合作用。[①] 如吴宣恭（2002）将集群的竞争优势概况为资源优势、成本优势、创新优势、市场优势和扩张优势；王缉慈（2001）等将集群的竞争优势归纳为直接经济要素的低成本、产品差异化、区域营销和市场议价能力优势以及非直接经济要素的区域创新系统优势和社会资本优势；魏守华（2002）概括集群的竞争优势来源于生产成本优势、区域营销优势、国内和国际市场竞争四个要素。

对于贫困县来说，提高企业发展的空间集聚性，进而推动产业集群的形成和发育，对提升产业可持续竞争力具有重要的促进作用：

（1）有利于获得集聚经济效应，降低产业的生产成本和交易成本。产业集群通过大量相关企业在特定地域的集中，能够产

---

① 魏守华：《集群竞争力的动力机制以及实证分析》，载《中国工业经济》，2002（10）。

生强大的集聚经济效益和外部规模效益,如共享各种要素市场,降低要素成本;推动政府增加基础设施的投资,降低设施成本;辅助企业的空间临近,减少能源和原料损耗、缩短原料和产品运输距离,节约生产和运输成本;共享专业市场和营销网络,增加互通情报、了解信任的机会,减少信息搜寻和交易成本,等等。

(2)有利于获得分工协作效应,提高产业的专业化生产效率。产业集群内部存在密切而灵活的专业化分工协作关系,拥有社会化的市场组织网络或地方产业配套体系。通过这种分工协作体系,企业能专注于某一产业环节的运营,提高资产的专用性,培植核心竞争力,同时通过关联企业与相关服务机构的合作,实现内部规模经济和外部群聚效益的有机结合。

(3)有利于获得创新激励和扩散效应,增强产业创新能力。由于区位接近,经济联系频繁、信息交流便捷,企业之间通过相互模仿和学习,有利于新思想、新技术、新知识特别是隐含经验类知识的迅速传播扩散,增强中小企业的模仿创新能力。此外,由于科研机构、培训教育机构、技术研发机构、行业协会的存在,为企业创新提供了有力的公共服务支撑,有利于增强中小企业的合作创新能力。

(4)有利于获得区域品牌效应,增强市场开拓能力。实现产业的集群发展,由于产业领域比较集中,市场份额和知名度较高,容易形成区域的特色品牌。对于贫困县来说,由于企业规模偏小,没有足够的实力培育自己的品牌,但通过集聚发展,共享销售机构和共同的专业市场,可以有效降低交易成本,增强市场开拓能力。而且,区域品牌也有利于提升整个区域的形象,为招商引资和未来发展创造有利条件。

(5)有利于获得自强化效应,促进新企业的不断衍生。产业集群拥有创业优势,正如波特所说,"在有集群的地区经常很容易得到所需要的资本、技术、劳动力，把这些组合起来就可以组成一个新的企业"。良好的创新氛围、完善的地方配套体系，使企业进入和衍生的成本降低，盈利机会增加，从而使集群在吸引和衍生新企业方面具有竞争优势。特别是以劳动密集型产业和非公有制经济组织为主体的中小企业集群，由于市场准入门槛较低，企业很容易根据自身资源找到投资方向和发展空间，同大企业一起获取产业区规模经济和范围经济，而新企业的不断进入又可以形成自我强化机制，使产业集群保持长久的竞争活力。

2. 贫困县产业集群发展力的导向：培育特色中小企业集群

对于企业规模偏小、竞争力和创新能力偏弱的贫困县来说，优化产业空间布局，加快特色中小企业集群的形成，可以有效获得集聚经济和外部规模经济，增强产业的竞争优势。我国正进入一个地点和优惠政策的重要性明显下降，产业配套条件的重要性显著提高的阶段，贫困县加快特色中小企业集群的培育，有利于打造产业配套链条优势，增强招商引资的吸引力。同时，加快培育特色中小企业集群，还有利于增强产业的可持续发展能力，如集群企业的空间集中和产业同构性，有利于集中建设治污工程，提高治污效率，降低治污成本，而且，上下游企业之间的细密分工与合作，有利于副产品的循环利用，提高资源的循环利用水平。

从实践上看，特色中小企业集群也确实成为县域产业构筑区域竞争优势的有效途径。如浙江的块状经济和广东的专业镇，之所以表现出强大的竞争能力和发展活力，主要得益于中小企业的集群化发展。

第二节 动力因素：产业创新力

自从英国经济学家熊彼特对创新理论做出开拓性贡献以来，关于创新的研究一直引起经济学家们的浓厚兴趣。创新理论认为创新是企业竞争优势的来源，是产业发展最根本的内在动力，在当今不断加速的竞争节奏中，竞争优势不但来自成本、资源状况，更重要的是产业的创新能力，它是推动产业可持续竞争力提升的直接力量和持续力量。所谓产业创新能力，是指通过加快与产业发展相关联的技术创新、制度创新步伐，促进产业要素的优化整合，提高经济资源的配置效率，在产业发展中形成良好的激励与约束环境，从而增强产业竞争优势，并降低资源环境破坏度的能力和素质。具体说来，产业创新能力主要包括产业技术创新力和产业制度创新力两个层面。

一、产业技术创新力

在产业创新能力中，最重要的是产业的技术创新能力。随着知识和技术在生产力各要素中发挥出更为重要的作用，产业发展对原材料、能源、一般劳动力等初级生产要素依赖性大大降低，而对科技创新的依赖程度越来越高，知识和技术能否在生产力系统中得到快速的创新、传播、转移、扩散，对产业生产力的发展水平起着至关重要的影响。以熊彼特为代表的技术创新理论认为，由企业家主导的创新活动，将给企业带来新的竞争优势。而且，在激烈的、动态的市场竞争中，由于竞争对手的模仿、消费者偏向的改变或政府政策的改变等原因，企业拥有的一项或几项创新不可能保持竞争优势的持久性，随着时间的推移，企业竞争优势存在从形成、维持到侵蚀的周期过程，因此，要获得持久的竞争优势，企业必须不断进行创新，并伴随示范效应的发挥，使整个产业的创新能力不断增强。[1] 美国竞争力委员会也分析指出，在决定谁将在全球竞争市场上取得成功的各种因素中，技术创新能力起着主导的、甚至是决定性的作用。笔者认为，技术创新对产业可持续竞争力的提升具有重要的促进功能：

1. 有利于提升产业比较优势的层次

不同区域产业的生产要素禀赋不尽相同，比较优势的表现形式也存在层次性。一般来讲，初级生产要素带来的生产成本优势属于低层次比较优势，通过原材料、劳动力、土地等初级生产要素的低价格来降低生产成本，获得竞争优势。但是依赖"拼资源"取得竞争力是无法延续的，随着自然资源、劳动力资源在成本优势中的重要性下降，特别是全球化背景下，生产要素的可流动性增强，竞争对手很容易通过市场流动寻找到新的廉价的生产环境和资源来复制这种比较优势。因此，一个地区要建立强大而可持续的竞争优势，必须努力积累高级生产要素，提升比较优势的层次，而技术创新是一条重要途径。

2. 有利于提高产业要素的配置效率

提高要素生产率、降低成本是企业进行技术创新的首要动力，具有低成本产品的企业能不断扩展市场份额，获得竞争优势。而单个企业的技术创新又会通过技术扩散，对整个行业的技术层次和产品生产成本、销售价格产生影响。随着率先采用新技术的企业获得超额利润，其他企业通过模仿逐步采用新技术，最终导致生产在新的、更低的生产成本上达到均衡。

---

① 金碚：《竞争力经济学》，广东经济出版社 2003 年版，第 460—461 页。

3. 有利于提高产品的差异性，满足多样化需求

创新的实质在于开发要素组合的新过程和新方式，因此，创新不仅要提高要素的配置效率、降低成本，更注重创造新的产品和工艺。从市场需求看，目前对大多数产业和产品来说，市场和消费客户都日趋成熟，逐步出现需求多样化和个性化的态势，为了适应这种需求的变化，企业必须不断加强技术创新，更新产品的特色，设计出有差异化的独特产品，以提高自身的竞争层次，而这始终以产业的技术创新作为动力和支撑。

4. 有利于改造传统产业，催生新兴产业和绿色产业

技术创新可以推动新兴产业的产生，实现传统产业部门的改造升级，使产业结构不断朝着高端化趋势发展。比如 20 世纪 60 年代以来，以减少环境污染、节能降耗为目标的绿色技术创新，对于推动能源节约型、清洁生产型产业的迅速发展，减少传统工农产业的污染物排放，延长传统产业的生命周期，提高产业的加工度、附加值等方面，都发挥着重要的促进作用，[①] 推动了区域产业的可持续发展。

5. 有利于发挥后发优势，实现产业发展和竞争力水平的赶超

对于贫困县来说，通过承接技术扩散和外溢效益，可以学习别人的先进技术，发挥后发优势，打造竞争优势。技术外溢产生的"外部经济"和"后发优势"，有利于缩小贫困地区与发达地区的技术差距和竞争力差距。

二、产业制度创新力

制度创新是经济增长的内生变量，是人类社会发展的基本动

---

① 周亚：《产业竞争力：理论创新与上海实践》，上海社会科学院出版社 2007 年版，第 128 页。

力。马克思对制度与经济发展的关系作了开创性的研究，在马克思的分析中，制度对经济发展的重要性集中体现在生产关系能否与生产力的发展水平保持一致上。以诺斯为代表的新制度经济学家强调一种能够提供适当个人激励的有效制度是经济增长的决定因素，从产业发展的角度看，合理的制度可以引导经济主体朝好的行为方向发展，从而带来产业体系运行的顺畅、稳定。我国东南沿海发达地区产业竞争力的增强和领先地位获得，与市场经济制度创新的率先推进紧密相关。

所谓制度创新是指改进现有的制度安排或引入一种全新的制度，以降低生产力要素配置的成本，提高合理性的活动。通过制度创新营造促进技术进步和经济潜能发挥的环境，可以实现产业竞争力的有效提升，具体说来：

第一，制度创新有利于扩大资源的供给。有效的制度能够创造宽松的产业发展环境，提供旧制度所无法获得的潜在效益，从而促进资源向增加收益的产业和地区流动。发达地区之所以具有较强的要素吸引能力，是因为通过制定和变革相关产业制度，可以有效引导经济主体行为的合理化，提高要素的配置效率和收益率。

第二，制度创新有利于促进技术创新。利润的吸引力和市场机制的鞭策力是技术创新的根本动力，而技术创新受阻的主要原因往往是诱因的产生渠道被堵塞，这就需要通过组织规则的制度创新来突破。创新的制度是技术创新的保障。在技术创新体系中，发挥人力资本功能、开拓市场、完善企业组织、塑造区域创新环境等，都离不开有效的制度激励。正如吴敬琏所说，全方位、系统化的创新政策是促进技术创新的有力保障。具体说来，制度创新对技术创新的贡献主要表现在以下两个方面：一是制度创新可以极大地调动技术创新主体从事技术创新的积极性，并解决技术创新者享受技术创新成果的权利和社会保证问题。对此，诺斯和托马斯曾做过精辟的阐述，当存在的是资源的公共产权时，对于获得高水平的技术和知识几乎就没有激励。相形之下，排他性的产权将激励所有者去提高效率和生产率；或者，在更根本的意义上讲，去获得更多的知识和新技术。[①] 二是完善技术创新的机制和环境。突出表现为宏观经济政策、收入分配制度等层次的制度创新具有广泛的社会影响，可以形成一系列有利于技术创新的社会机制，宽松的、充满竞争又充满机会的环境，为技术创新者发挥最大潜能创造了条件。

第三，制度创新有利于促进产业要素的优化整合，经济资源的合理配置，提高要素生产率，在经济体系中形成良好的激励与约束制度环境，从而提高产业发展的效益和竞争力。

在制度创新过程中，制度涉及的范围非常广泛，其中与产业竞争力提升有密切关系的主要包括产权制度、企业制度、专利制度、市场制度、金融政策、投资与贸易政策、产业政策、科技发展政策、财政与税收政策、教育与培训政策，等等，其中产权制度、企业制度、专利制度、市场制度等基本制度的变迁是一个长期的过程，涉及企业、社会中介组织和行业组织、各级政府等多个创新主体。而金融政策、投资与贸易政策、产业政策、科技发展政策、财政与税收政策、教育培训政策等制度安排，则与经济和产业发展的阶段性紧密相关，政府可以进行灵活的设计和调整，具有"弹性"。[②]对于贫困县来说，体制转轨和制度变革的滞后，已经成为制约区域企业成长、产业发展和竞争力提升的重要

[①] 转引自赵玉林：《创新经济学》，中国经济出版社2006年版，第286页。

[②] 周亚：《产业竞争力：理论创新与上海实践》，上海社会科学院出版社2007年版，第194页。

因素，企业、行业组织、各级政府等微观、中观和宏观主体，必须围绕产业发展和可持续竞争力提升这一主线，进行相关的制度安排和不断创新，以增强区域产业对要素的凝聚和配置能力，增强对区域企业成长和创新的扶持能力。

第三节　支撑因素：环境打造力

产业的外部环境对产业的长期成长和发展起着重要的支撑功能，区域产业的生存、发展需要从外部系统获得源源不断的能量支持，包括获得必要的生产要素、便利的市场体系、有力的政府扶持和高承载度的生态环境，等等。因此，对于贫困县的产业发展来说，生产要素凝聚力、市场机制完善力、政府功能优化力和生态环境承载力的强弱，对产业可持续竞争力的提升具有重要意义。

一、生产要素凝聚力

所谓生产要素凝聚力是通过生产要素的积累、吸引和结构改善，为产业发展提供微观基础，增强其市场竞争优势，实现可持续发展的能力和素质。区域拥有的自然资源、资金、技术和人才等生产要素，是其产业形成、发展的基础性驱动因素。比较优势理论明确指出，不同区域的要素资源禀赋不同，直接影响产品的生产成本，从而对其市场竞争能力的大小产生影响。如丰富的劳动力供给是区域劳动密集型产业发展的基本条件，矿藏资源的富存可以直接带动矿产开采和加工业的发展，使其成为区域优势产业，而充足的资金、人才、技术则对所有产业的发展速度和结构升级起着直接的影响，这些流动性、高级生产要素在区域产业间的配置和转移，决定了区域产业发展的现状和演变方向。因此，区域之间生产要素的禀赋变化决定着区域比较优势转化为竞争优势的能力。贫困县由于要素积累能力弱、资本和人才外流现象突出，产业发展的要素持续投入能力低下。因此，对于贫困县来说，如何增强对生产要素特别是高级生产要素的积累能力和凝聚能力，是提高产业可持续竞争力的关键支撑因素之一。

关于生产要素的构成，理论界有不同的划分。我们这里将产业要素分为初级生产要素和高级生产要素两大类。其中，初级生产要素主要包括自然资源、地理区位等非流动要素，它构成了产业发展的自然差异，决定了产业发展的原生竞争力。这是因为，地理区位的优劣，自然资源的禀赋，直接影响区域产业发展的生产费用和交易成本，影响到区域对其他流动性要素的凝聚能力。特别是对以农业、矿产开采和加工业等初级产业为主体的贫困县来说，土地、矿产和劳动力资源的成本高低、丰裕度如何直接决定了它们是否具有天然的成本优势。但是随着产业竞争的演进，初级要素对竞争力的影响越来越弱，资本、人才、技术等高级生产要素对产业竞争力的强弱发挥着越来越重要的影响作用，它们决定了产业竞争优势的层次和可持续能力，越来越成为不同区域和产业争夺的主要对象。

从我国百强县推动产业发展的要素源泉看，都实现了内源和外源两大途径的有机结合，即既注重内部资源积累，又注重外部资源引进。对于贫困县来说，由于自我积累能力低下，必须走"内源外源相结合，以外源推动为主"的科学路径，在积极优化内部要素的基础上，跳出本区域自然资源禀赋的限制，在更大空间和范围内寻求资源优势，增强对外部高级要素的凝聚和控制能力，并将这些新获取资源与区域内原有的资源禀赋有机结合，打破产业发展的要素瓶颈，并提高要素的利用效率，从而获取区域产业竞争的能力。

二、市场机制完善力

市场经济体制是指能够持续保证市场在国家宏观调控下对资源配置起基础性作用的各种制度的总和。完善区域市场经济体制，对于一个区域在争夺要素、争夺市场、进行资源优化配置等方面起着持续性的制度调节和保障功能。特别是我国目前仍处于向市场经济体制转轨时期，市场经济体制的完善能力已经成为区域综合竞争力的重要组成部分，而且是具有基础性、持续性、动力性的"晶核"部分。区域经济差距的一个深层次原因在于体制的差距，谁在市场经济体制方面赢得新优势，谁就能在更大范围内、以更高效率配置资源，从而在区域产业竞争中占据主动，夺得先机。从我国区域产业发展的沿革看，我国沿海发达地区产业竞争力的增强和持续获得，与市场经济体制的持续完善具有紧密相关的内在联系。市场经体制完善能力是区域产业发展的"加速器"，是决定产业可持续竞争力强弱的攸关一环。

从各国（地区）市场经济体制建设的基本内容考察，完善的市场经济体制对产业可持续竞争力的提升具有重要的促进作用。主要表现为：（1）有利于培育产权明晰、自主经营、自负盈亏的微观市场主体，为产业发展和参与市场竞争提供微观基础。（2）有利于推动商品市场和要素市场发育，健全各级市场体系，为区域产业获得要素、销售产品提供载体和平台。（3）有利于完善市场竞争、市场交易等关联制度，为区域产业竞争提供规范的市场秩序和制度框架。（4）有利于建立符合市场规律，进行合理干预的政府调控体系，为企业发展提供充分的自主权，创造宽松、有序的竞争环境。

因此，对于贫困县来说，应不断深化市场经济体制改革，完善市场体系，培育市场组织，提高市场对资源的支配程度、市场主体决策的自主度、市场运行的规范化程度，为产业要素获得和产品销售提供流畅、便利的市场环境。如河北省国家扶贫开发工作重点县——涉县围绕花椒产业建立了年交易额 600 万的专业交易市场，吸引附近山西顺平等县到这来交易，有力带动了花椒产业的规模扩张和产业结构调整。

三、政府功能优化力

各级政府在区域产业生存、发展中扮演着非常重要的角色，迈克尔·波特的"钻石模型"认为，一个国家的产业竞争优势，受生产要素、需求条件、相关支撑产业、企业战略与结构，以及机遇和政府六大因素的影响，政府的公共产品供给和产业政策合理与否对产业竞争力的提升发挥着重要的影响。世界经济论坛也提出政府效率以及作用的发挥，很大程度上决定一个国家或地区竞争力的强弱。因此，贫困县必须进一步优化政府功能，发挥其引导和扶持作用。这主要因为：

首先，地方政府已经成为区域产业竞争的主体之一。从我国体制转轨的现状和趋势看，放权让利的经济体制改革和"分灶吃饭"的财政体制改革打破了计划体制下的利益分配格局，地方政府成为一级相对独立的利益主体、重要的经济发展主体和调控主体。因此，地方政府作为区域利益的代表，为实现政绩最大化，必然会最大限度保护本地区的企业、产业，通过影响区域要素环境、市场环境、政策环境和基础设施环境等途径，增强本地企业和产业的市场竞争优势。

其次，政府的扶贫开发功能，有利于缩小区域公共产品供给差距。加大对贫困落后地区的扶持是各国政府的突出功能。上级政府通过实施开发式扶贫、救助式扶贫、保障式扶贫等战略，可以有效改善贫困地区的产业发展环境，引导生产要素和企业项目向贫困地区流动，从而提高贫困县产业的市场竞争力和风险应对能力，并带动贫困地区的人口增收、财力扩张，缩小区域发展差距。

第三，政府功能优化有利于营造高效的制度环境。世界各国和各地区产业发展的实践证明，制度安排、变迁和创新，直接关系到一个国家或地区产业竞争力和经济效率的提升。如我国东南沿海发达地区制度创新中经济发展的经验突出地表明了地方政府的作用。在体制转轨时期，为了捕捉潜在的产业发展空间，贫困县政府可以通过加快制度创新步伐，培育现代产权制度、企业制度、市场制度，并出台财政、税收、信贷、投资、科技、土地、产业布局等优化政策，增强对要素的吸引力，增强特色产业的培育和升级能力。

四、生态环境承载力

产业竞争力与产业可持续竞争力是两个不同的概念，以往传统的产业竞争力理论和模型仅从市场竞争本身进行考虑，而产业可持续竞争力不仅要提升产业的市场竞争力，还要保持产业的可持续发展能力。随着工业化的推进和人口的增长，资源、环境成为产业发展过程中日益强化的外部约束因素，特别是对于生态环境原本脆弱、生态功能外部负效应明显的贫困县来说，如果局限于从竞争和产业的视角考虑提升本地区的产业竞争力，则有可能加剧原本紧张的资源环境形势，使产业发展和竞争力提升缺乏可持续性。因此，必须对传统的产业竞争力方式进行反思，从更广阔的视角，将产业发展的生态环境承载力纳入分析范围。

区域产业发展依赖区域自然生态系统的支持，与区域资源和生态环境密不可分，它需要从环境中获取资源，将资源加工成各种生产资料和生活资料，并在生产和消费过程中将排放物返还给环境。区域产业发展与生态环境系统之间存在相互影响、相互制约的关系：当产业发展建立在生态环境承载力的基础上时，产业的持续稳定发展有利于优化生态环境；相反，当产业发展突破或破坏了生态环境的可持续力时，产业的高速发展会导致生态环境的破坏，这最终又会反过来制约产业的进一步发展，形成产业发展和生态破坏的恶性循环。

因此，对于贫困县来说，必须进一步拓展资源观，树立生态环境也是资源的观念，重视和重新评估生态系统对区域产业发展的重要价值，实现资源的深度开发和综合利用，避免过度消耗，消除导致生态系统功能失调和环境恶化的因素，使生态系统平衡发展，良性循环，让区域产业具有可持续竞争力。

第四节　影响因素的关联分析与模型构建

综上所述，笔者认为，产业可持续竞争力的影响因素可划分为三个层面：核心因素、动力因素和支撑因素，其关键影响因素的构成如下：

而且，值得注意的是，产业可持续竞争力的各构成因素之间不是彼此割裂、互不影响的。核心因素之间，核心因素与动力因素之间，支撑因素与核心因素和动力因素之间都存在相互促进、相互制约的内在关联，它们彼此作用，构成了一个双向影响的动态系统（如图3-2所示），推动产业可持续竞争力的形成变化。

例如，通过分析核心因素和动力因素的内在关联，可以

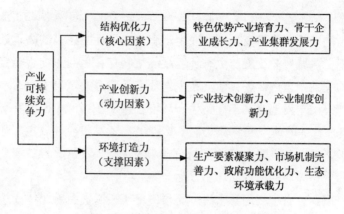

图 3-1　产业可持续竞争力的影响因素

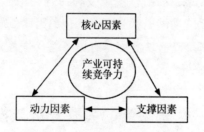

图 3-2　产业可持续竞争力影响
因素之间的关联分析

看出：

1. 产业技术创新与产业结构优化之间存在互动关系

一方面，技术创新直接影响产业结构的高度化进程。一般来讲，技术创新往往会提高传统产业的要素生产率，促进新兴产业的不断涌现，直接带动产业结构高度化。美国经济学家库兹涅茨曾对美国 1880 - 1984 年制造业 38 个行业的变动进行统计分析，发现由于创新速度的差别，产业部门可以划分为低增长部门、高增长部门、潜在高增长部门三大类，这些产业间优势地位的更迭推动了产业结构的演变升级。另一方面，产业结构优化又能够推动产业技术创新的加快，提高先进技术的使用效率，扩大先进技术的使用范围。

2. 产业技术创新与产业集群发展之间存在互动关系

一方面，产业技术创新有利于推动产业的集群化发展，产业的技术水平越高，越要求专业化分工和社会化协作，而专业分工协作是产业集群的形成前提。一个缺乏技术创新力的企业和产业，往往只能采用大而全、小而全的生产模式，是不可能形成产业集群的。另一方面，产业的集群发展构建起关联企业间的合作与分工网络，有利于推动产业技术的合作创新与对外扩散，从而增强企业、产业、区域的创新能力。

3. 支撑因素与动力因素之间，支撑因素与核心因素之间存在相互促进、相互制约的互动关系

如生产要素的质量改善，市场经济体制的完善和政府功能的优化可以为产业的技术创新提供要素和制度保障，产业的技术进步又可以引发资源消耗的下降，增加可替代资源，从而增强产业的生态环境维持力。又如，技术、人才、资本等高级要素的增加，政府扶持的强化，必将推动贫困县产业结构的优化升级，而产业结构的升级又可以伴随着产业的生态化，增强产业发展与资源环境的协调能力，等等。

由此可见，产业可持续竞争力是一个系统整体（如图3-3所示），受产业结构、企业组织、空间布局、产业创新、要素凝聚、市场体系、政府功能、生态环境等多个领域、多种因素的影响，产业可持续竞争力提升的绩效取决于各影响因素之间的配合协调程度，取决于它们整体功能的发挥，任何一个因素发生变化都会引起其他因素的连锁反应，引起整体功能的转换。因此，在提升产业可持续竞争力时，必须把它作为一个整体来看，以促进系统

整体功能的提高和实现良性循环为基本目标，从系统各因素之间相互依赖、相互结合、相互制约的关系中找出整体功能最大化的途径。

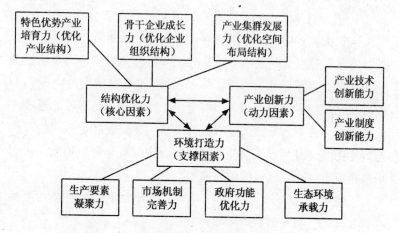

图3-3　产业可持续竞争力的影响因素模型

第四章 提升贫困县产业可持续
竞争力的战略措施

要加快贫困县的产业发展和可持续竞争力提升，必须在明确其关键影响因素的基础上，借鉴其他国家和地区的成功经验，结合贫困县的自身实际，制定出针对性和可操作性较强的对策措施。

第一节 国外扶持落后地区产业发展的经典
模式及启示

无论是发达国家还是发展中国家，都面临着地区经济发展不平衡的问题，为加快贫困地区的产业发展和区域开发，许多国家都采取了灵活多样的战略措施，以推动贫困地区增强自我发展能力，缩小与其他地区的差距，甚至实现赶超。在这方面，国际上有许多成功的经验可供借鉴。

一、国外扶持落后地区产业发展的经典模式

在加快落后地区开发，特别是推动区域产业发展中，各国采取的战略措施各不相同，形成了不同的发展模式，其中，比较经典的模式包括美国的"市场主导模式"、印度的"政府主导模式"和德国的"政策引导模式"。

1. 美国的"市场主导模式"

美国是当今世界上经济最发达的国家，但由于历史、资源禀赋、人力资本和文化教育水平存在差异等原因，美国的西部、南部地区也长期处于落后状态。为此，美国在建国后发动了"西进"运动，并在 20 世纪 30 年代对南部欠发达地区进行了一系列援助措施，取得了明显成效。以西部大开发为例，美国政府主要采取以下措施：（1）以交通运输业为先导，加快基础设施的完善。美国将西部交通运输业置于优先发展地位，加大了政策保证和投入力度，形成了西部交通网络与东部的联接，为产业发展和市场开拓提供了良好的设施环境。（2）在产业结构上，利用西部广阔的土地资源，确立了农牧业的主导产业地位，并以此为基础，推动仪器加工、农机制造、矿产开采及加工工业等关联产业的延伸。（3）在产业布局上，注重培育区域经济增长极。美国政府对落后地区实行增长中心的开发战略，重点支持具有发展潜力的地区优先发展，推动产业要素向这些城市集中区的流动，然后依托其辐射扩散效应的发挥，带动周围地区的发展。（4）从产业动力上，以民间资本作为产业发展的主要资金来源。政府依托西部廉价的土地资源，出台优惠政策，鼓励民间资本参与西部产业发展和基础设施建设。

美国模式具有两大突出特点：第一，以增强落后地区的自我发展能力为核心目标。为促进落后地区的产业发展，美国政府主

要是通过提高劳动力素质、鼓励私人资本投资、支持中小企业发展、帮助区内企业更新改造产品等途径来进行，以提升落后地区的自我发展能力。第二，联邦政府坚持适度干预的原则，政府功能主要定位于为私人投资构建平台，而不是直接投资企业。美国在落后地区的产业发展中，实行了"市场导向"的扶持战略，主要依靠市场，引导资本、人口、资源等在各地区相互流动，靠市场竞争来优化结构，配置资源，激发活力，促进落后地区的产业发展。

2. 印度的"政府主导模式"

印度位于亚欧次大陆，由于历史、自然地理等多种原因，总体上呈现从西南到东北，发达程度逐渐递减的态势，特别是地处东北部的阿萨姆、曼尼普乐等七个邦贫困问题突出。独立后的印度政府为解决区域不平衡问题，从1950年开始，依靠政府的主导作用，采取了一系列扶贫开发措施，对旁遮普邦和东北边疆等贫困地区进行了大规模扶持开发。

印度政府采取的主要措施包括：（1）确定重点扶持的贫困地区范围，并成立专门的援助管理机构。1968年，印度国家发展委员会根据人均粮食及经济作物占有量、农业劳动力占人口的比例、人均工业产值等7项指标，确定了26个县为落后县，制定优惠政策对其进行重点扶持。为加快贫困地区发展，1980年印度政府成立了落后地区发展委员会，规定其任务主要是审查和鉴定落后地区，制定开发计划，并检查扶贫政策和资金的执行情况。（2）加大对贫困地区的资金援助。印度中央政府根据贫困地区的经济落后程度，对所属邦、县进行了一系列资金援助活动。资金援助主要通过三种渠道，即财政委员会、计划委员会及中央政府各部委。援助资金主要采取三种方式：税收分成、赠款及优惠贷款。如为加强对贫困人口的资金扶持，印度推行了农村小额信贷服务。此外，印度工业发展银行等金融机构向贫困地区的工业发展提供优惠贷款，降低贷款利率，延长偿还期限。（3）以优惠政策为杠杆，增强贫困地区的自我发展能力。为促进贫困地区的产业发展和私人投资向贫困地区的流动，印度中央政府采取了税收优惠、投资补贴、运输补贴等一系列优惠政策。如从1974年起，在落后地区建设工业企业，允许扣除20%的利润后再征收所得税；从1970年起，对落后地区固定资本投资超过50万卢比者，中央政府按10%给予补贴，后来又提高到20%；对无工业贫困县投资超过2000万卢比的基础设施项目，中央补贴费用的1/3。

从印度加快贫困地区产业发展采取的主要措施，我们可以看出，它特别注重发挥政府的主导作用，政府通过制定产业开发战略、倾斜性布局开发项目、提供资金援助和政策优惠等途径，积极推动落后地区的产业发展和区域开发。

3. 德国的"政策引导"模式

为加快贫困地区的产业发展，德国政府尤其注重发挥产业、金融、税收等优惠政策的引导功能，主要措施包括：（1）实施产业调整援助政策，如为加快贫困地区的产业结构调整，对贫困地区企业设备更新提供补助，对结构转型企业所造成的失业人员提供失业救济金，加大对科研开发人员的工资补助和技术转让项目的资金补助；为增强落后地区企业的市场销售能力，对小型工商企业的产品外销距离超过30公里的给予投资补贴，对中小企业或自由职业者参加国内商品交易会提供经济补助，等等。（2）实施金融支持政策，如对新建企业、中小企业的长期投资需求、环保项目等，由企业向欧洲复兴银行、复兴信贷银行和德国清算银行申请自由资本援助项目，可以获得占企业投资额40%-75%的投资性优惠贷款，期限可达20年。企业贷款由国家提供担保，最高担保率可达90％。（3）实施税收优惠政策，引导资金、人才向落后地区流动。如1994年以前，德国政府对东部地区不征税，使得每年东部可以增加财政收入约570亿马克[1]，有力地推动了东部地区的产业发展。

德国模式的突出特点是依托一系列经济政策的制定实施，实现政府适度干预与市场调节的有机结合，并推动贫困地区与发达地区加强横向合作，依托自身比较优势，凝聚高级生产要素，实现产业升级和产品换代，提升企业活力和产品竞争力，逐步形成区域特色优势产业。

二、国外扶持落后地区产业发展的经验启示

同时上述分析，我们可以发现虽然美国、印度、德国等国家在加快落后地区产业发展中采取的指导思路和战略措施各有差异，但仍然有许多共通之处，这对于我国加快贫困县的产业发展，提升其可持续竞争力具有重要的借鉴意义。

第一，科学界定贫困地区的范围，并制定产业援助规划。政府应设定科学的选择标准，确定不同类型的受援地区，按不同的等级层别，实行不同的政策倾斜和资金支持。目前，我国虽然界定了一批国家扶贫开发重点扶持县和省级、市级贫困县，但是在选择指标确定上有待完善，对象选择上缺乏动态筛选，导致了扶贫资源的投入错位。

第二，加快制度创新是推动贫困地区产业发展的重要动力。在对落后地区进行援助时，为避免只注重财力援助而忽视制度变革，结果导致援助资金使用效率低下的局面，各国都非常重视对

---

[1]　崔满红：《中国欠发达地区金融、企业、政府协调机制研究》，中国财政经济出版社2005年版，第38页。

贫困地区的制度改善，以便使市场体系、企业制度、社会组织结构等更符合区域现代化建设和产业快速发展的要求。特别是注重解除贫困地区产业发展的限制因素，在这些地区逐步形成有活力的经济运行机制，增强贫困地区的内在、持续发展能力。

第三，将政府扶持与激发贫困地区的自身潜力有机结合起来。意大利、印度等国的经验教训表明，单纯依靠政府投资和外部支持，忽视本地区的生产潜力和关联产业培育，贫困地区的产业发展不具有可持续性，这样出现的产业发展也只是脆弱和虚假的，因此，提升贫困地区的产业竞争力，必须增强其自我发展能力，政府功能定位也是围绕这一核心目标进行设定。

第二节　转变发展方式 加快特色产业优化升级

提升贫困县产业可持续竞争力，其根本途径在于实现产业发展方式由粗放型向集约型转变。所谓产业发展方式是指推动产业发展的各种生产要素投入及其组合的方式。其实质是依赖什么要素，借助什么手段，通过什么途径，怎样实现产业发展。粗放型产业发展方式是高投入、高消耗、高污染、低效益、低质量的发展方式；集约型产业发展方式则是基于效率提高，包括配置效率和生产效率，力求用等量的投入和污染度获得更多的产出和效益增加的发展方式。实现产业发展方式从粗放向集约型转变，有利于提升产业的技术水平，提高产业比较生产力；有利于提高资源配置效率，用综合成本最低的生产要素的投入来推动产业发展；有利于推广清洁生产，提高资源利用效率和环境维持能力；有利于淘汰高耗低效、污染严重的产品和工艺，调整衰退产业，优化产业结构。

如何实现贫困县产业发展方式的转变呢？其核心在于加快产业结构调整，培育起有核心竞争优势和资源环境承载力的特色优势产业体系。

一、以"产业化扶贫"为抓手，推动农业现代化

农业是贫困县的基础产业，产值比重和就业比重都高于全国的平均水平。提升贫困县产业的可持续竞争力，不能忽视、排斥农业发展，而应通过提高其现代化水平，增强其竞争力。20 世纪 50 年代，美国经济学家舒尔茨根据自己对许多发展中国家的考察发现，任何一个国家的农业都能对经济增长做出贡献，问题的关键是如何将传统农业改造成现代农业。2008 年国务院扶贫开发领导小组第一次会议提出，今后 12 年扶贫重点县农民人均纯收入增幅要高于全国平均水平，为此，大力推进产业化扶贫机制，探索贫困农户参与产业化过程的有效方式，推动扶贫县现代农业发展就成为一条有效途径。

1. 优化农业产业结构，发展特色高效农业

为满足生存需求，贫困县农业形成了以传统种植业为主的产业结构，而许多贫困县土壤贫瘠、耕地缺乏，因此，发展以粮食生产为主的弱质农业，事实上恰恰背离了其资源禀赋的比较优势。为此，必须对贫困县的农业结构进行重新定位升级，基本方向是：实现生存保障性种植业、生态保护性林草业、竞争性特色养殖业的有机结合。即为解决生存问题，继续适当发展种植业；为保障环境和生态系统的安全，依托退耕还林、退牧还草工程，大力发展林业和草产业，通过经济林和草产业加工链的延伸，实现生态效益和经济效益的有机结合。为提高农业市场参与度，尤其注重将特色畜牧业和经济作物作为主导产业予以积极扶持，从

本地资源、气候环境、传统名品等实际出发，加大特色蔬菜、果品、中药材、花卉、特种动物驯化养殖等高效经济作物的生产规模，优化传统农产品的品质，提升传统特色农业的市场竞争力。如河北省国家级贫困县——平泉县，从 20 世纪 90 年代中期开始引导农民发展食用菌产业，目前已经成为"中国食用菌之乡"、"中国特色产业集群 50 强"和全国食用菌行业"十强"基地县。2009 年平泉县食用菌产量达 16 万吨，平均每年为农民带来收入约 2000 元。[①] 又如江西省上犹县依托自然资源优势，着力扶持"茶叶、油茶"产业发展，将其打造成富民兴县的农业主导产业，到 2010 年带动相关产业实现产值 4000 万元以上，茶农人均增收 1200 元，油茶林种植农户人均增收 2000 多元。[②]

由于贫困县农户普遍资金短缺、素质低下，因此，要解决其特色项目选择和资金、技术短缺等问题，必须加大政府的扶持和引导力度，推广和完善"细胞工程"。所谓"细胞工程"是指由各级扶贫部门，按照一定标准选择适量贫困农户，帮助他们选择有竞争潜力的农业项目，并直接注入财政扶持资金，通过周转使用，使每个贫困农户都有一个持续增收的农业项目，进而激活每个贫困家庭的"细胞"。如河北省在 51 个贫困县每年各选择 1000 个贫困户，向每个贫困户至少投入 2000 元扶持资金，帮助他们发展有市场竞争潜力的增收项目，优化农业结构。平泉县正是依托"细胞"工程，无偿投入财政扶持资金，并实现小额信贷的配套支持，有效解决了农户结构调整中的资金瓶颈制约，打造了食用菌、畜牧业、设施菜等三大特色农业。为鼓励农民种植

① 《发展壮大食用菌产业 拓宽农民增收渠道》，载《经济日报》，2010 - 7 - 26。
② 陈亮：《以产业发展为主导 加快富民兴县步伐》，载《老区建设》，2011 (1)，第 31—33 页。

食用菌，平泉县不仅对农民贷款进行贴息，而且对农民建大棚、建冷库、购置烘干机等都进行直接补贴，如农民建100平方米以上的冷库政府补助4万元，购置烘干机补贴30%，极大地缓解了农民的资金压力，调动了产业发展的积极性。

2. 推进"产业化扶贫"工程，提升农业产业化经营水平

贫困地区有许多特色资源，但是生产规模小，产品质量低，市场开拓力弱。怎样把资源优势转变为竞争优势，关键是要提升农业的产业化经营水平，发挥龙头企业的带动作用。龙头企业通过订单农业、大户带动、股份合作制等利益联接机制，在企业和农户之间形成利益共享、风险共担的共同体，可以有效解决贫困户贷款难、缺技术、缺信息、缺市场等问题，提高农业生产的组织化程度，并通过产业链条的延伸，提高农业的整体竞争力和增殖空间。

由于贫困县龙头企业发展缓慢，竞争能力和带动能力普遍偏弱。因此，应以"产业化扶贫"工程为"抓手"，由扶贫部门和相关金融机构选择一定的扶贫龙头企业，对其在投资环境、土地使用、金融服务、人才培训等方面给予倾斜支持。所谓扶贫龙头企业是指以农产品加工或流通为主业，或以贫困地区劳动力为就业主体，通过各种利益联结机制带动贫困农户进入市场、促进贫困地区产业结构和就业结构调整，在规模和经营指标上达到规定标准并经扶贫办认定的企业。2005年以来，国家扶贫办将产业扶贫与整村推进、连片开发、科技扶贫相结合，通过扶持设施农业、产业化基地、农民合作经济组织和扶贫龙头企业，有效带动贫困农户增收。（1）重点培育符合贫困地区特点的主导产业，如马铃薯、经济林果、草地畜牧业、棉花等。（2）发展设施农业，推广防灾抗灾技术，如舍饲圈养、大棚果蔬、双垄沟播地膜全覆盖技术等。（3）扶持扶贫龙头企业625家，带动400多万贫

困农户脱贫致富。（4）为贫困地区农民合作组织提供技术、市场、信贷等多方面的服务。

同时，各省区也分别制订了自己的扶贫龙头企业选择和扶持方案。从各地对扶贫龙头企业的扶持方式看，主要是制定税收、贷款、培训等优惠政策。如广东省出台四项优惠政策：扶贫龙头企业优先享受产业化扶贫专项资金和科技扶贫专项资金；优先申请国家扶贫贴息贷款；免征所得税；享受省政府产业化优惠政策等。河北省也提出扶贫龙头企业可以优先享受产业化扶贫龙头企业专项资金、科技扶贫专项资金；优先认定国家扶贫贴息贷款；省安排的周转服务组织扶持资金，在龙头企业参与"两个周转"项目实施及为贫困户提供服务的前提下，优先用于产业化扶贫龙头企业；劳动力转移培训要优先培训扶贫龙头企业所需要的用工，特别是技术用工的培训，等等。

而且，河北省创造性提出了"链式产业化扶贫"模式，即通过构建"龙头企业＋专业经济合作组织＋基地＋农户"的农业产业链条，增强龙头企业的竞争能力和带动能力，助推农业产业化、规模化、现代化发展。如河北省平泉县龙头企业承德润隆公司，在县政府注入扶贫资金240万元后迅速做大做强，带动了15个乡镇、48个行政村的5050个贫困户发展生产，户均实现增收3600元。又如河北省武强县以产业化扶贫试点县为契机，整合9110万元，打造了猪、鸭、鸡、菜、牛、劳务等六条产业化扶贫链条，带动了全县5000农户参与"畜——沼——农"大循环农业，预计到2011年，全县畜牧业产值占农业产业的比重将达到55%以上，农民人均纯收入达到3800元以上。

不过，由于"产业化扶贫"工程还处于探索阶段，目前还存在一些问题和不足，如从扶贫龙头企业的选择范围主观限于本地的农业型企业，导致部分龙头企业缺乏带动潜力，而且对龙头企业的扶持力度仍然偏小，龙头企业与贫困农户的利益联结松散，等等。因此，应按照"引龙、育龙"相结合的原则，不主观设定龙头企业的所在地，特别是注重与国内、省内知名的龙头企业相对接，实现"借梯登高"、"借船出海"，强化龙头企业的辐射带动功能。同时，不断加大对龙头企业和专业经济合作组织的扶持力度，通过创新信用担保和农业保险机制，增加中国农业银行等金融机构对扶贫龙头企业的贷款力度，并不断完善龙头企业与农户之间的利益衔接链条，实现风险共担、利益共享。

3. 打造农业产业带或规模养殖区，塑造区域品牌

为获得扶贫产业发展的规模效应，应积极依托农业专业合作社或龙头加工企业为纽带，不断扩大种植和养殖规模，培育特色农产品种植带、种植群或规模养殖小区，按照成方连片、规模发展的要求，大力发展扶贫特色产业片区。如福建省长汀县就走出了一条依托龙头企业带动，实现贫困县农业规模化发展的成功之路。长汀县作为贫困县素有"八山一水一分田"之称，农业发展的特点就是人多地少，单靠农民自产自销的传统农业生产方式根本没有竞争优势。2001 年 10 月，长汀县在整合农业、畜牧水产部门和农业企业的基础上，成立了龙头企业－－远山农业发展公司。以开发"远山"绿色产品为市场，将全县农业生产统一纳入绿色食品产业的总体规划，以公司化运作、标准化生产和统一的市场准入，打破了原有的一家一户的农业生产模式，实行"以品牌开拓市场、以市场促进加工、以加工带动基地、以基地支撑品牌"的循环发展模式。目前，远山农业已获得 10 个"绿标"、12 个"无公害食品标志"的使用权，数量居福建省首位，产品在福州、泉州、厦门、龙岩等地区的超市实行产品专卖、配

送直销，具有强大的市场开拓能力①。

2007 年，为探索财政扶贫资金与其他涉农资金整合使用的途径，国家扶贫办开展了"县为单位、资源整合、整村推进、连片开发"的试点工作，每个试点县投入 1000 万元财政扶贫资金作为引导，通过资金和政策整合、机制创新，吸引相关部门涉农资金投入扶贫产业开发及配套项目，将扶贫开发与区域产业规模化发展相结合，促进了贫困地区产业带、产业群的发展和贫困农户的稳定增收，效果显著。

2009 年河北省按照"省抓大片区，市抓特色县，县抓小流域或专业村，各级都要抓进村入户"的扶贫开发新思路，深化产业化扶贫工程，建立区域连片开发扶贫产业带。根据河北省贫困县的地域特点，规划建设黑龙港流域、太行山区、燕山区域、坝上地区等四个跨区域扶贫产业带，其中黑龙港地区滹沱河北岸将建设百里蔬菜长廊，以发展设施蔬菜为主，以饶阳、献县为起点逐步向周边县辐射，形成绿色无公害蔬菜产业带；太行山区着力发展优质核桃产业，以涉县、临城、赞皇、平山、涞源为重点建设核桃产业带；燕山区域以平泉为中心，发展双百村食用菌产业群；环首都坝上地区将建设数十万亩节水错季蔬菜基地，均取得了突出成效。"十二五"期间，在环首都贫困地区，重点发展节水设施蔬菜、设施畜牧、食用菌、优质林果等，打造环首都生态富裕带；在黑龙港地区，大力支持贫困家庭因地制宜发展设施蔬菜、瓜果、肉鸡肉鸭设施养殖，打造黑龙港流域扶贫大菜篮；在太行山区，继续发展以优质核桃为主的干鲜果品产业，扩大规模，提升档次，切实帮助农民增收。另外，在一些重点县较集中

---

① 张娟娟、陈杰：《长汀：一个贫困县的产业突破之路》，载《中国经济周刊》，2006（6）。

的主要交通沿线建设扶贫产业带。如河北省承德市宽城满族自治县规划在"十二五"期间，着力实施"百里万亩食用菌、设施菜产业园区扶贫工程"，即按照自然条件、贫困程度着力谋划 3 个扶持区片，一是涵盖大石柱子乡、汤道河镇、苇子沟乡、大字沟乡 4 个乡镇的东部贫困区片，以扶持食用菌、设施菜、肉鸡、生猪育肥为重点，同时扶持与产业配套的基础设施建设。二是涵盖独石沟乡、梓罗台镇、孟子岭乡、塌山乡 4 个乡镇的西部环库区贫困区片，以扶持优质水产品、鸭鹅以及特色农家游为重点，同时扶持与产业配套的基础设施建设。三是涵盖宽城镇、板城镇以南至铧尖乡 10 个乡镇的中南贫困区片，以扶持"京东板栗"、优质核桃、肉鸡、生猪育肥为重点。其中，东西两个贫困区片为主要扶持对象，力求在龙须门镇、板城镇以东至大石柱子乡贫困带上，打造百里万亩菌菜长廊，使全县形成 2 万亩以上食用菌、设施菜产业链，力求到"十二五"末全县农民人均纯收入达到5000 元以上。

今后，为支撑特色农业产业带的加快形成，应不断提升农民的组织化水平，鼓励农民发展各种类型的专业协会和专业合作社，丰富农村新型集体经济组织的内涵，发挥它们在对接龙头企业，参与基地建设，组织协调农户中的特有优势。特别是针对目前贫困县农业专业合作组织数量偏多、规模偏小、功能偏弱的现状，按照"自愿互利"的原则，鼓励现有农民合作组织实现组织整合和规模扩张，每个乡镇重点抓 1 到 2 个规范化农民专业合作社，拓展其服务功能。如宽城满族自治县为落实既定目标，提出了创新思路：产业扶贫建园区，从"产业基地—专业合作社—交易市场—贫困村、贫困户"，通过层层利益联结机制，形成环环紧扣的产业扶贫链条。走市场牵龙头，龙头带基地，基地连农户，在农户中组建专业合作社的产业化扶贫新路子，并做到产业扶贫项目延伸到哪里，行业部门和社会扶贫的配套资金就跟进到哪里，科技扶贫的技术和培训就服务到哪里，从而有效解决扶持区片与产业发展的重点难点问题。

4. 以标准化、设施化、品牌化、科技化发展，助推农业现代化

第一，推动农产品标准化、有机化生产。建设有机农产品生产示范基地，用无公害和有机生产标准来规范产地环境治理、农业投入品使用、农业生产过程、农产品质量检测、包装上市等各个环节，严禁生产、经营、使用高毒、高残留农药化肥，推广有机肥料和生物综合防治技术；引导养殖园区和养殖大户按照有机畜产品标准组织生产，积极申报有机畜产品认证；完善产地编码和产品质量安全追溯制度，对县域农产品实行统一地理标识，强化区域有机品牌；充分利用现有农技推广网络，组织农技人员，或邀请有关专家教授，采取多种形式，对群众开展有机农产品的知识培训，提高发展有机农产品的生产经营素质，引导农民严格规范操作，环环抓落实，保证有机农产品生产标准的有效实施。

第二，扩大设施化生产能力。一是依托农业补贴、产业化扶贫支持，引导农民新建、扩建高标准暖棚和规范化冷棚，扩大设施栽培规模，增加精细、反季、错季农产品生产能力。二是提高现代装备服务水平，提高农业的集约化、机械化发展能力。加强农田水利等基本建设，推进大中型灌区续建配套和节水改造，大幅度增加省级财政小型农田水利设施建设补助专项资金规模。同时，推广农机新机具如玉米联合收割机具，提高农业现代装备水平，重点做好保护性耕作、秸秆综合利用、设施农业和节能环保等机械化技术的推广普及。

第三，打造优质农产品品牌。优质的产品品牌，完善的市场体系，是拓展营销空间的利器，是集聚资源的旗帜，为提高贫困

县农业市场拓展能力，必须形成"以品牌开拓市场、以市场促进加工、以加工带动基地、以基地支撑品牌"的良性发展机制。为提升特色农产品的品牌竞争力，应把握几个关键环节：首先，积极整合散小品牌，改变农业专业合作社或农业协会各自注册、分散竞争的局面，通过产品品牌的统一注册、统一入市、统一运作，提高品牌知名度和开拓力。如江西省上犹县 2005 年由回乡创业人士陈有良创建了上犹犹江绿月食品有限公司，注册了"犹江绿月"有机绿茶商标，通过打造茶叶繁殖良种母本园基地，扩大生产基地、培训茶农等方式，建成了集生态旅游、培训教育、茶叶生产销售于一体的产业基地，并改变了分散家庭经营的运作方式，实现了"五统一"机制，即龙头企业统一平价供应种苗、药、肥等生产资源，统一组织技术培训，统一标准化生产，统一协调采摘，统一合同收购销售。目前，上犹绿茶已经成为该县走向全国、走向世界的一张名片，其中"梅岭剑绿"、"梅岭毛尖"在中国第二届农业博览会上分别获得金奖、银奖，成为首届世界农业大会特贡茶、APEC（亚太经合组织）大会专用茶，2010 年以"犹江绿月剑绿茶"、"犹江绿月毛尖茶"、"梅岭剑绿茶"为代表的上犹绿茶成功入选上海世博会江西馆参展。其次，充分利用网络平台、电视广告、制作招商画册以及发挥经纪人的作用等加大宣传力度，全方位、深层次地营造农产品的品牌效应，提升品牌影响力。此外，加强对农产品品牌的管理和保护，严厉打击各类在生产经营环节毁坏品牌信誉和形象的行为。

第四，强化农业科技创新能力。一方面，健全"科研院所＋龙头企业＋专业户"的农业科技创新体系，实施测土配方施肥、良种培育、动植物疫病防治等工程，同时，加强农业科技推广能力，培育一批掌握现代科技的骨干农民，重点解决农技推广"线断网破人散"的情况，解决农技推广"最后一公里"不能贯通的情况。另一方面，加强农民的职业教育和技能培训，打造新型农民。系统推广抗旱、防洪、促弱、防病、治虫等管理措施，以及优良品种、秸秆还田、配方施肥等先进适用技术。

5. 积极推广生态农业、循环农业发展模式

生态农业是以生态学理论为指导，按生态规律组织农业生产，对区域性农业进行整体优化，把保护、改善和增殖利用自然资源结合起来的农业发展模式。生态农业的主要内容包括建立农、林、牧、副、渔的综合经营体系，使某一农业生产环节的废弃物沿着食物链和加工链被多次循环利用，变废为宝；充分利用太阳能，开发沼气、风能、地热等农村绿色能源；扩大有机肥源，保持和提高土壤有机质水平，等等。生态农业发展模式有利于实现农业生产经济效益、生态效益和社会效益的有机统一，提升农业的可持续竞争力。事实上，在过去十几年中，我国贫困县已经探索出一些生态农业发展的成功模式，主要包括：（1）戈壁荒滩区，如甘肃的张掖地区，大力推进天然沙生植被的开发建设，大力发展麻黄、琴就、甘草等中药材，实现了产业发展与生态保护的协调推进。（2）黄土高原水土流失区，如山西的河曲县，以小流域治理为核心，通过综合治理，使农业走上良性循环的道路。（3）长江中上游地区，如四川的大足县，通过实行立体种植，实现了农林牧副渔的全面发展。（4）草原牧区，如内蒙古的乌审旗，通过以草定畜，保护和改良草原，治理土壤沙化、退化，达到了草畜产业发展的两旺，等等。

为促进生态农业大发展，贫困县应积极构建农业循环生产体系，如重点引导畜牧养殖园区和农户打造"规模养殖＋沼气池＋高效农业"的循环产业链，建设大型沼气池和配套管网，沼气用于照明、发电、供热，沼液、沼渣用于发展有机肥或生物防治，促进有机蔬菜瓜果、粮食等高效种植业的发展，粮食、秸秆循环

用于养猪、养牛、养鸡，从而形成"粮食（秸秆）—牛（猪）养殖—沼气—有机肥—无公害蔬菜（果品、粮食、食用菌）"的闭合循环农业产业链（如图4－1所示），推动蔬菜、养殖、果品、粮食等产业的废弃资源循环利用、多级增殖，走上畜牧业和种植业相结合的可持续发展道路。

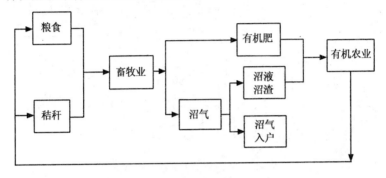

图4-1　循环农业产业链示意图

6. 延伸农业产业链，拓展增殖空间，健全现代农业产业体系

为拓宽农业增殖空间，必须加快延伸农业产业链，大力拓展农副产品精深加工环节，延伸发展良种培育、研发创新、农资供应、市场营销、仓储物流、休闲观光等上下游产业链，健全基础设施、金融、土地、人才、专业合作组织等支撑体系，从而形成不同农业产业环节互为支撑、互为促进的良性发展格局，构建纵向成链、横向成群的现代农业产业体系（如图4-2所示）。一是重点拓展精深加工、物流、观光等环节。如"十二五"期间，河北省拟重点建设环首都地区蔬菜物流配送中心和大型农产品批发交易市场，增强农副产品的市场开拓能力。二是推动农业向生物医药、生物质能源、化妆品、保健品等新兴领域拓展，提高农

副产品的精深加工和附加值，优化大农业产业结构。三是健全农业综合服务体系。继续推进良种体系、动植物保护、气象服务、防灾抗灾、信息网络、农产品质量安全检测等公共服务体系建设。

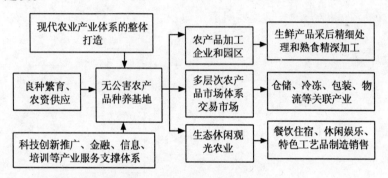

图 4-2 现代农业产业体系示意图

二、以国家扶持和对接融合为"杠杆"，推动新型工业化

我国处于工业化加速的发展阶段，工业产业的竞争能力直接决定了区域产业的竞争能力。我国发达县域之所以成为产业竞争力较强，区域经济发展较快的地区，一个重要原因在于实现了工业化进程的迅速推进。如 20 世纪 90 年代后期，浙江等地贫困县实现跨越式发展的一个最重要的原因就在于实施了"工业兴县"战略，从 1997 到 2001 年，浙江省 25 个贫困县第二产业对地区经济增长的贡献份额达到 53.4%。因此，贫困县要提升产业的可持续竞争力，必须加快工业化进程，提高工业的可持续竞争力。

当然，由于贫困县情况千差万别，推动工业化进程不能一概而论，特别是按照四大主体功能区规划，对于处于限制开发区域和禁止开发区域的贫困县来说，大规模的工业化和城市化不是他们发展的主要任务，这些贫困县政府和居民的公共开支和收入增长应注重通过加大政府的财政转移支付力度，完善生态补偿和利益补偿机制，提供均等的公共服务体系和平等的社会保障体系等途径来解决。但是，对于大多数有工业发展要求和发展条件的贫困县来说，必须在资源和环境的承载范围内，提高工业的可持续竞争力。

从工业发展模式看，贫困县必须逐步摒弃高消耗、高污染的传统工业发展路径，采取新型工业化发展路径，即走出一条科技含量高、经济效益好、资源消耗低、环境污染少、人力资源优势得到充分发挥的工业化之路。这是因为新型工业化是以信息化带动的工业化，有利于提高要素配置效率；新型工业化是利用比较优势和后发优势的工业化，有利于打造产业竞争优势；新型工业化是经济效益好、可持续的工业化，有利于降低资源消耗、减少环境污染；新型工业化有利于优化产业结构，提高区域产业的结构竞争力。

对于贫困县来说，工业化的紧迫性与生态保护的重要性，实力的严重不足与工业新型化的要求，本身就是两难的选择。在这些产业要素短缺、产业基础薄弱的贫困县，应如何有效推动新型工业化发展呢？笔者认为这需要选择科学的发展理念、发展路径和发展动力。

1. 从发展理念看，探索适宜贫困县县情的发展思路

（1）树立绿色引领、低碳发展的理念。低碳经济是指以能源高效利用和清洁开发为基础，以低能耗、低污染、低排放为基本特征的经济发展模式。目前我国经济社会发展已进入一个重要转折点，既由传统高碳产业支撑经济发展转变为由战略性新兴低碳产业主导经济发展。这就要求贫困县在工业化初期就必须坚持

高起点,不能有水快流,捡到篮子里都是菜。要遵循绿色引领、生态优先的原则,发挥后发优势,走出一条资源消耗低、环境污染少的工业化之路。

(2)树立整合资源、集聚发展的理念。贫困县工业发展要素匮乏,必须加快整合区域内外的优质资源,以各类工业园区为平台,以劳动力、土地、政策优惠为依托,积极吸纳战略投资者,并加快中小企业兼并重组,推动关联企业分工协作,不断提高规模竞争优势和集约发展效益,实现特色产业的结构升级和总量扩张。

(3)树立融入融合、对接发展的理念。能否与周边经济区实现融入融合发展,是决定贫困县发展质量、发展速度的重要路径。贫困县应积极对接发达地区、高层次经济圈的发展导向,实现发展规划、产业开发、基础设施建设、要素市场体系等全方位、宽领域的融入融合发展,特别是科学把握高层次经济圈的产业升级脉搏,积极承接企业、人才、信息、技术资源辐射,构建主导产业衔接链条,打通道路、市场等有形无形对接渠道,不断提升区域工业发展的活力和竞争力。

(4)树立重点突破、跨越发展的理念。县域工业结构层次是由少数骨干企业的演变决定的。贫困县产业开发必须突出重点,围绕装备制造、农产品加工业、新材料、新能源、生物制药、环保等战略新兴产业,加快集聚高端项目和战略投资者,提高区域整体开放融合能力、市场拓展能力和资源集聚能力,实现工业竞争力的快速提升。

(5)树立以"三转"促"三集"的发展理念。贫困县工业发展的突出困境是产业层次偏低,产业布局偏散,产业关联偏弱,为实现区域产业结构、空间结构、组织结构的协调优化,要实行"三转"促"三集"模式,即通过产业结构"低转高",产业布局"散转聚",关联产业"分转合",提高稀缺资源配置效率,促进产业集约、集聚、集合发展。只有实现资源高度集聚、企业高度集群、产业高度集中,才能在特色产业领域实现突破,打造核心竞争力。

2. 从发展路径看,走新兴产业培育和传统产业升级"双驱动"之路

贫困县一般工业产业层次偏低,主要集中在农产品加工业、轻工产品加工业、机械制造业、资源开采加工业等传统产业上,为实现工业结构的有效升级,贫困县应一方面大力引进高端项目,承接发达地区的产业转移,发展战略新兴产业及其配套环节;另一方面,应加快传统优势产业的改造升级。为此,贫困县应抛开将传统工业等同于"夕阳产业"的思想束缚,加大对已有传统工业的改造力度。事实上没有夕阳产业,只有夕阳产品,通过现代生产要素和经营方式的采用,加快产品结构的优化升级,传统工业完全可以成为贫困县对外竞争的重要支撑。

对于国家来说,应特别注意加大对贫困县"五小"企业的产业调整援助力度。20世纪90年代以来,为提高可持续发展能力,减少对生态的破坏,我国对高污染、高消耗的小煤矿、小炼油、小水泥、小玻璃、小火电等"五小"企业采取了关停并转战略。但是对于贫困县来说,"五小企业"通常是它们的主要财源企业和有竞争优势的企业,因此,应避免"一刀切"的产业调整方式,对于贫困县中有资源优势和市场潜力的"五小"企业,可以通过产业调整援助、技术改造支持,加大关停并转和企业、资源整合的贴补力度等途径,以财政补贴和政策激励为手段,促进企业的资源整合和改造升级,并帮助贫困县扶持后续替代产业。

3. 从发展动力看,注重培育内生增长点与导入外力支持的

有机结合

贫困县工业结构落后，企业规模偏小、素质偏低，资本、技术、人才短缺，地方政府财政困难，扶持能力差，因此，单纯依靠贫困县自身力量很难实现新型工业化。我们不能指望这些实力最弱的地区为保护共同的生态资源，而只靠自己的力量发展高技术、高投入的新型工业或生态型工业，必须导入国家和发达区域的"外力"，实行强力推进。

（1）发挥政府的推动功能，制定产业引导和优惠政策，增强贫困县的工业发展能力。制定科学的产业倾斜布局和优惠政策，引导生产要素向贫困地区流动，加大对贫困县产业成长发展、参与竞争的扶持力度，是各国推动落后地区发展的重要手段。我国也应借鉴其他国家的成功经验，发挥政府的政策引导对贫困县新型工业化进程的推动作用。如对有市场竞争潜力和盈利空间、符合国家产业政策的农产品加工、资源开发、轻纺、机械制造等工业项目，国家可制定税收减免、补贴补助、投融资、劳动力培训等方面的优惠政策，引导产业项目向贫困县倾斜布局，推动贫困县传统企业加快资产整合和技术进步，逐步提高自身规模竞争力和科技竞争力，降低资源消耗和环境污染，从而为提高贫困县的工业可持续竞争力奠定基础。

（2）发挥市场的推动功能，完善发达地区向贫困县的产业转移和区域协作机制。加快产业梯度转移既是转出区拓展产业发展空间的客观需要，也是转入区优化产业结构的重要渠道。产业空间转移是一个双向选择的过程，产业依据其发展条件选择最具有相关优势的地区扎根，地区依据自身比较优势选择最能充分发挥该优势的产业。梯度转移和发展辐射理论指出，随着生产要素的流动，产业扩散效应和配套协作效应的发挥，只要转入区和转出区合理分工、优势互补，是可以实现双向互利、互动发展的。

从产业转移的实践效果看，福建、浙江等东部发达地区，带动贫困县发展的成功经验就在于发挥市场引导效应，推动企业、要素在区域间的扩散与合作。20世纪90年代，福建省泉州市针对安溪、永春、德化三个山区县与其他县市的发展差距日益扩大的问题，推行了"山海协作"计划，核心内容是按照互惠互利原则，通过沿海发达县民营企业产业转移或资源合作开发等形式，与山区县开展横向联合，协作发展。如文成县的"亨哈山珍"、"冰洋竹业"、"天蓬养猪"，泰顺县的"晨星食品"、平阳县的"马蹄笋"等都是通过大量引进沿海发达地区的资金、技术和人才，打造出的有当地特色、品牌和竞争优势的农产品加工业。此外，温州市也采取一系列措施，鼓励发达地区到山区贫困县兴办适合当地资源比较优势的特色产业，如眼睛配件、低压电器、花岗岩加工、农产品加工业等，有力增强了山区贫困县的产业发展能力。

因此，对于处于区域经济圈边缘的贫困县来说，要加快新型工业化进程，增强工业可持续竞争力，必须积极融入区域经济系统，在市场机制的调节下，在资源环境的承载范围内，承接发达地区的扩散产业，加强产业配套协作能力，并随着发展能量的逐步积累，提升自身的产业发展梯度和竞争力层次。具体说来，贫困县应依托自身特有的自然资源、劳动资源以及土地低廉等成本优势，为发达地区企业建设原材料基地和零部件、半成品的生产基地，甘当"龙尾"和"龙爪"，并在与城市大企业的配套协作中，实现自身产业规模的由小到大，产业结构的由低到高，产业竞争力的由弱到强。

贫困县要加强与发达地区的产业协作，必须采取"筑巢引凤"策略，积极改善自身的产业发展环境，建设通畅的产业传递机制。为此，应把握三个关键环节：

一是完善基础设施和市场网络，改善产业协作的设施环境。产业辐射的媒介主要是道路、交通、通讯等基础设施以及市场网络的完善程度。媒介的优劣直接决定辐射的效率，从而决定地区之间经济互动力的大小。基础设施越发达，市场网络越完善，产业辐射的传递速度就越快，辐射能力就越强。因此，贫困县应健全城镇交通、信息、通讯等网络系统，完善水、电、燃料、能源供给系统和污水、垃圾处理系统，为工商企业的集聚提供完善的产业设施环境。为增强贫困县的基础设施建设能力，上级政府应加大基础设施等公共产品的投入建设关联发达地区也应发挥"扩散"功能，推动区域公共设施和市场体系的衔接，形成基础设施网络和市场体系的空间一体化。

二是消除要素流动和产业重组的行政障碍，改善产业协作的制度环境。应排除对产业扩散和合作中的各种行政干预，消除条块分割的市场壁垒，真正开放地方市场，营造公平的市场竞争条件，促进资本、技术、劳动力和人才双向流动机制的形成。并结合各地产业结构调整和企业资产重组，鼓励跨地区企业收购、兼并和重组。

三是培育产业基础，增强产业链招商能力。如福建西部山区贫困县——长汀县[①]为加快纺织服装产业的扩张升级，出台了一系列政策措施来激活本地民资，依托长汀腾飞工业园区实现相关企业的初步聚集，并通过以商招商、产业链招商等方式，吸引到香港南益集团、泉州天守集团等骨干企业陆续入驻，形成了"纺纱—织布—服装加工—出口"和"机械生产—纺纱—织布—缝合—后整—洗烫—出口"两条产业链，实现了县域产业的跨越式

---

① 张娟娟、陈杰：《长汀：一个贫困县的产业突破之路》，载《中国经济周刊》，2006（6）。

发展。

当然，产业转移对转入区也并非是百利而无一害的。由于成本——利润的差异是企业乃至产业进行区域转移的基本动因，而规避环境成本常常成为产业转移的一个具体动机，导致污染企业经常从较发达地区转向贫困地区。由于这种产业转移只是某个企业或产业的效益提高，区域产业整体竞争力并没有得到提升，更严重的是，它破坏了贫困地区产业的可持续发展的环境基础。因此，贫困县政府应把握好产业转入门槛，以追求产业的可持续发展为目标，限制高污染、高消耗产业进入。

三、以劳务输出、休闲旅游等为重点，推动服务业高端化

1. 推动劳务输出的产业化发展，提升其竞争力

对于贫困县来说，丰富廉价的劳动力是最大的资源优势，通过与发达地区开展劳务合作，加快劳务输出产业发展，有利于培育出有比较优势和竞争优势的服务产业。在贫困县产业发展中，由于许多资源的不可再生性或再生速度缓慢，单靠利用当地自然资源，容易导致资源衰竭；由于土地贫瘠、灾害频发、区位劣势，单靠发展当地农业和工业，往往由于成本过高、收益过低导致经营失败。因此，必须拓展资源观，积极开发和利用人力资源，加快劳务输出的产业化发展，将其培育成贫困县有较强竞争力的服务产业。而且，依托劳务输出产业的发展，可以有效增加贫困人口的收入，促进他们学习技术，增强创业意识和市场经验，从而为贫困县其他产业的发展提供必要的资本、技术、人才积累，创造现代市场文明和商业文明氛围，有利于提升贫困县整体产业的可持续竞争力。如浙江省仙居县就把洗衣业作为劳务输出的主要形式，并带动了当地与洗衣业相关的机械和其他配套加工制造业的发展；温州市在"山海协作"的进程中，瑞安、乐

清、鹿城、瓯海、龙湾"两市三区"也把接纳贫困山区县的劳动力作为重要途径。①

目前，贫困县的劳务输出产业竞争优势并未真正形成，突出表现为劳动力市场发育缓慢，劳务输出缺乏有效的中介组织和社会服务，大多处于自发无组织状态；劳动力素质较低，培训滞后；缺乏区域劳务品牌，市场开拓能力较弱，等等。因此，贫困县政府应采取有力措施，提升劳务输出产业的竞争力。

第一，加快培育各级劳动力市场，实现劳务输出的有序化。积极建立多层级劳务市场体系，发挥市场对劳动力供求的调节功能。目前，为弥补劳动力市场调节弱化的缺陷，政府应积极发挥劳务输出组织和信息传递功能，省、市、县、乡等各级政府可以采取联动的办法，举行以劳务输出为主要内容的招聘洽谈活动，把岗位信息直接送到农民家门口。也可以建立健全"订单—培训—就业"的劳动力转移运行机制。

第二，加大劳动力培训力度，实现劳务输出的高素质化。为提高劳动力对外就业和竞争素质，贫困县应加大对劳动力的免费或廉价培训力度，选择贫困户中年龄适当，特别是以初、高中毕业生和复员军人作为培训对象，依托国家和省扶贫办认定的劳动力转移培训示范基地，加强技能培训，发放就业资格证书，输出到有订单协议的单位稳定就业。为保证培训资金，应形成财政、社会资金、信贷资金、用工单位、个人等多元投入机制。

第三，面向市场，推动劳务输出的品牌化。劳务品牌优势是提高贫困县劳务输出产业竞争力的重要途径，如江西省就是通过挖掘本地劳动力的传统技艺优势，培育了全国知名的"十大劳务

---

① 朱康对：《现代化进程中的边缘山区经济发展战略》，载《中共浙江省委党校学报》，2001（4）。

品牌"——吉安菜农、资溪面包军、余江眼镜人、高安汽车队、建筑临川军、南康木匠、鄱阳缝纫工、玉山铁路维护工、宜春焊工、武宁装饰工，推动了特色劳务产业的快速发展。

第四，完善配套服务体系，实现劳务输出的无忧化。政府应搞好就业服务，积极维护外出务工人员的合法权益。通过取消各地对农民工的歧视性就业政策，建立健全农民工养老、医疗、工伤等社会保障制度，解决工资拖欠、子女就学等问题，消除贫困县及其他地区劳务输出人员的后顾之忧。

2. 发展壮大休闲旅游及配套服务产业

我国贫困县大多拥有纯美的自然风光、民族风情、文物古迹或革命纪念地，旅游资源十分丰富。因此，贫困县应注重利用得天独厚的旅游资源优势，加大休闲度假、文化遗产、自然风光等特色旅游产品的开发，并进一步完善民族工艺品加工、餐饮、住宿、交通、商贸流通等关联产业，打造有竞争优势的旅游产业链。

如河北省张北县依托悠久的文化底蕴、良好的生态旅游资源、临近京津的区位优势，把旅游业作为县域产业发展的支柱，着力打造"北京家门口的草原"、"张北夏季爽天下"休闲旅游品牌，建设冰雪、草原风光、皇家都城、坝上城市风光、风电观光、野狐岭要塞、坝头百里风景、坝上农牧风景等八大景区，谋划实施了20万亩花田草海、百里坝头风景线、风电主题公园、仙那都冰雪世界、野狐岭要塞旅游区等重点精品旅游项目，并成功举办了首届中国（张北草原音乐节，吸引了20万国内外歌迷前来参与，而张北也因此荣膺"中国十佳县域节庆之首"、"全国最具特色休闲旅游强县"等桂冠，正在成为京津冀地区休闲避暑的最佳目的地。

第三节 培育中小企业集群 打造区域"增长极"

对于贫困县来说，要增强特色产业的竞争优势，还必须进一步优化产业的组织结构和空间结构，提高资源的配置效率。笔者认为，科学的途径是以各类工贸园区为载体，推动中小企业实现聚集集中发展，并伴随关联企业之间分工协作网络的形成，打造特色产业集群。这是因为，产业集群是产业集聚的重要方式，是当代产业生存与发展最有效的组织形态，在集聚生产要素、优化资源配置、营造产业生态环境等方面发挥着越来越重要的作用，有利于贫困县获得规模经济和范围经济，形成成本降低、市场开拓、技术创新与扩散、招商引资、环境污染治理等方面的发展优势，从而增强产业可持续竞争能力。从实践上看，培育特色产业集群已经成为发达县域提升产业竞争力的有效途径，浙江的"块状经济"、广东的专业镇等，之所以表现出强大的竞争能力和发展活力，主要得益于特色中小企业的集群化发展。

目前，贫困县由于企业数量少、布局分散、关联松散、社会服务体系残缺等原因，缺乏产业集群形成的基础。因此，应发挥市场引导和政府扶持的推动作用，打造产业集群形成的企业基础、空间载体和服务体系，积累产业集群化发展的能量。结合产业集群发展的成功经验，笔者认为应采取以下战略措施：

一、加快民营经济成长，为产业集群形成打造企业基础

培育产业集群不能无中生有，必须注意挖掘本地特色资源或特色技艺的传统优势，依托特色产业的发展进行。贫困县只有立

足本地资源优势和产业基础，实现生产要素向特色优势产业的倾斜流动和有效整合，才能把企业群体做大、做强，并推动关联产业的延伸发展，从而打造产业集群的雏形。贫困县在谋划产业集群的定位时，不能脱离当地的经济发展水平，应从培育有比较优势和竞争优势的低端产业集群做起。事实上，产业集群的竞争能力与产业的性质无直接的联系，没有低技术产业，只有低技术企业，关键是要发挥区域的比较优势，打造核心竞争能力。

为打造产业集群的企业基础，培育一批有竞争能力的微观企业主体，贫困县必须加快所有制结构调整，特别是增强民营经济的成长能力。区域经济发展的成功经验表明，民营经济已经成为各区域创造市场活力、拉动产业发展的基本力量。贫困县产业竞争力不强、活力不足，在很大程度上归因于民营经济的发展严重滞后。因此，贫困县必须最大限度地挖掘民智、吸引民资、依靠民力，激发区域经济的民间增长潜力，为产业集群的形成和产业竞争力的提升奠定微观企业基础。

1. 积极培养本土企业家阶层

企业家的创业和创新意识是推动民营企业产生和成长的关键。在温州、苏南等民营经济发达的地区，浓厚的商业文明底蕴是共同的特征。温州的小商贩闻名天下，义乌的货郎担精神，使民营经济具有强大的生命力和活力。从已有的民营企业衍生模式看，包括苏南模式、顺德模式、温州模式、晋江模式等，最重要的经验在于提高民众的创业意识。因此，贫困县应加大商业文明的宣传力度，加深人们对市场经济的认识，发挥能人的示范带动效应，从而改变传统的自然经济观和小农意识，增强人们的市场意识和创业意识，孕育本土企业家阶层。

2. 健全民营企业发展的外部支持体系

积极改善民营企业的衍生和成长环境，降低民间投资的产业门槛，切实清理地方性收费和各种不利于民营企业发展的制度，并通过推行减免税收、土地优惠、信贷优惠等经济扶持政策，增强企业的衍生和成长能力。地方政府应切实减少对民营经济的微观干预，并通过完善基础设施、强化金融服务、技术支持服务、培训和人才服务、健全市场体系等途径，为民营企业发展打造宽松的软硬环境，提高本地企业的发展、创新和市场开拓能力。

二、建立健全工贸园区，为产业集群形成打造空间载体

我国区域经济发展的实践表明，工贸园区已经成为许多地区先进生产力的聚集区，对推动区域产业发展具有示范、辐射和带动功能。工贸园区作为一种的空间载体，依托相对优化的产业发展环境，可以在基础设施、金融服务、创业辅导、人才培训、市场开拓等方面为集群企业的发展提供良好的空间平台，提高产业聚合度和竞争优势，并有效控制污染源，提高环保治污能力。反过来，集群经济的规模竞争优势又有利于园区增强对关联企业的吸引力。可见，建设工贸园区是培育产业集群的一个重要方式，园区经济与产业集群之间存在良性的互动关系。

对于贫困县来说，应在产业发展条件相对较好的县城、中心镇或交通要道，科学规划一、两个工贸园区，并以此为发展平台，吸引企业按照产业特色向园区集中，实现集聚发展，增强产业链发展的合力和张力。这是贫困县培育产业集群，打造产业增长极的科学选择。为增强工贸园区对企业的吸引力，提高企业的入园收益，政府应加大园区土地、基础设施投入，健全金融、仓储、科研等配套服务体系。同时，对入园企业给予必要的经济补偿，如迁移补贴、税收优惠、贴息贷款、提供信用担保基金等，降低企业的入园成本。如河北省为鼓励县域集中打造工贸园区，2010 年下发了《河北省人民政府关于加快工业聚集区发展的若

干意见》，提出每个县应重点谋划一个工业聚集区，"退城进郊、退乡进城"企业和其他新建项目选址不在聚集区内的，原则上不予审批（核准、备案），不提供土地、资金、电力等要素供应，为推动产业聚集区的快速发展，河北省出台了涉及规划、用地、税收、融资、创新等方面的十大扶持政策，如县域工业聚集区每年可安排 1000 万元资金，集中用于区内重点项目建设等等，引导分散企业向聚集区进行集聚集中。[①]

　　对于部分实在没有发展条件的贫困县或贫困乡镇来说，可以打破产业布局的行政分割，通过推行"飞地"战略，来改善自身的产业发展环境。所谓"飞地战略"是指打破行政区划限制，对于缺少工业发展条件的乡镇，不勉强把工业和招商引资项目引到本区域内，而是跨区域进行产业布局，将其放到具有综合优势、经批准设立的工业园区中，引进的资金和项目计入引资乡镇的招商引资任务指标之中，投产后企业的产值和地方性税收在园区和引资乡镇之间按比例分成。"飞地"战略对于打破交通和基础设施条件差的贫困县发展工业的空间制约，提高招商引资成功率，推动资源整合和产业聚集，具有客观必然性和经济合理性。特别是对于一些处于生态敏感地区或限制开发区域的贫困县或贫困乡镇来说，"飞地"战略对于其协调推进产业发展和环境保护具有重要的意义。如湖南长沙县最偏远的双江镇，本身不具备发展工业的基础条件，但它将资金、项目放在星沙开发区，引进的资金和项目计入该镇的招商引资任务指标之中，投产后企业的产值和地方性税收在园区和双江镇之间按比例分成，同样实现区域

---

①　《河北省出台意见加快工业聚集区发展》，载"河北新闻网"，2010 - 8 - 4。

产业的发展。①

三、完善企业分工协作网络，为产业集群形成提供体系支撑

完善企业的分工协作网络，提高专业化生产水平，是产业集群竞争优势的真正源泉。集群企业的分工协作模式一般采取"中心——外围"模式，即以一个或多个骨干企业控制产业链核心环节，充当龙头，众多中小企业从事关联配套的原则，完善产业的协作配套网络。因此，为发挥集群竞争优势，应积极培育龙头企业。首先，要按照"扶强龙、育新龙、引外龙"的思路，有针对性地筛选一批重点骨干企业，在技术信息、贷款担保、招商引资、教育培训等方面，给予重点扶持。对于没有骨干企业的贫困县来说，应积极引进外部龙头，使本地企业充当"龙爪"、"龙尾"。其次，鼓励龙头企业采用资产重组、资源整合和品牌延伸等多种方式，将一些零部件及特定的生产工艺分离出来，通过对上下游相关企业进行重组、改造，形成一批专业化配套企业，引导产业内部形成专业化分工和配套协作体系，增强产业集群的竞争力。对于处于配套协作环节的中小企业而言，应按照"专、精、特、新"原则，实现产业环节或产业结构的差异化定位，集中资源进入能发挥企业优势的领域，增强企业的核心竞争力。

四、因地制宜，选择科学的产业集群培育模式

从发达县域产业集群的发展路径看，有几种比较成功的培育模式：（1）专业市场催生模式。即在区域范围内建设专业市场，然后使产业的生产过程围绕市场实现聚集，通过专业市场与产业

---

① 梁留科、王鹏飞：《县域工业发展规划研究》，中国社会科学出版社 2007 年版，第 96 页。

的联动发展，形成良性循环的集群发展模式。如山东寿光的蔬菜、河北清河的羊绒、浙江温州的打火机、服装等。（2）地缘传统内生模式。即依托传统的工艺和产业基础，推动该产业的集群发展。如河北辛集的皮革、安平的丝网等。（3）资源开发模式。即依托区域优势自然资源，加快特色企业和关联企业培育，不断延长和完善产业链条，最终形成产业的集群规模。（4）外部品牌企业嫁接模式。即通过在特定产业领域中，利用当地的区位、劳动力、土地、自然资源优势，引进外部品牌企业，并在本地衍生出配套企业，串起一条或几条比较完整的产业链。典型代表是具有外向经济优势的"珠三角"、"长三角"区域。（5）骨干企业带动模式。即以具有竞争优势的品牌企业为龙头，加快发展为其提高专业配套服务的小企业和社会机构，从而通过产业链的延伸形成产业集群。如河北邢台市隆尧的方便面产业集群就是围绕华龙集团形成发展的。由于各贫困县的资源禀赋和产业基础千差万别，贫困县可以结合自身产业特点和基础环境，对资源开发、地缘内生、骨干企业带动等成功模式加以借鉴和创新。

第四节　完善区域创新体系 提高产业创新能力

在知识经济已现端倪的今天，自然资源和一般劳动力资源的驱动作用相对下降，知识和科技已经逐步成为推动产业发展的核心驱动力量，成为提升产业比较生产力和竞争力的主要因素。针对贫困县企业和产业技术水平低下，创新能力薄弱等问题，贫困县只有积极吸收先进科技，加快新技术、新产品的研发，才能打造出可持续的产业竞争优势。因此，贫困县必须建立有效的产业创新体制，包括技术创新和激励机制、技术扩散机制、技术研发投入机制和引进机制等，提升贫困县产业的技术创新能力。

一、健全农业科技支撑体系，提高农业创新能力

农业科技创新对于加快贫困县中低产田改造，加快"五荒"治理，发展高附加值的农牧产品，提高农业资源的利用效率，减少农业发展对环境的污染，等等，具有重要的推动作用。贫困县农业发展的科技含量低下，特别是在水资源和有机肥利用、畜禽水产饲养、绿色食品生产和农产品深加工等方面，与发达地区的农业科技水平差距明显。因此，要提升贫困县农业的可持续竞争力，必须加快科技兴农的步伐。

1. 健全农业科技创新体系，加大科技扶贫力度

充分发挥农业管理部门、农业专业合作组织、农产品专业协会、专业户等主体，在农业技术创新中的推动作用，鼓励它们加强彼此之间以及与外部科研院校的合作，增强农业的科技创新能力。为加快科技创新步伐，应加大科技扶贫力度。从其他国家的成功经验看，为帮助贫困人口获得有赢利的项目、提高要素生产率，各国都推广了科技扶贫计划，如 20 世纪 70 年代，印度、菲律宾、泰国、印尼等国先后掀起了"绿色革命"，加快贫困地区农业的良种繁育，提高农业生产工艺和机械化水平。为增强贫困县农业科技创新能力，我国各级政府每年也拿出一定数量的科技扶贫专项资金，用于优良品种和先进实用技术的引进、试验、示范、推广等。今后，应进一步加强科技扶贫投入，鼓励农业院校、科研院所和科技人员深入扶贫开发第一线，进行科技承包或领导科技开发项目，因地制宜地加快各类农业适用技术的创新和应用。如河北省万全县正是通过与中国农科院、上海农科院等科研院所构建产学研合作创新机制，才研发培育出"普甜、加甜、

超甜"3个"水果型"系列和"中糯、彩糯"2个"蔬菜型"系列，共计20多种鲜食玉米新产品，推动了该产业的迅速扩张，提高了品牌知名度。

2. 完善农业科技推广体系，培育小区域科技推广户，发挥能人带动效应

贫困地区基层农技推广人员的数量非常有限，根本无法满足成千上万农户的技术需求，在宣传和讲解农业技术时，又面对的是知识文化层次较低的农民，工作难度大、任务重，推广效益难以显性化。因此，应积极探索"参与式"农技推广模式，在坚持发挥政府主导作用的同时，尝试在以往"科技示范户"的基础上，通过功能的延伸，发展小区域农业技术推广户，通过由"点"带"面"，发挥其技术创新、技术示范、技术推广等功能。从运行机制上看，首先，各级政府和农技推广部门，应在实地调查的基础上筛选出适合贫困地区的实用农业技术，选择有能力的农技推广户。其次，在基层农技推广部门与小区域技术推广户之间建立利益联结机制，合理的选择是通过契约关系组成松散、灵活的柔性一体化组织，把小区域农业技术推广户作为农技推广系统的一个组成部分。再次，制定科学合理的绩效评估和奖惩制度，包括设立"任务承包奖"或发放"劳务酬金"等。①

3. 积极开展农业科技培训，培育新型农民

为发挥农技推广户的示范带动作用，应开展多形式、多层次、多渠道的农业技术教育，有计划地对他们进行技术培训。同时，组织科技人员对农民开展各类实用技术和文化科学知识培训，提高他们的科技素质和文化素质，增强他们对先进适用技术

---

① 马丁丑等：《贫困地区农业技术推广新模式：发展小区域农业技术推广户》，载《中国农学通报》，2006（5）。

的吸收和运用能力，将他们培养成适应现代农业发展的新型农民，为提高农业的科技贡献率提供人力支撑。为此，应组织实施好"雨露计划"，探索其与农村中等职业教育有机结合的途径，逐步将短期培训转向职业教育。为保证培训资金的稳定投入和规范管理，应在继续使用财政资金承担培训任务的同时，总结和推广利用扶贫贷款和互助资金支持劳动力转移培训的经验，并加强对培训资金的监管，进一步提高培训资金使用效益。

二、强化企业的创新主体地位，提高工业创新能力

企业创新是产业创新的微观基础。为提高贫困县工业创新能力，必须确立工业企业的创新主体地位，增强工业企业的创新能力。

1. 提高企业的研发经费和人才投入能力

一方面，针对企业研发资金短缺的困境，发挥政策倾斜的"助推器"功能，通过重点项目倾斜、技改项目贷款贴息、所得税减免、财政资金投入等途径，对企业创新予以相应支持。完善对中小企业的信用担保制度，扩大现有金融机构对贫困企业的技改贷款规模。另一方面，针对企业研发人才短缺的困境，贫困县政府应根据企业需要，加大外部人才的引进力度，制定切实可行的待遇补贴政策，确保同档次人才的收入在地区之间大体均衡。同时，创新人才引进模式，对引进的高级人才，可以不限时间、不限身份，或按照"不求所有，但求所用"的原则，采取聘用、讲学、咨询、提供技术合作等形式，加大对外部人才的吸引力度。

2. 加快与企业创新相关的制度创新

制度创新是技术创新的保障。一方面，完善企业内部的激励制度安排，包括明晰具有激励效应的产权体系、企业家和技术人员的分配激励机制等，使企业经营者、技术人员的个人利益与企业的长远发展有机结合起来，形成对企业员工技术创新的持久的动力机制。另一方面，应完善企业技术创新的外部政策环境。政府激励政策应包括财政刺激政策、金融支持政策、专利保护政策，等等。例如，日本政府为激励企业技术创新，出台了一系列激励政策，主要有补助金制度、低息或无息贷款制度、税收优惠制度，等等。日本通产省规定凡是有助于创造新产业的研究开发，每项可获得政府提供的 1 亿日元的补助金，而所获得的知识产权归企业所有。而且，为促进企业科技创新，日本政府目前共实行了 12 种优惠税制，包括中小企业的研究开发经费可免税6%，企业超过历史最高水平的研究开发经费部分，20% 可作为免税金额，等等。[1]

3. 选择科学的创新模式，注重模仿创新

按照技术竞争态势，技术创新包括领先创新和模仿创新[2]。领先创新就是企业通过技术创新，率先开发出某一新产品，并在市场中一段时期内保持领先优势，取得较大的市场份额和较高的垄断利润。模仿创新即企业在领先创新者的示范影响和利益诱导下，通过学习模仿它们的创新思路和创新行为，吸取领先者的成功经验和失败教训，采用引进购买或反求破译等手段，吸收领先者的技术秘密，并在此基础上进一步改进完善，获得经济利益和竞争优势。

对于贫困县企业来说，由于进行领先创新要求企业拥有浓厚的创新氛围，雄厚的人才和资金支持以及强大的市场营销能力，且存在较高的财务风险、技术风险、生产风险和市场风险。因

---

① 赵玉林：《创新经济学》，中国经济出版社 2006 年版，第 305 页。
② 赵玉林：《创新经济学》，中国经济出版社 2006 年版，第 322 页。

此，其现阶段的科学选择是加大模仿创新的力度。模仿创新具有技术开发成本和风险低，便于企业逐步积累技术、发挥后发优势等优势，贫困县企业应不断提高自己的技术选择、消化、改进能力，依靠自己的成本优势和政府的优惠政策，在产业链上寻找合适的环节定位，打造自己的特色竞争优势和核心竞争优势。

三、完善区域创新系统，提高区域创新能力

在区域经济系统中，不仅各个行为主体都能通过激活资源，进行各自创新，而且还可以通过有效的分工合作，带动整个区域产业系统的创新。特别是对于贫困县来说，由于企业规模偏小，创新人才和研发经费短缺，单体创新能力薄弱，因此，必须通过区域创新系统的建立，整合整个区域的智力资源，形成一种集体创新机制。1995 年英国卡迪夫大学的经济学家库克和希恩斯托克发表了论文"区域创新系统：着眼于未来的构思"，并以此论文为起点，引发了世界各国专家对区域创新系统的研究。库克把区域创新系统定义为：由在地理上相互分工与关联的生产企业、研究机构和高等教育机构等构成的区域性组织体系，在这个体系内，企业和其他组织通过根植性的制度环境相互学习。[①] 区域创新系统的形成有利于整合区域的智力资源，获得技术扩散效益、学习效益和合作创新效益，为企业创新提供外部支持体系，提升区域产业的整体创新能力。具体说来，完善区域创新系统应把握以下关键环节：

1. 推动产学研有机结合，加强合作创新

按照创新源不同，技术创新战略包括自主创新、合作创新等

---

① 转引自吴国林主编：《广东专业镇：中小企业集群的技术创新与生态化》，人民出版社 2006 年版，第 12 页。

战略。自主创新是指企业通过自身的努力和探索产生核心技术的突破，并在此基础上依靠自身的能力推动和完成创新的后续环节，向市场推出全新的产品或率先使用新工艺，以取得竞争优势和垄断利润[①]。合作创新是以企业为主体，通过企业间或企业、科研机构、高等院校之间合作推动技术创新，它具有缩短创新时间、分摊创新成本、分散创新风险等优势。[②] 因此，贫困县政府应发挥桥梁作用，积极为企业和科研服务机构牵线搭桥，吸引上级技术研发中心、科研院所、高校的科研力量与贫困县企业建立稳定合作关系，形成一批有特色的科研开发和生产基地，并通过建立信息化网络、举办新产品交易会、研讨会等方式，为企业引进先进技术提供信息交流的平台。

2. 搭建公共技术服务平台

结合区域特色优势产业或产业集群培育，为企业技术开发提供资金、人才、研究设施等公共服务。如贫困县政府或上级政府可以成立产业技术研发中心、产品质量检测控制中心、专业模具中心、人才培训中心、创业辅导中心等公共技术服务机构，或利用互联网的发展，建立"虚拟研究所"，加快开发能够推动特色产业升级的共性技术、关键技术和配套技术。根据已有的成功经验，搭建公共技术服务平台可采取政府出资兴建、龙头企业改建、园区与企业合作共建、行业协会主办、政府出资园区管理、行业部门与企业合作、骨干企业联办、管理部门自办等多种运行模式。应按照市场化方式运作，找到企业和公共技术服务机构的利益共同点，使服务双方都能受益，形成良性循环的运行机制。同时，鼓励行业协会、企业家协会、产业俱乐部等行业组织的建

---

① 赵玉林：《创新经济学》，中国经济出版社 2006 年版，第 325 页。
② 赵玉林：《创新经济学》，中国经济出版社 2006 年版，第 343 页。

立，为产业创新提供产品研发、信息交流、企业家培训、劳动力培训等方面的服务，加快行业知识、信息的流动和人力素质的提升。

3. 完善关联企业之间的分工协作机制，建立集群创新网络

以产业园区和科技示范园区为平台，促进具有产业关联性的企业集中发展。培育或引进龙头企业，发挥其创新示范功能，推动配套协作企业加强与龙头企业的信息交流和业务合作，发挥其技术承接功能，提高产业的整体技术水平。为增强龙头企业的技术创新动力，避免同类企业的过度竞争，在技术创新中应推行"差异化"战略，即龙头企业走高端路线，其他企业走中低端路线，从事不同档次和不同环节的产品的生产，增强模仿创新能力和技术扩散效应。

第五节　加快制度创新 强化要素和市场体系支撑

市场是区域产业争夺生产要素，拓展销售空间，实现盈利的直接平台，贫困县产业竞争力低下的一个重要原因是市场体系不健全，市场经济制度建设滞后，产业发展存在被市场"边缘化"的局面。市场化水平低导致贫困县成为一个封闭循环的经济体，生产要素的流动性差，资本、技术、人才、信息等现代生产要素和经营组织方式难以进入贫困地区，因封闭而贫困、因贫困而封闭，最终形成了"贫困累积因果效应"。因此，要打破贫困县封闭落后的状态，提高贫困县的产业竞争力，必须通过市场制度创新和市场体系完善，提高产业发展的市场参与度。当前，特别应注重建立健全金融市场、人才市场、土地市场和商品市场体系。

一、加快金融制度创新，缓解资金"瓶颈"

资本是重要的生产要素，资本的流动和集聚既是产业发展和竞争力变化的结果，又是推动产业发展和竞争力提升的重要因素。由于产业发展环境欠佳，市场容量相对狭窄，资本收益率相对较低，贫困县在吸引投资的市场竞争中常常处于弱势地位，资本积累和凝聚能力差，甚至出现了稀缺资本大量外流的现象，资本短缺已经成为制约贫困产业发展的直接"瓶颈"。因此，必须通过加快金融制度创新，建立健全商业性金融、政策性金融和合作性金融相互补充的金融服务体系，强化贫困县产业发展的资本要素支撑。

1. 充分发挥农业银行等商业银行的县域金融主渠道功能

2007 年 1 月召开的第三次全国金融工作会议，确定了农业银行"面向'三农'、整体改制、商业运作、择机上市"的改革基调。2010 年中国人民银行、银监会、证监会、保监会四部门又联合发文，要求全面推进农村金融产品和服务方式创新，提出要加快做实中国农业银行"三农金融事业部"，充分发挥其支农功能。因此，应将农业银行等国有商业银行打造成县域金融主渠道，重点满足农业产业化龙头企业、农业科技园区、农村基础设施建设和县域工商企业的资金需求。由于贫困县产业发展环境欠佳、资本要素回报率偏低，出于对利润最大化的追求，商业银行资本和民间资本，一般不愿到贫困地区投资，甚至出现贫困县原本稀缺的资本大量外流现象。因此，为加大各商业银行对贫困县产业发展的支持力度，缓解资本过度外流现象，增强贫困县对资本的凝聚和控制能力，必须加快制度创新，健全激励引导机制。应把握几个关键环节：

一是实施投资倾斜、税收优惠、财政贴息等投资诱导政策，提高贫困县的资本收益率。如对贫困县的新建项目和外商投资项目实行较大幅度的税收减免优惠，降低企业发展税负，扩大投资者的盈利空间，并吸引技术和人才要素向欠发达区域流入。二是创新抵押担保机制。为解决贫困地区农户和企业缺乏担保和质押物的信贷困境，可积极尝试"企业（农户）互助联保"、"大企业带小企业"、"龙头企业带农户"、"动产质押"、"土地承包经营权或农村房产质押"、"完善企业（农户）信用档案和评估体系"等多种途径，探索建立政府、企业、行业协会、担保公司、信用信息管理机构等多元主体参与、政府扶持、市场运作的信贷担保机制，增强银行的信贷积极性。三是加大对贫困县交通、市场、通讯等基础设施的投资，增加公共产品的供给，降低企业发展的固定成本和交易成本，缩小其要素收益率与其他地区的差距。四是对企业进行投资补贴。投资补贴是中央政府对贫困地区进行援助的一种重要形式，少量的投资补贴可以依托市场机制的引导作用，吸引民间资本投入到贫困地区的产业发展中来。因此，应当由中央财政建立企业投资补贴基金，对在贫困县新建、扩建农业产业化龙头企业、特色手工业、精深加工制造业、旅游业等，给予一定比例的投入补贴。

2. 深化农村信用合作社的改革

针对农村信用合作社不良资产率高，增资扩股困难，内部运作机制改革滞后等问题，建议对农村信用社采取"轻装、减负"的特殊政策。如将农村信用社与农业银行"脱钩"前形成的"双呆"贷款剥离给长城资产管理公司收购、追偿和处置，对于农村信用社由于承担"保值贴补"的高额利息支付而形成的亏损，不论该信用社整体盈亏情况，应由中央财政全额补贴。此外，为扩大农村信用社的小额贷款投放能力，应降低人民银行支农再贷款的贷款利率，提高使用额度，由人民银行发放一定的中长期借款，增强信用社的资金实力，同时将财政直接用于扶贫的专项资金交与信用社用于小额农业、农户贷款利息补贴，加大对贫困县产业发展的支持。①

3. 完善小额信贷②扶贫机制

小额信贷在满足农村贫困人群的产业发展资金要求中发挥着特别重要的作用。但目前，小额信贷机制也存在贷款额度小、贷款周期短等问题，如小额农贷一般重点投向传统的种植业，而农业产业结构调整后，农民加大了对新兴养殖业、高效经济作物、农副产品加工、销售流通方面的投入，急需多元化的大额信贷品种与之相匹配，但是由于缺乏有效的抵押担保财产，银行、信用社感到风险难以把握，通常不愿放贷。同时，由于小额信贷一般控制在一年以内（3－10个月居多），与农作物生长少则3－5个月，多则2－3年的经营周期不适应。因此，今后应进一步完善小额信贷制度，关键是在降低信贷风险的同时，提高贷款的额度，延长贷款周期。笔者认为，一个科学的路径是积极创新贷款担保方式，包括：

（1）建立有效的农业保险体制，成立不以盈利为目的的政策性农业保险公司，并向商业性保险公司提供资金支持和政策优惠，促进他们发放农业保险，分散信贷风险。如2010年3月海口市成立了创业小额贷款担保中心，以具有良好信用记录的各类

---

① 孙海燕：《国家级贫困县深化农村信用社改革的现实选择》，载《西安金融》，2006（4）。

② 小额信贷是一种有效的直接向贫困农户提供小额金融服务，帮助他们摆脱贫困，实现自我发展的扶贫开发模式。小额信贷的广泛应用开始于20世纪70年代的亚洲和拉美一些发展中国家，经过实践的检验，小额信贷得到了社会各界的一致认可和接受，并越来越多的被世界各国在扶贫过程中所广泛采用。世界小额信贷扶贫模式最成功的典范要属孟加拉的"乡村银行"。小额信贷的特点是贷款额度小、可依次增加；分期付款；集体联保、降低风险；等等。

自谋职业和创业者为对象，为其提供贷款担保，仅 2010 年 3 月到 6 月，就已发放担保贷款 595 万元①，成效显著。

（2）建立农业信用担保机构，建立和完善信用担保公司的风险补偿机制，建立以政府财政资金为主、社会资金为辅的担保机构资本补充机制，并对信用担保公司给予税收优惠。为保证扶贫贷款资金"放的出，收的回"，北京大学的林毅夫教授建议采取"龙头企业 + 银行 + 担保公司 + 农户"的"四位一体"融资模式（如图 4 - 3 所示），其运作机制的核心是由龙头企业对信用社实行"统借统还"，把参与产业化经营的贫困户所需要的贷款统一担保下来，然后贫困户把产品卖给企业时，企业再统一还贷。或者，由有实力的龙头企业出资或牵头成立担保公司，为农户向银行申请贷款提供担保。由于龙头企业在产业化过程中掌握了大量的农户生产信息，能有效降低贷款风险；而银行根据担保公司的实力和信用度可以贷放相当于担保资金 3 - 10 倍的资金，也有利于盘活银行资金，解决农户生产资金短缺的难题，从而实现银行、龙头企业、担保公司、农户的共赢。从该融资模式的实践看，河北省赤城县京北珍稀食用菌有限公司，2006 - 2007 年先后通过"统借统还"形式为 180 户贫困户担保贷款 204 万元，带动了大榆树等 9 个贫困村 1000 余户贫困户发展食用菌种植，户均增收达 1 万元。河北承德市还鼓励和引导农户围绕龙头企业基地建设、特色资源开发，发展合作组织、专业协会等中介组织，探索通过建立"农户合作互助社"解决资金困难。

4. 创新金融组织形式，发展贫困村互助资金社等新型金融服务机构

世界银行《1989 年世界发展报告》指出："事实证明非正规

———————————

① 《海口市发展小额担保贷款业务》，载《经济日报》，2010 - 7 - 23。

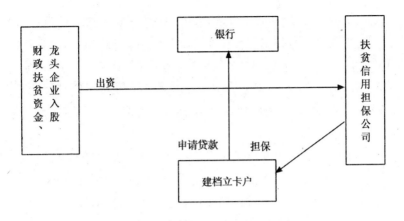

图 4-3 "四位一体"扶贫融资模式

金融能够向农户、农业和中小企业提供持续的融资服务。将非正规金融和正规金融联接的措施能够促进这些服务并创造出一种竞争的环境。"为建立健全民间金融体系，我国出台了《关于调整放宽农村地区银行业金融机构准入政策 更好支持社会主义新农村建设的若干意见》，2010 年中国人民银行、银监会、证监会、保监会四部门又联合发文，要求全面推进农村金融产品和服务方式创新，提出要鼓励和引导商业银行和社会资金投资设立村镇银行、贷款公司和农村资金互助社等新型农村金融机构以及小额贷款公司，大力发展农户小额信用贷款和农村微型金融，对农村金融产品和服务方式创新取得明显成效的银行业金融机构，支持其有效设立村镇银行等新型农村金融机构、跨区域兼并重组，并在网点布局调整方面实施市场准入绿色通道①。因此，应积极发挥扶贫资金的引导功能，大力发展多种形式的新型农村金融机构和地区性中小银行，允许有条件的农业专业合作社和企业开展信用

---

① 《引导更多信贷资金投向农村》，载《经济日报》，2010 – 7 – 28。

合作，按照"资金互助、管理民主、获得便利、风险控制"等原则，拓宽贫困地区农民和中小企业的资金来源。其中，稳步推进贫困村互助资金试点是一条有效的途径，为弥补农村合作金融的缺位现象，2005年以来，中央出台了多个文件，倡导给地积极发展多种所有制、多种形式的小额信贷组织，为互助资金组织的发展提供了空间。

贫困村互助资金是国务院扶贫办和财政部针对贫困地区金融发展滞后，金融产品不足，农户生产资金缺乏，制约农业、农村发展特别是贫困户脱贫致富的突出矛盾，而采用的一种特殊扶贫方式，也是创新财政扶贫资金管理使用机制的新探索。发展贫困村互助资金社具有重要的功能，主要体现为：

第一，是加快贫困地区发展，完善贫困地区金融服务体系的需要。完善的农村金融服务是发展现代农村产业的重要内容。贫困地区资本供给不足，金融服务严重滞后，储蓄资金大量外流，贷款资源严重不足是制约其发展的一个主要原因。据统计，我国扶贫开发重点县基本没有工、中、建等银行，金融机构网点平均每个乡镇不足1个，全国"零金融机构乡镇还有2825个，80%以上集中在中西部贫困地区，农户贷款覆盖率不足10%，贫困村不足5%。四川旺苍县35个乡镇有11个乡镇没有金融机构网点，形成大面积金融服务盲区。而且，部分金融机构服务僵化，业务操作手续繁杂，贷款门槛高，担保条件严，一般农户特别是贫困户很难获得所需的贷款。因此，发展贫困村互助资金社可以在一定程度上弥补商业金融缺位和不足，缓解贫困户生产资金缺乏和贷款难的矛盾。通过互助资金借款，门槛较低，手续简单，投向明确，许多贫困户能够通过这种形式，周转使用扶贫资金，实现扶贫到户。如重庆市从2008年起在全市贫困村开展村级互助资金组织试点，每个试点村安排财政扶贫专项互助启动资金

15 万，到目前已经建设村级互助资金组织 1000 个，共投入财政扶贫专项资金 1.5 亿元，为 21.3 万户贫困农户提供了贷款支持。目前，该资金运转良好，使用率达到 97.6%，到期资金回收率高达 99.8%，有效缓解了贫困群众资金不足问题，创新了财政扶贫资金的使用方式，探索了贫困地区产业发展的新路子①。

第二，是提高农户组织化程度和抵御市场风险能力的需要。我国农业经济进入加快改造传统农业，走有中国特色农业现代化道路的阶段，现代农业需要农民具有较高的组织化程度，而贫困地区普遍专业合作组织发展缓慢，数量少，规模小。互助资金这种形式探索出贫困地区提高农户组织化程度的一个有效途径。互助资金促进了村民之间的沟通和互动，培养了互助合作意识，有利于生产资料、市场信息、生产技术等资源的整合与共享，不仅为提高农民组织化程度提供了途径，也为进一步开展产供销合作创造了契机。许多试点区都形成了专业技术合作与互助资金之间相互融合、相互促进的局面，提高了农户抵御市场风险的能力。如安徽省霍山县有 190 个互助社，其中三分之一以上与养牛、茶叶等专业合作社结合了起来，在满足农户资金需求的同时，与专业合作社联合，推动村民联合生产，联合经营，联合购销，增强了带动力。

第三，有利于创新财政扶贫资金的使用机制，增强扶贫对象瞄准性。互助资金将财政扶贫资金由一次性无偿投入转变为有偿和滚动使用，放大了资金总量，提高了使用效应。而且，在试点区，无论在贫困户入社、组建互助小组，借款发放和后续服务等方面，都坚持贫困户优先原则，互助资金的服务对象优先指向贫困户，增强了扶贫投入的针对性，提高了资金使用效率，如四川

---

① 《重庆建 1000 个村级互助资金组织》，载《经济日报》，2010 - 7 - 21。

224 个村计算机管理信息系统的统计数据表明，借款户中绝对贫困户占 26%、低收入户占 49%，相对富裕户仅占 25%。

因此，今后必须认真落实国务院扶贫办《关于做好贫困村互助资金试点工作的指导意见》，以财政扶贫资金为主导，吸引部门帮扶资金、社会捐助资金、农户入股资金参与，扩大贫困村互助资金试点的覆盖面。为此，应把握以下几个关键环节：

第一，坚持政府推动。如宁夏回族自治区共从 2009 年开始，计划在 3 年内，在全区 22 个县（市、区）中 1000 个贫困村建立互助社，使试点村覆盖率达到全区 1400 多个贫困村的 70% 以上。其成功经验在于不断加大政府投入和推动力度，宁夏回族自治区人民政府将互助资金扩面工作列为"十项民生计划"和"为民办的 30 件实事"之一，自治区政府向试点村投入的财政扶贫资金规模为小村 20 万元、大村 30 万元，同时，市、县（区）也有投入，有效带动了金融机构和入社农户的投入规模，如兴源村各级政府投入 48.18 万元，280 户社员入社资金 32.12 万元，互助资金总规模达到 80.3 万元。据了解，宁夏有的试点村互助金总规模达到了 300 多万元，良好的运行效果吸引了一些金融机构开始向互助社批发资金，借助互助社这个平台向贫困村发放贷款。据宁夏扶贫办介绍，到 2010 年底，金融机构、企业已向水果产业、设施农业项目发展较好的试点村互助社投入资金 3000 多万元。

第二，坚持运行管理规范。一是制定实施细则，确保规范运行，设立互助资金指导小组，统一协调区域互助资金的有关政策制定，试点资金安排，培训工作和互助资金使用情况的监督检查。二是通过民主选举，选出有德、有才、有奉献精神的同志，担任互助社管理人员，引导村民充分讨论，民主制定运作方案和规章制度，确保农户的知情权、决策权、参与权和互助资金的规范运行。三是不断加强能力建设，关键是提高扶贫财政部门、乡镇分管干部和互助社管理人员的能力和水平，反复培训，确保互助社的正常运转和可持续发展。四是加强内外监督，规避项目风险，健全完善内部监管体系，建立健全互助联保、借款审批、公告公示、群众监督等制度，同时，进一步建立健全外部监管体系，特别是扶贫和财政部门要着力健全监督检查机制、风险控制机制，探索建立外部风险资金，以省级统筹的外部风险资金，抵御自然灾害等人为不可抗拒因素给互助社带来的大面积损失，将风险降到最低。在这个问题上，四川省扶贫办和财政厅联合印发了《四川省贫困村村级互助资金管理办法（暂行）》，明确了风险资金筹集使用、拨付等内容，取得了可喜的成效。

第三，坚持贫困户优先。必须实施贫困户入社免交会员费，优先获得资金和技术支持等政策，有效提高贫困人口的自我发展能力，对此，应设立专项扶持经费，在借款限额、资金占用费等制度设计上，充分考虑贫困户的利益，提高贫困户获得金融支持的能力。

二、加快人力资源开发，消除"贫困文化"

消除贫困的根本途径在于增加贫困人口自我发展的能力和机会。美国经济学家舒尔茨（Schultz，T·W）针对早期西方经济发展理论强调物质资本，忽视人力资本的问题，曾经指出："改善穷人福利的决定性生产要素不是空间、能源和耕地，决定要素是人口质量的改善和知识增进。"[1] 增加产业发展的人力资本贡献率，有利于减少对物质资本的依赖，提高要素贡献率和劳动生

---

[1]　Schultz. T. M, *Investing in People*：*The Economics of Population*. California. UV of California Press. 1981. p4.

产力，深化劳动分工和专业化。

1. 加大各级政府对贫困县的基础教育投入

从各国扶贫投入的成功经验看，政府的教育扶贫投入是收益率最高的投入项目，贫困地区的人力资本投资无论私人收益率还是社会收益率都很高。目前，制约贫困县教育投入的主要因素，除了地方政府对人力资源的认识不够深入，更热衷于上立竿见影的工业项目和形象工程这一原因外，关键在于地方政府受财力限制，缺乏投入能力。因此，应加大上级政府对贫困县教育的投入力度，特别是继续落实和完善"两免一补"等义务教育制度，保障贫困者公平的受教育权利，打破贫困代际传递的恶性循环，增强贫困人口的自我发展和自我脱贫能力。

2. 建立多层次、全方位的劳动力培训体系

对于贫困县来说，由于工资待遇低、就业环境和发展前途相对较差，缺乏人才吸引能力，因此，应把提升本地劳动力的竞争素质作为基础战略，建立一套完善的人力资本内部培养计划。一方面，结合农业特色产业发展，加强农村实用技术培训，提高农民的农业技能。将政府的扶贫资金划拨一定比例，用于为贫困县农民提供免费或低收费的实用技能培训，力争每户基本都有一名劳动力掌握 1-2 项实用技术。另一方面，扩大劳动力输出培训工程。劳动力输出培训工程是目前我国扶贫开发的三大工程之一，应结合本县非农产业的人才需求和劳务输出需求，以贫困户中年龄在 18 至 35 周岁之间、具有小学以上文化程度的青年劳动力，特别是初、高中应届毕业的贫困青年和复员军人作为主要培训对象，依托国家和省扶贫办认定的劳动力转移培训示范基地，加大就业技能培训，提高其就业素质和创业意识。为保证培训资金，应建立财政、社会资金、信贷资金、用工单位、个人投入相结合的多元投入机制。

第三，加大文化扶贫力度，解除"贫困文化"束缚

消除"贫困文化"，不是一件轻而易举的事情，需要做长期、细致的工作，必须树立以人为本，"治穷先治愚，扶贫先扶人，扶贫先扶志"的扶贫理念，把文化扶贫当作一种移风易俗的精神转型工程加以推进。为此，应把握几个关键点：一是转变生存价值心态。改变过去以物质形式为主的扶贫办法，从触动、激励和鞭策贫困户脱贫致富的主动性上做文章，激发他们的进取心和创造性，从根本上转变人们的生存价值心态。二是转变生产价值心态。大力培育和发展贫困县的商品经济，形成广泛竞争的激励机制，通过生产经营方式的转变，改造人们的生产思维方式和价值观念。并大力推广科学技术，使贫困户在学科技、用科技中转变生产价值心态。三是转变生活价值心态。大力发展农村文化教育事业，营造良好的文化环境，创造重科技、重教育的新风尚。[①]

三、加快土地制度创新，拓宽产业发展空间

土地要素供给是贫困县的一个重要资源优势，贫困县拥有大量尚未开发的土地，可以为县域产业发展、招商引资提供广阔的空间。从国际经验看，美国实施西部大开发，一个成功的经验在于发挥土地产权制度的激励作用。因此，对于贫困县来说，应通过土地制度创新和土地市场体系完善，发挥土地资源对生产要素的凝聚和组合功能，强化对贫困县产业发展的支持。具体说来：

1. 明晰土地产权制度

当前我国农村土地存在产权不清晰，特别是弱势农民的土地

---

① 参见徐永平：《关于贫困文化的思考》，载《内蒙古民族大学学报》（社会科学版），2004（4）。

权益得不到有效保障问题，直接制约了土地流转的顺利推进，制约了土地增值收益的公平分配，制约了土地交易市场的健康运行。具体说来，我国农村土地在法律名义上属于集体所有制，但在现实运行中，可以对土地财产实行事实影响的至少包括三个主体：农村集体、农户和政府。具体说来，农村集体组织在法律上是农村土地的所有者，应该可以行使占有、使用、收益和处分的权利，但实际上，集体只有按照国家的有关政策实行发包土地与调整农户承包地的权利；而落实到农户对于土地的经济权利上，农户没有土地的名义所有权和处分权，仅仅拥有占有、使用土地的权利；政府在法律上对于农村集体土地没有任何权利，但在现实操作中却可以通过制定相关法规政策和进行行政干预，对土地实施处分的权利。可见，这三个主体对土地都拥有一定经济所有权，每个主体的经济所有权又都是残缺的，彼此纠缠不清，导致了农村土地缺乏清晰的产权主体，无法实现顺畅流转。因此，要加快土地要素的市场化进程，必须首先实现农地产权的清晰化，其现实选择是积极落实国家提出的土地承包经营关系永久不变政策，加快实施土地承包经营权、林权等确权颁证工作，推动农户土地经营承包权的物权化，保障农户的产权主体地位。

2. 健全土地流转服务平台，推动土地规模化、有序化流转

为破解土地分散经营与现代农业发展之间的矛盾，推动土地的流动和优化配置，支撑农业的规模化、产业化经营，需要建立多层次的农地产权交易市场体系，为农地产权交易提供信息和服务平台，并将农地产权交易纳入规范管理，确保交易双方权责明确。由于农地产权交易是一个比较复杂的过程，涉及的交易技术细节比较繁多，需要加快中介组织服务建设，特别是完善县、镇、村三级土地流转服务体系，为土地交易提供信息搜集、价格评估、金融信贷、代理登记等一条龙服务，探索转包、互换、股

份合作制等多种土地流转方式，不断提高土地流转的信息化、规范化水平。

3. 盘活建设用地存量，提高土地集约利用率，拓展非农产业发展空间

建设用地短缺是制约贫困县乃至全国各地加快工业化、城市化进程的重要因素。为拓宽贫困县非农产业发展的空间平台，必须实施最严格的节约用地制度，结合社会主义新农村建设，解决农村宅基地闲置、废弃砖瓦窑等"空心村"问题，提高建设用地的集约利用率。据统计，目前我国4亿亩村庄建设用地中，"空心村"内老宅基地的闲置面积占10－15％，因此，全国约65万个行政村，通过土地整理集中安置农民住房，大约可整理出6500万亩土地资源。因此，应积极推进农民向中心村和重点镇集中，盘活农村建设用地，并在留足农村发展用地后，允许其余部分作为增减挂钩指标，在县域范围内有偿转让使用，从而为城区建设和工业发展提供必要的建设用地支撑。

4. 出台优惠政策，发挥土地对外部资源的吸引功能

为发挥土地对招商引资的吸引功能，应继续完善贫困县的土地优惠政策。第一，适当延长土地使用权的期限。如对于大面积的山岭、坡地、沟壑、荒漠等，可以按照国家还林还草的政策要求，以100到120年的使用期限，低价出让给农牧民和其他投资者。在国家私人财产不受侵犯的法律保护下，让一部分投资农业的投资者通过拥有长期的土地使用权利，增加投资回报率。第二，允许土地使用权作为一种财产，在开发增值后，在二级市场上进行交易。并逐步尝试投资者以土地承包经营权为抵押进行贷款，缓解其产业发展的资金瓶颈。第三，降低土地出让的价格，以较低的土地价格来变相提高贫困县投资者的要素收益率，增强贫困县招商引资的吸引力。

四、完善商品市场体系，增强产业的市场开拓能力

对于贫困县产业发展来说，狭窄的内部市场容量和低层次的消费需求结构，无法有效引导特色优势产业的发展和竞争力提升，必须通过扩大对外开放水平，积极拓展外部市场范围。

1. 积极发展、壮大个体供销队伍

个体专业供销队伍是指具有特定需求信息来源的特定自然人，同企业或农户之间形成的基于交易的松散型经济共同体。贫困县以农户和中小企业为主，难以直接动用现代营销方式，一个重要的现实选择是加快农产品和企业相关产品的经纪人队伍建设，发挥其为供求双方传递信息、达成交易的桥梁作用。如泉州在20世纪80年代号称拥有百万供销大军，足迹走遍全国，为企业带来市场信息和销售渠道。以农产品供销为例，贫困县应积极发展多元化市场销售和流通主体，加快培育农村经纪人、农产品运销专业户，推广"支部＋协会＋农户"、"龙头企业＋基地＋协会＋农户"等运行模式，以农业专业合作经济组织为依托，大力发展专业化农产品销售组织，引入大型涉农企业参与农村市场建设和农产品、农资经营。并对农产品经纪大户在税收优惠、资金扶持等方面给予政策激励，鼓励农村经纪人采取合作、合伙或公司模式形成规模，从而提高贫困县产品的市场知名度和竞争参与度。

2. 积极发展专业市场、农家超市等多层次交易市场体系

从历史上看，专业市场是伴随特色农业、家庭工业、小企业的发展而发展起来的一种市场交易体系。通过专业市场建设，可以将特定产业和产品的供求双方大规模聚集起来从事交易活动，产生规模经济和范围经济：对于生产者来说，可以以较低的成本购买各种原材料，可以直接了解各种消费信息以及同类厂家的最

新信息；对于消费者来说，可以节省交易费用，引导供给结构调整。实践证明，专业市场是一种为众多中小企业设计的，只需支付较少费用就可以共享规模巨大的购销网络的制度安排。如泉州、温州等地乡镇工业的发展，都是在与小商品专业市场的发育共同起步、相互推动的良性循环中不断壮大的。温州在20世纪80、90年代兴建了500多个专业市场，将其工业产品的销售市场空间拓展到国内外，有力地推动了产业市场份额的开拓和竞争力的提升。

又如河北省阳原县为促进皮毛产业上规模，十分重视皮毛市场建设。2005年引进了香港豪德集团投资3.2亿元人民币建设皮毛大市场项目，力求集加工、商贸、科研、服务于一体，可容纳从业人员3万多人。随后，皮毛产业重点乡镇的东城镇建起了华林皮毛市场。两大皮毛市场的建设，使阳原县过去皮毛购销两头在外、受制于人的现状得到基本扭转。同时，县政府充分运用各种宣传媒体全方位、多角度地宣传县内悠久的皮毛文化和独特精湛一流的碎皮加工技术优势，宣传皮毛之乡和著名的皮毛品牌，以此来不断增强和扩大阳原皮毛之乡的知名度，拓展市场空间。据统计，仅2010年，皮毛大市场内的动物皮张、碎料、皮褥、成品皮衣交易额达5亿元，为1600多个贫困村剩余劳动力提供了就业岗位。因此，对于贫困县来说，应围绕特色产业和特色产品的发展，加快专业市场建设，不断完善信息采集发布系统、电子结算系统和产品检测系统，探索发展农超对接、连锁经营、电子商务、产品直销等新型交易方式，配套完善仓储、冷冻、物流、包装、农资良种供应等关联服务体系，实现供应、采购到销售、服务的无缝连接，逐步形成上下联动、内外结合的市场销售网络。

3. 积极参与区域性经贸活动

可采取"政府搭台、企业唱戏、多元联动"的办法，发挥政府、商社、团体、企业、个人等方面的作用，组织贫困县企业参加各种博览会、商品展销会。政府也可以积极宣传区域形象，承办各种商展和招商活动，帮助县域企业提高产业、产品的市场知名度，打造区域品牌。

第六节　完善扶贫开发机制 优化反贫困治理结构

法国经济学家冈纳·缪尔达尔（Gunnar Myrdal）指出，在区域经济不平衡发展中存在"循环累积因果"效应，在其作用下，使得先进的地区更加先进，落后的地区更加落后，从而产生经济地理空间上的二元结构。因此，为避免"循环累积因果关系"的影响，防止区域经济社会发展的两极分化，各国政府都采取了一系列扶贫开发措施，加强对贫困地区的引导和扶持。由于我国传统政府主导下的贫困治理模式在对象瞄准、项目选择、资金投入、管理监督、政策设计等方面存在机制缺陷，必须以构建"农村合作式反贫困治理结构"为核心，完善扶贫开发机制，强化政府对贫困县产业发展的扶助功能。所谓农村合作式反贫困治理结构是指为促进农村贫困地区和贫困人口的稳定脱贫和跨越发展，政府、非政府组织、社会团体、企业、贫困人口等多元反贫困主体，通过科学规范各方的责、权、利关系，发挥政府的主导功能，发挥非政府组织、社会团体、企业等的辅助功能和贫困人口的主体功能，由此形成科学的计划决策、信息传递、组织管理、执行运作、监督评价、法规制度等运行体系，高效的扶贫资金投入和资源整合机制、扶贫项目选择监管机制、扶贫对象瞄准机制、扶贫政策协调机制，构建合理分工、优势互补的反贫困有机整体。

一、完善扶贫资金投入和资源整合机制，加大扶持力度

1. 建立各级财政扶贫资金的稳定增长机制

目前，我国中央财政扶贫资金占全国 GDP 的比重仅维持在 0.1 - 0.2%，占整个国家财政支出的比重不足 1%，与贫困县经济社会生态发展的需要存在明显差距，同时，由于中央财政扶贫资金从 2002 年开始逐步向扶贫开发重点村倾斜，而全国 44.47% 的重点村分布在非扶贫开发重点县，导致 2001 - 2004 年，我国扶贫资金总量流向贫困县的比重从 74.2% 下降到 66.21%，扶贫开发重点县获得的扶贫资金比重不断降低。而且，由于以扶贫名义分配的资金与其他广义的农村专项转移支付之间没有清晰的功能、职责边界，在现实的资金分配中，存在着扶贫资金用于贫困县、扶贫重点村，而其他广义的农村专项转移支付用于非贫困县、非重点村的默认分配原则，这导致了扶贫重点县、重点村在很大程度上被排除在使用规模更大的其他农村转移支付资金的对象之外。

因此，应建立中央和地方财政扶贫投入的稳定增长机制，切实落实"中央财政和省级财政都必须把扶贫开发投入列入年度财政预算，并逐年有所增加"的有关规定，中央财政扶贫投入增幅不低于一般支农投入力度，据专家研究，将中央财政支出的 1.5% 用于扶贫投入是完全有必要，也是我国财政能力可以承担的。特别是 2009 年我国贫困标准上调到 1976 元后，我国扶贫对象由 1479 万人扩大到 4007 万人，增加了近 1.6 倍，对各级政府进一步加大扶贫资金投入，实现贫困地区的稳定脱贫致富，提出

了新要求。

在稳定增加各级财政扶贫投入的同时，积极完善财政扶贫资金分配机制，中央财政扶贫资金分配总体上向革命老区、民族地区、边疆地区、特殊类型贫困地区倾斜。在坚持"四个到省"的前提下，完善财政扶贫资金绩效考核制度，强化绩效考评结果的应用，实行绩效奖励。按照分类指导、区别对待的原则，适当调整扶贫资金分配中不同因素和权重，确保地广人稀、极度贫困的少数民族地区、特殊类型贫困地区得到应有的扶持。明确中央财政扶贫资金的使用重点，优先扶持优势特色产业发展、开发人力资源等项目。

2. 协调扶贫开发专项投入与行业投入，提高资源整合效益

为发挥扶贫资金的规模效益，必须加大扶贫部门和其他相关行业部门的资源整合力度，更好地发挥行业部门在扶贫开发中的促进功能。例如，河北省在2003年出台了《关于加大对重点县支持力度的意见》，提出要进一步树立"大扶贫"的理念，实现专项扶贫与其他有关行业职能部门的分工合作，资源整合，明确贫困村基础设施和社会事业由有关行业职能部门负责，扶贫部门重点抓产业发展、劳动力转移培训和扶贫移民等，强调教育厅、科技、工业和信息化、国土资源、交通、水利、农业、卫生、广播电影电视、林业、电力监督委员会等有关行业主管部门，在制定政策、安排资金项目时，结合部门特点和行业工作，优先研究和安排贫困地区民生工程、基础设施、生态环境建设，进一步加大对贫困地区的转移支付力度，确保贫困地区的基本建设投资、民生投入高于全国平均水平，逐步缩小地区间的发展差距。

3. 加大财政转移支付力度，降低贫困县基础设施建设的配套资金要求

对于贫困县来说，由于地方政府的财政收入有限，基础设施

建设普遍落后，医疗卫生、文化教育、社会保障等公共事业发展水平与其他区域相比差距较大。因此，为实现不同区域之间基本公共服务的均等化目标，必须建立科学规范的财政转移支付制度。特别是为迅速改善贫困县产业发展和参与竞争的设施环境，增强贫困县的自我发展能力，应进一步加大对贫困县基础设施建设的投入力度。由于国家在基础设施建设的区域布局中，常常要求地方政府按照一定比例自筹配套资金，而贫困县经济实力偏弱，地方财政收入有限，难以满足国家关于基础设施建设的配套资金要求，常常不得不在资金短缺的情况下，承建区域基础设施项目，导致了大量豆腐渣工程、面子工程、半拉子工程和偷工减料工程的产生，降低了基础设施资金使用效率和收益率。因此，建议国家适当降低对贫困地区基础设施建设的地方自筹资金的比例，通过加大国家银行的贷款支持，引导地方资金和社会闲散资金，投入到地方基础设施建设中来等途径，拓宽贫困县基础设施的投入渠道。

4. 完善信贷扶贫机制，强化激励引导

为强化扶贫信贷的政策引导机制，提高金融机构向贫困地区和贫困人口贷款的积极性，应积极完善相关管理、运营和激励约束机制。

（1）改革贴息贷款管理体制。为强化扶贫功能，国务院扶贫办与财政部、人民银行、银监会等部门要密切配合，全面改革扶贫贴息贷款管理体制，下放管理权限，扩大经营机构范围，调整贴息贷款政策，建立激励约束机制。

（2）强化贴息激励机制。大幅增加中央和省信贷贴息额度，逐步提高信贷贴息标准，发挥贴息支持的杠杆撬动和信贷倍增效应。在到户贷款贴息资金的使用上，积极引入竞争激励机制，重点扶持经济效益和社会效益较强的项目和片区，根据上年度的到户贷款管理情况，哪个县搞得好，就给哪个县更多的资金扶持。同时，不断加强各级扶贫办与金融机构的合作，严格动态筛选机制，找准一批有增收潜力的贫困示范户，有带动能力和扶贫责任感的龙头企业、成长型企业、扶贫专业合作组织，确保贴息工作贴得出（有产业）、贴得准（瞄准贫困户）、贴得好（有效益）。

（3）创新风险补偿机制。如将一部分财政扶贫资金用作风险补偿资金，按照扶贫贷款的投放规模、增长速度，拨付给放贷机构或担保单位，提高其信贷风险应对能力。同时，针对贫困群众抵御各种风险和灾害能力较差问题，探索建立扶贫产业保险机制，提高贫困群众抗灾防灾能力，提高金融机构的放贷积极性。

（4）完善信贷担保机制。继续探索灵活多样的扶贫信贷担保模式，如河北省近年来大力推广大名、武邑等扶贫贷款担保平台的试点经验，即以财政扶贫资金为杠杆，吸引龙头企业等社会资金入股，设立扶贫贷款担保基金，成立扶贫信用担保公司，吸引金融机构为绝对贫困户发放小额信贷；推广河北省巨鹿县的"两组织"经验，即成立"扶贫信贷担保志愿者组织"和"贫困村诚信自律者联谊会"，通过农户互保、干部担保这种"双保险"的方式，走出一条以群众诚信自律为基础，以公职人员自愿担保为补充，以扶贫产业项目为依托，以扶贫贴息为激励，以扶贫灾害保险为护航的金融扶贫成功之路，从而逐步形成财政扶贫资金担保、社会资金担保、企业担保等多种形式的贷款担保机制。

（5）开展贫困村互助资金试点，积极开展小额信贷试点，探索有效到户机制。目前全国已经有 8009 个贫困村进行试点，覆盖近百万农户，目前资金规模 15 亿元，其中财政扶贫资金 12 亿元，不仅在一定程度上缓解了贫困地区农户贷款难问题，而且提高了群众的组织程度和经营能力，如安徽省 1340 个村建立了村级互助资金，到期还款率达到100%。另外，积极开展小额信贷试点，如江苏、福建、浙江、云南等省每年安排一定规模的财政资金，对贫困地区发放小额信贷资金的金融机构给予贴息或奖励，鼓励他们支持低收入农户发展生产，增加收入。

5. 拓宽社会扶贫资金渠道，构建"大扶贫"格局

为破解扶贫资源投入不足的瓶颈制约，应积极吸引社会资金参与贫困县产业发展，构建"大扶贫格局"。如河北省提出了"四帮一"扶贫机制①，由以党政机关、企事业单位、经济发达县（市、区）为主开展帮扶工作，向搭建平台，动员和组织民营企业、社会团体、党员干部、个体经营者等社会各界广泛参与扶贫开发。按照自愿互利、谁投资谁受益的原则，引导民营企业到贫困地区认领贫困村，找准自身发展与贫困群众脱贫致富的最佳结合点，实现经济效益与社会效益双赢。如湖北省2007年实施了"616"对口支援民族地区工程②，迄今已实施项目600多个，落实资金30多亿，对民族贫困地区有比较优势的烟草、中药、旅游、矿产、绿色产品等特色支柱产业加大扶持力度，不断提高资源加工和增殖能力，成为推进民族地区脱贫致富的有效载体③。

"十二五"时期，我国拓展社会化扶贫的重点领域包括：一是积极拓展国际合作领域。2004年上海全球扶贫大会是我国扶贫领域国际合作的新起点，从单方面引进资金转向共享经验和资

---

① 扈双龙：《认真贯彻党的十七大精神 切实提高扶贫开发的水平——在全省"四帮一"扶贫工作队长培训班上的讲话》，2008-3-5。

② 所谓"616"工程是指1个省委、省政府领导牵头，省直6个党委参与，负责支持1个民族县，每年至少办成6件较大实事。

③ 《湖北省实施"616"对口支援工程取得积极成效》，载《经济日报》，2010-8-14。

源，中国国际扶贫中心作为这次大会的直接成果，成为我国和其他发展中国家相互学习、相互促进的平台。二是丰富东西扶贫协作形式，从单项支持转向优势互补、互惠互利。三是随着经济社会的进步和公益理念的普及，非政府组织在扶贫开发中发挥着越来越积极的作用，成为扶贫资金投入特别是扶贫项目管理运营的重要主体。四是随着民营经济快速发展，企业家回报社会的意识逐渐增强，参与扶贫开发更加主动，应积极拓宽企业参与扶贫的领域和渠道。

二、完善扶贫项目选择、监管机制，提高产业扶贫效益

由于我国扶贫资金的投放是依照扶贫项目的选择和实施进行的，因此，为提高扶贫开发效益，应进一步完善扶贫开发项目的选择、实施、监督机制。一是项目选择上，应走出政府掌握项目选择权的误区，充分发挥贫困农户和扶贫龙头企业的主体功能，建立"依靠市场机制，遵从市场选择，企业掌舵，政府和贫困户搭船"的项目选择机制，政府的主导作用应体现在监督、保障扶贫效益惠及真正的贫困地区和贫困人口上；二是在项目实施上，适当降低贫困地区和贫困人口的准入门槛，改变非贫困户排挤贫困群体的状态。通过加大各级政府投入，降低配套资金要求等途径，使低收入贫困群体能够真正受益；三是在项目监测评估上，要将项目的技术评估和社会评估结合起来，应强调扶贫效益而非扶贫资金是否进村入户，把项目覆盖的贫困群体范围、增收程度作为衡量扶贫项目效益的主要指标。四是建立重大扶贫项目督查制度。如河北省扶贫办在这个问题上进行了有益探索，该省扶贫办制定实施了督查员制度，如围绕孟村、平泉等财政扶贫资金达千万元的国家连片开发试点项目，每县选派一名特派督查员，建议聘任督查员为县长助理，参与扶贫试点项目的组织实施，实施

驻县全程检查督导，时间为一至两年，并督查员实行定期报告制度，即每季度进行汇总分析，提出意见和建议报省扶贫办。

三、完善扶贫开发瞄准机制，减少扶贫资源的错配和漏出

准确锁定扶贫开发对象，是提高扶贫资金、扶贫政策投入效益的首要任务，为防止扶贫资源的错配和漏出，必须加快完善贫困县、贫困村、贫困户三级扶贫开发瞄准机制。

1. 适时调整扶贫开发工作重点县的认定资格，下放调整权

随着县域经济的快速发展，部分扶贫开发重点县一跃成为区域经济强县的案例日渐增多，为杜绝"富县戴穷帽，穷县没帽戴"的积弊，减少国家、省和对口帮扶部门的扶贫资源漏出，必须及时调整重点县的评定指标和认定资格，通过舍富纳贫，将事实发展落后、实力薄弱的县区纳入扶贫规划。如陕西省扶贫开发领导小组根据本省部分扶贫重点县出现超常规发展的情况，明确农民人均纯收入和人均地方财政收入均超过全省平均水平的县，地方综合考核指标在全省前十名的县调整退出扶贫重点县范围。陕西省的做法对全国扶贫重点县的调整具有重要的借鉴意义。

为提高重点县动态调整的时效性，笔者建议将调整权下放给省级扶贫办，由它们定期对重点县进行重新评定或调整，这是因为，各省扶贫办更了解区域各县的发展状况，更容易破解重点县资格认定中的信息不对称现象，同时，由国务院扶贫开发领导小组办公室来调控重点县总量，并对各省调整情况进行备案、监督和审核。

2. 在贫困村选择中引入适度竞争机制，强化公平激励

为真正识别出需要帮扶，又具有脱贫潜力的贫困村，应采取"自荐"和"联评"相结合的认定方法，适度引入竞争激励机制，即首先由自认为困难的村报名参与筛选，陈述发展困难、未

来规划，然后由扶贫办和农办、财政厅、农行、信用联社等相关部门的专家一起，与自荐村进行逐一座谈交流，并到该村进行实地考察，最后进行评比、公示，从而有效激发贫困村自身的脱贫潜力，优先扶持那些脱贫积极性高，需求强烈，两委班子过硬，整村推进规划及发展路子好的贫困村。

3. 结合扶贫标准上调，完善贫困人口的统计监测工作

为提高农村贫困人口识别的透明度和准确度，做到真扶贫、扶真贫，应按照新的扶贫标准，结合扶贫开发与最低生活保障制度有效衔接试点，建立健全对贫困户的识别机制。一是建立扶贫统计监测机制。通过逐户摸底，建立统一、规范的贫困人口实名制档案系统，规范农村贫困家庭的收入核算机制，并对贫困人口进行逐一登记造册，建档立卡，形成县、乡、村三级贫困人口档案数据库，把那些真正的贫困户纳入扶持范围。如江苏省由扶贫办和省调查总队、省统计局联合开展了全省农村贫困人口调查，对年人均收入 2500 元以下的贫困人口全部建档立卡，由省扶贫办、财政厅、民政厅、统计局、调查总队联合发文，公布了江苏省农村贫困人口建档立卡的主要数据，成为各部门实施扶贫政策的依据。二是完善群众参与识别机制。为最大限度地避免村干部操控贫困人口认定的"内部人控制"现象，要继续试行"政府定帮扶比例，村民选举定贫困户"的做法，大力规范农户申请、民主评议、公示审批、调查登记等关键环节，将扶贫对象纳入村务公开栏，张榜公布，接受群众监督；如安徽省岳西县从 2001 年开始，采取贫困监测与村民票决相结合的识别方法，有效破解了贫困人口识别难的问题。三是强化动态管理机制，通过有效跟踪，做到"应进则进，应退则退"，以一年为周期，使已经具有自我发展能力的贫困人口及时退出，让漏出的贫困人口进入扶持范围，以提高扶贫资金的动态传递效应，最大限度地发挥扶贫资

源的效益。

而且，在贫困县、贫困村、贫困人口三级扶贫对象之间，也应明确重点，力争人穷扶人，村穷扶村，县穷扶县，勿将三者混为一谈，避免为了扶穷村、穷人而扶富县，或为了排除富县而将穷村、穷人一并排除的混淆扶贫现象，从而实现政府扶贫资源真正能锁定"真贫"，在贫困地区和贫困人口的产业发展和生活改善中，发挥帮扶效益。

四、完善扶贫政策协调机制，形成扶贫合力

扶贫开发是一项系统工程，扶贫效益的最大化有赖于财政、税收、金融、产业、生态补偿等各项政策之间的协调、配套，以形成一个相互补充、相互衔接、相互促进的多层次扶贫政策体系，形成合力。

1. 完善税收优惠等产业促进发展政策

一是改革现行的税收计划方法，将"基数"加"系数（增长）"确定税收计划的方法，改为按现价 GDP 增长系数加税源变化因素确定税收计划的方法，以更加科学、合理地反映经济发展成效和不同地区的税源差异，形成经济发达、税源多的地区多交税，经济落后、税源少的地区少交税的公平税负格局。如河北省就对贫困县采取了增值税、营业税、企业所得税、个人所得税实行"定额分享、超收全返"的增量返还政策，增强贫困县的发展能力。二是继续执行国家支持贫困地区发展的减税、免税、延期纳税、再投资退税等多项税收优惠政策。如对扶贫重点县农膜、化肥、农药、部分饲料、种子、种苗、农机按国家税收政策有关规定暂免征收增值税；对国家扶贫开发工作重点县的农村信用合作社暂免征收企业所得税；农业机耕、排灌、病虫害防治、植保、农牧保险以及相关技术培训业务，家禽、牲畜、水生动物

的配种和疾病防治业务免征营业税；对新办企业减征或者免征 3
年企业所得税；直接用于农、林、牧、渔业的生产用地免征土地
使用税，等等。

2. 完善生态补偿等产业公平发展政策

对于许多生态功能突出的贫困县来说，为实现周边生态环境
的改善修复，产业发展机会受限，产业发展成本提高，却没有得
到合理、稳定的补偿，损害了区域产业竞争的公平性。虽然自
2000 年以来，中央政府陆续推出了森林生态效益补偿、退耕还
林、退牧还草等一系列生态补偿工程，但这些生态工程普遍存在
补偿标准偏低，缺乏可持续性等问题。如从退耕还林的补偿标准
看，陕西安康旬阳的农民在坡度 25 以上的坡耕地上种植烟叶的
经济收入在每亩 1000 元左右，而退耕还林以后的收入只有 210
元，远低于退耕前的经济收入。生态公益林的补偿标准也较低，
目前，各地实施的森林生态效益补偿项目标准基本上是 5 元/亩，
无法满足种植和管护的要求。西部集体林区的村民因天然林保护
工程每年共计损失约 15 亿元的收入。因此，要提高贫困县生态
保护的能力，实现产业生态效益与经济效益的协调推进，必须建
立长效、科学的生态补偿机制，加大对贫困县的生态建设投入和
替代产业培育力度。

第一，进一步完善退耕还林、退耕（牧）还草和生态公益
林补偿工程，中央和省级政府应加大对利益受损居民的纵向补偿
力度，提高补偿标准，实现区域脱贫与生态环保的有机结合。

第二，加大对贫困县的财政转移支付力度，对当地政府因生
态保护导致的财政减收，由上级政府和国家进行负担，增加贫困
县政府的财力，强化对当地生态建设和生态产业发展的投入。

第三，逐步建立跨区域生态补偿机制，加大生态受益方向受
损方的横向利益补偿力度。按照"谁受益、谁付费"的市场经

济原则，由国家或省级政府主导建立协调机构，引导受益者以税收或其他方式向开发受限区支付一定数量的资源维护费和生态补偿费。为此，关键是制定合理的补偿标准。首先，应加快研究适用于生态资源价值的数量化技术，建立评估机制和评估机构，确定受益方和受损方的准确损益情况。其次，计算生态环境保护的受益者应提供的补偿数量和每个生态建设者应得到补偿数量，采用适当的补偿形式，最终确定损益双方大致平衡的补偿标准。由于在生态补偿中，具体的补偿形式、补偿方法和补偿力度看法不同，具体操作难度较大，因此可以先进行试点，积累一定的经验后，再推广普及。

第四，结合移民扶贫工程，在培育替代产业和增加城镇吸纳能力上给予补偿。通过国家产业项目的倾斜布局和税收减免、土地征用、信贷支持等优惠政策的实施，加快培育符合资源和环保要求的替代产业，并按照"内聚外迁，点状发展"的原则，加大对贫困县适宜发展的小城镇的扶持力度，增强其在产业发展和人口集聚力方面的能力，提高产业的空间集聚度。如"十二五"期间，江西省将在51个移民超万人县抓好扶持移民产业项目试点，选择200个乡镇扩大统筹资金实施移民项目试点。重点抓好峡江水利枢纽工程搬迁安置，落实三峡迁赣安置移民后扶政策，加大三峡移民安稳致富帮扶力度，妥善解决800余名三峡自主迁赣移民安置遗留问题。同时，按照新农村建设标准，在移民安置区选择100个村建设省级移民新村示范点，实现"村容村貌整洁、户户硬路相通、家家改水改厕、垃圾集中处理、民主管理规范、文化生活丰富、特色产业形成"的目标。

第五章　贫困县产业可持续竞争力
提升的分类研究

——以河北省三大贫困带为例

河北省是县域经济大省，共拥有 136 个县（市），县域总人口达 5890.9 万人，占全省总人口的 85.4%。县域经济发展已经成为河北省吸纳就业和创造财富的重要支撑。但是，河北省县域经济发展极不平衡，受地理位置、资源禀赋、人口素质、经济基础等多方面因素的影响，目前共拥有 39 个国家扶贫开发工作重点县和 12 个省级贫困县，贫困县的大量存在成为降低河北省整体区域经济竞争力的重要原因。在市场经济体制背景下，要加快河北省区域竞争力提升，必须加快贫困县的产业发展和可持续竞争力提升。

而且，研究河北省贫困县的发展问题具有独特的分析价值：（1）从贫困广度看，河北省作为县域经济大省，共分布了 51 个国家和省级贫困县，占全部县区总数的 37.1%。河北地处东部沿海地区，却是我国仅次于云南、贵州、陕西等省份外拥有贫困县最多的省份，到 2009 年底，全省贫困人口和低收入人口仍然高达 370 万人。（2）从贫困深度看，环京津贫困县贫困人口比例大，脱贫速度慢，经济实力极为薄弱，与周边地区的发展差距日益拉大，严重影响了区域经济和城乡经济的协调发展。（3）从贫困类型看，河北地形狭长，地貌复杂，是全国不多见的地貌类型齐全的省份，同时拥有高原、平原、山区、丘陵、海洋等地貌特征。特别是环首都贫困带、太行山区贫困带、黑龙港流域贫困带，具有明显的生态功能型贫困县、山区型贫困县和资源匮乏型县的特征，对于开展贫困县产业竞争力提升的分类研究，具有一定的典型意义。

第一节　河北省贫困县的分布概况

河北省国家级贫困县大多在 1984 和 1992 年确定的，共包括 39 个县、1 个区。其中石家庄市分布有 3 个：平山县、灵寿县、赞皇县；张家口市分布有 11 个：康保县、张北县、阳原县、赤城县、沽源县、怀安县、崇礼县、尚义县、蔚县、万全县、涿鹿县赵家蓬区；承德市分布有 6 个：平泉县、滦平县、隆化县、丰宁县、围场县、宽城县；秦皇岛市分布有 1 个：青龙。保定市分布有 4 个：阜平县、涞源县、顺平县、唐县；沧州市分布有 6 个：东光县、海兴县、盐山县、南皮县、献县、孟村县；衡水市分布有 2 个：武强县、武邑县；邢台市分布有 3 个：临城县、广宗县、巨鹿县；邯郸市分布有 4 个：魏县、大名县、涉县、广平县。

此外，河北省还拥有 12 个省级贫困县，主要在"八七扶贫计划"时确定的，具体包括承德的承德县；保定的易县、涞水、曲阳；衡水的饶阳、阜城；石家庄的行唐；邢台的新河、平乡、威县；邯郸的馆陶；沧州的肃宁。在河北省11个地市中，贫困县分布比例最高的是承德和张家口地区，分别高达84.6%和87.5%，其次是沧州、衡水、邢台、邯郸、保定、秦皇岛、石家庄，唐山和廊坊地区没有贫困县（如表5-1所示）。

表5-1　河北省贫困县（区）在各地级市的分布情况表

单位：个、%

11个设区市	国定贫困县数	省定贫困县数	贫困县总数	贫困县占县域的比重
石家庄市	3	1	4	23.5
唐山市	0	0	0	0
秦皇岛市	1	0	1	25
邯郸市	4	1	5	33.3
邢台市	3	3	6	35.3
保定市	4	3	7	32.8
张家口市	11	0	11	84.6
承德市	6	1	7	87.5
沧州市	6	1	7	50
廊坊市	0	0	0	0
衡水市	2	2	4	40
合计	40	12	52	——

　　从河北省贫困县的分布看，具有明显的区域集中特征，基本上分属三大贫困带：一是环首都贫困带，大致包括张家口、承德、保定与北京接壤或邻近的20个贫困县，即张家口市的张北县、康保县、尚义县、沽源县、崇礼县、蔚县、阳原县、怀安县、赤城县、万全县；承德市的围场县、丰宁县、隆化县、滦平

县、平泉县、宽城县、承德县；保定的涞水、易县和涞源。二是
太行山区贫困带，大致包括 10 个县，包括保定的阜平、唐县、
顺平、曲阳；石家庄的赞皇、平山、灵寿、行唐，邢台的临城、
邯郸的涉县。三是黑龙港流域贫困带，大致包括 20 个贫困县，
包括沧州的献县、孟村、南皮、盐山、海兴、东光、衡水的武
邑、武强、饶阳、阜城、肃宁；邢台的广宗、巨鹿、新河、平
乡、威县；邯郸的广平、魏县、大名、馆陶等。此外，还有秦皇
岛的青龙县。

第二节　河北省贫困县产业可持续竞争力的现状分析

一、河北省贫困县主要经济指标的比较

（一）河北省贫困县主要经济指标的纵向比较

自 1986 年划定了贫困县以来，为解决区域性贫困问题，中
央政府和河北省政府不断加大扶贫投入，出台了一系列扶贫措
施，使贫困县的经济社会发展取得了长足的进步。根据 2006、
2008、2009 年全省 136 个县（市）经济发展水平的评价结果
（如表 5-2 所示），河北省贫困县的地方生产总值、地方财政一般
预算收入、农民人均纯收入等主要经济指标都取得了较大提升。

表 5-2　2006－2009 年河北省 51 个贫困县的主要经济指标[①]：

单位：元、万元

县名	农民人均纯收入（元）			地区生产总值（万元）			地方财政一般预算收入（万元）		
	2006	2008	2009	2006	2008	2009	2006	2008	2009
行唐	3076	3468	3470	478007	736702	850273	8886	12372	15961
灵寿	2787	2956	2960	347048	546543	593343	7151	10489	11231
赞皇	2592	2886	2910	272606	412049	448948	5684	8884	9888
平山	2588	2945	3312	856460	1373521	1405160	24297	54456	52697
承德	2686	3485	3792	406211	665509	724816	19518	24946	34938
平泉	2931	3711	4218	406030	680065	681594	14562	18847	31389
滦平	2670	3142	3258	388667	845901	760261	16301	31122	31632
隆化	2402	3201	3524	307387	553026	566710	8375	18214	25597
丰宁	2376	3060	2686	363080	538668	471986	14425	24089	26042
宽城	3593	4477	4930	615066	1249100	1325203	23915	29870	36978
围场	2100	2516	2607	267076	377527	425838	4545	6836	9688
张北	2573	2785	2953	259201	370687	406390	6107	13124	17178
康保	2361	2420	2792	136820	192818	209653	1770	3105	4708
沽源	2378	2560	2649	107504	150743	170405	1597	3622	4991
尚义	2181	2651	2810	87659	148213	165404	1628	3794	4689

---

① 考虑到资料的可对比性，分析河北省贫困县的相关数据时，不再分析张家口市涿鹿县赵家蓬区的情况。上述资料引自河北省统计局：《河北经济年鉴 2007》，河北人民出版社 2007 年版，第 516、517、520、521 页；《河北经济年鉴 2009》，河北人民出版社 2010 年版，第 556、557、558、570、571 页；《河北经济年鉴 2010》，河北人民出版社 2010 年版，第 612—627 页。

续表 5-2

县名	农民人均纯收入（元）			地区生产总值（万元）			地方财政一般预算收入（万元）		
	2006	2008	2009	2006	2008	2009	2006	2008	2009
蔚县	2417	2598	2698	378640	546922	541636	10927	20203	15608
阳原	2287	2580	2585	246367	332809	366872	6290	11224	8608
万全	2488	3282	3620	151526	244370	293715	3518	10171	12302
赤城	1927	2496	2645	178550	331466	362661	14025	18092	20662
崇礼	2509	2918	3106	104697	162676	169637	5215	7710	13013
青龙	1958	3008	3398	372968	583810	632605	17725	26971	29199
涞水	2844	3253	3477	168203	233525	287695	5912	9452	10556
阜平	1988	2399	2299	131297	176864	191041	5724	8237	8402
唐县	2420	2711	2793	257428	317854	354683	6136	6368	7922
涞源	1751	1924	1930	236682	311820	311820	15396	27342	38782
易县	2846	3233	3465	373880	494557	547201	7847	10979	13309
曲阳	2698	2364	2372	324399	410210	418952	6118	8746	10490
顺平	2371	2729	2354	178272	270076	293476	3917	6728	7568
东光	3500	4314	4713	499653	632360	716620	5674	10242	19091
海兴	2509	2908	3028	141076	182203	191958	3464	5874	6679
盐山	2849	3693	3986	376218	570910	680294	5207	10947	19243
肃宁	3966	4742	5216	700934	726121	729211	13803	19575	31912
南皮	2957	3482	3794	320466	413874	480824	4775	7444	13981
献县	3022	3860	4286	601378	851997	977504	6092	10855	16025
孟村	3096	3888	4242	227231	340596	446860	3921	7212	10216
武邑	2768	2599	2854	279136	337426	371398	3888	6465	10409

续表 5-2

县名	农民人均纯收入（元）			地区生产总值（万元）			地方财政一般预算收入（万元）		
	2006	2008	2009	2006	2008	2009	2006	2008	2009
武强	2682	2622	2815	225462	274480	291912	2723	3507	5817
饶阳	2990	2516	2670	317847	278699	301124	3452	3671	6075
阜城	3347	2539	2691	308631	326608	357001	3732	3899	6609
临城	2988	3319	3402	198900	260991	286019	4345	5644	7140
巨鹿	2980	3172	3235	272015	320222	326450	3213	4308	5266
新河	2760	3406	3474	112960	151491	149169	1316	1648	2132
广宗	2575	2900	3130	160043	217837	213764	1124	1894	2664
平乡	2917	3252	3291	168062	208801	224754	4048	4084	4656
威县	2758	3318	3383	261349	300070	297685	2929	3984	5533
大名	2745	3513	3794	484253	738193	663285	4638	5953	7586
涉县	3300	4502	4950	1100245	1830562	1834422	30171	59992	81482
广平	3426	4212	4338	282301	413953	398894	3710	6045	6960
馆陶	3063	3806	4293	306702	430464	441442	3228	5260	7988
魏县	2819	3480	3965	565883	794263	729876	5316	8660	13496
平均值	2768	3157	3347	328622	424229	498856	7876	12643	16044
最高值	4071	4742	5216	1100245	1830562	1834422	30171	59992	81482
最低值	1751	1924	1930	87659	148213	149169	1124	1648	2132

　　由表5-2可以看出，经过长期帮扶和开发建设，河北省贫困县的地方生产总值、地方财政一般预算收入、农民人均纯收入等主要经济指标都取得了较大提升：

　　从农民人均纯收入看，2009年贫困县农民人均纯收入平均

为 3347 元,分别比 2006 年、2008 年提高了 579 元和 190 元;
2009 年贫困县农民人均纯收入最高值为 5216 元,分别比 2006、
2008 年提高了 1145 元和 474 元;2009 年贫困县农民人均纯收入
最低值为 1930 元,分别比 2006、2008 年提高了 179 元和 6 元,
如图 5-1 所示,2006-2009 年贫困县农民人均纯收入最高值的增
幅最大。

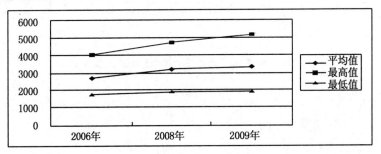

图 5-1 2006-2009 年河北省贫困县农民人均纯收入的变动情况

从地方生产总值看,2009 年贫困县地方生产总值平均为
49.9 亿元,分别比 2006、2008 年提高 17.1 亿元和 2.5 亿元,
2009 年贫困县地区生产总值的县均水平相当于前 30 强县平均水
平的 24.6%,比 2008 年提高了 8.6%;2009 年贫困县地方生产
总值最高值为 1834422 万元,分别比 2006、2008 年增加了
734177 万元和 3860 万元;2009 年贫困县地方生产总值最低值为
149169 万元,分别比 2006、2008 年增加了 61510 万元和 956 万
元,如图 5-2 所示,贫困县地方生产总值最高值的增幅最大,特
别是从 2006 到 2008 年增幅达到 66.7%!

从地方财政一般预算收入看,2009 年贫困县地方财政一般
预算收入平均为 16044 万元,分别比 2006、2008 年提高 8168 万
元和 3401 万元;2009 年贫困县地方财政一般预算收入最高值为

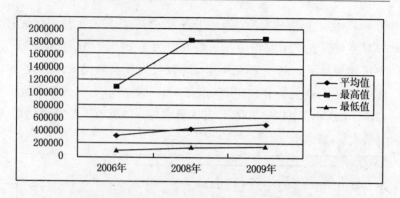

图 5-2 2006－2009 年河北省贫困县地方生产总值的变动情况

81482 万元，分别比 2006、2008 年增加了 51311 万元和 21490 万元；2009 年贫困县地方财政一般预算收入最低值为 2132 万元，分别比 2006、2008 年增加了 1008 万元和 484 万元，如图 5-3 所示，2009 年地方财政一般预算收入低于 5000 万的贫困县从 11 个减少为 6 个，低于亿元的贫困县由 29 个减少为 22 个。

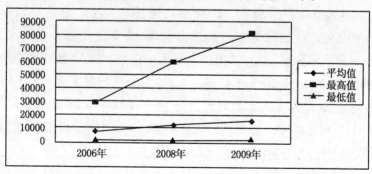

图 5-3 2006－2009 年河北省贫困县地方财政一般预算收入的变动情况

（二）河北省主要经济指标的横向比较

如果将贫困县与河北省平均水平特别是与经济社会发展前

30 强县进行对比，可以发现，大部分贫困县仍然处于县域经济发展的后列，没有摆脱贫困的落后状态。如以 2009 年为例，2009 年贫困地区人均生产总值、地方财政收入分别只占全省平均水平的 1/2、2/3，农民人均纯收入只有全省平均水平的 65%，特别是环京津贫困地区的贫困农户年人均纯收入仅为京郊农民的1/10，收入低、物价高，相对贫困问题非常突出，这一特点在全国是独有的。

2009 年，河北省按照《河北省县域经济发展评价指标体系》和主成分分析评价方法，对全省 140 个县（市、区）社会经济发展水平进行综合排序，其中，位居前 30 名的县（市）区依次是：迁安市、唐山市丰南区、武安市、三河市、迁西县、任丘市、遵化市、鹿泉市、唐山市开平区、霸州市、唐海县、香河县、涉县、正定县、唐山市丰润区、乐亭县、滦县、藁城市、宽城满族自治县、大厂回族自治县、辛集市、黄骅市、滦南县、邯郸县、玉田县、栾城县、涿州市、沙河市、磁县、文安县。其主要经济指标如表 5-3 所示：

表 5-3　2009 年河北省县域经济前 30 强主要经济指标[①]

县名	农民人均纯收入（元）	位次	地区生产总值（万元）	地方财政一般预算收入（万元）	位次
迁安	9776	1	5341892	223852	1
武安	6294	25	3908877	137889	3
三河	7881	3	2603451	178140	2
迁西	7348	12	2815519	61983	11

---

① 河北省统计局：《河北经济年鉴 2010》，河北人民出版社 2010 年版，第612—627 页，这里只统计进入前 30 强的县（市）资料，不包括唐山市丰南区、开平区、丰润区的数据。

续表 5-3

县名	农民人均纯收入（元）	位次	地区生产总值（万元）	地方财政一般预算收入（万元）	位次
任丘	6511	22	3152866	93648	4
遵化	7360	11	3920020	89885	5
鹿泉	7835	6	1908215	57270	12
霸州	7104	14	2140801	86372	7
唐海	7878	4	639035	36978	30
香河	8207	2	858540	45720	20
涉县	4950	67	1834422	81482	8
正定	7399	9	1405160	38077	28
乐亭	7846	5	2182405	47618	19
滦县	6936	15	2044689	53000	15
藁城	7731	7	2614310	63598	10
宽城	4930	68	1325203	36978	31
大厂	6841	18	390745	18382	58
辛集	6890	16	2067005	49482	17
黄骅	6592	20	1353086	45558	21
滦南	6441	23	2267838	56984	14
邯郸	6306	24	1485485	39289	25
玉田	6850	17	2150762	40680	24
栾城	7215	13	1150322	31096	41
涿州	6567	21	1457766	88831	6
沙河	5720	43	1181341	41336	22
磁县	6071	33	1498637	69124	9

续表5-3

县名	农民人均纯收入（元）	位次	地区生产总值（万元）	地方财政一般预算收入（万元）	位次
文安	6688	19	989686	25978	45
最高值	9776		5341892	223852	
最低值	4930		390745	18382	
平均值	6969.2		2025484	68119.6	

综合分析 2009 年河北省贫困县、河北省平均水平、河北省前 30 强县的相关经济指标，我们可以看出贫困县与全省平均水平特别是前 30 强县主要经济指标的差距巨大，并且呈现逐步拉大趋势[①]：

1. 贫困县农民人均纯收入水平低，贫困程度仍然较深

据统计，2009 年贫困县农民人均纯收入平均为 3347 元，而全省农民人均纯收入为 5150 元，其中，县域经济发展综合排名前 30 强县的农民人均纯收入的平均水平达 6969 元，贫困县农民人均纯收入与前 30 强县农民人均纯收入的差距从 2008 年的 3058 元（6215 减去 3157）增加到 2009 年的 3622 元（6969 减去 3347），贫困县农民人均纯收入仅为全省平均水平的 65%，仅为前 30 强的 48%。再以农民人均纯收入最低的涞源县为例，2009 年其农民人均纯水平平均为 1930 元，仅比 2008 年增长 6 元，仅相当于 2009 年全省平均农民人均纯收入水平的 37.5%，相当于前 30 强县农民人均纯收入平均水平的 27.7%。另外，从全省 136 个县市农民人均纯收入排名看，贫困县基本上处于中间线 80

---

① 河北省统计局：《河北经济年鉴 2009》，河北人民出版社 2009 年版，第 556、557、558、570、571 页的相关数据计算得出。

位以后，农民人均纯收入最低的 40 个县全部为贫困县。

2. 贫困县地方生产总值规模小，经济实力偏弱

从地区生产总值看，2009 年河北省 51 个贫困县创造的地区生产总值总额为 2544.2 亿元，河北省国民生产总值为 17026.6 亿元，仅相当与全省国民生产总值的 14.9%，与 2008 年持平。贫困县地区生产总值平均为 49.9 亿元，其中数额最小的新河县仅为 14.9 亿元，而 2009 年县域发展综合排名前 30 强县地区生产总值平均为 202.5 亿元，贫困县地区生产总值的县均水平仅相当于前 30 强县平均水平的 24.6%。

3. 贫困县地方财政收支入不敷出，收支差额持续扩大

2009 年贫困县实现地方财政一般预算收入为 64.5 亿元，平均每个县为 1.6 亿元，其中新河县最少为 2132 万元。如表 5-4 所示，地方财政一般预算收入低于 5000 万的有 6 个县，分别为新河、广宗、平乡、康保、沽源、尚义（数字描黑），在 5000 万与 1 亿元之间的有 16 个县，分别为武强、赞皇、饶阳、阜城、临城、巨鹿、围场、阳原、阜平、大名、威县、广平、馆陶、唐县、顺平、海兴（数字描黑并倾斜）。而前 30 强县地方财政一般预算收入平均水平为 6.81 亿元，贫困县与之相差 5.55 亿元，比 2008 年的差额 4.64 亿元又扩大了 0.91 亿元，贫困县地方财政一般预算收入平均水平仅相当于前 30 强县的 18.5%，比 2008 年下降了 2.9%。2009 年贫困县财政收支仍然全部处于入不敷出状态，收支差额平均为 5.7 亿，其中围场县最高，达到 10.59 亿元。

表 5-4　2009 年贫困县财政收入、支出情况对比表①

单位：万元

县 名	地方财政一般预算收入	地方财政支出	地方财政收支差额	县 名	地方财政一般预算收入	地方财政支出	地方财政收支差额
行唐	15961	71431	− 55470	孟村	10216	54709	− 44493
灵寿	11231	58834	− 47603	武邑	10409	65800	− 55391
赞皇	*9888*	42126	− 32238	**武强**	*5817*	45809	− 39992
平山	52697	129951	− 77254	**饶阳**	*6075*	51601	− 45526
承德	34938	102871	− 67888	**阜城**	*6609*	55801	− 49192
平泉	31389	122370	− 90981	**临城**	*7140*	46877	− 39737
滦平	31632	96819	− 65187	**巨鹿**	*5266*	56491	− 51225
隆化	25597	111883	− 86286	新河	2132	31189	− 29057
丰宁	26042	115620	− 89578	广宗	2664	44722	− 42058
宽城	36978	112360	− 75382	平乡	4656	44704	− 40048
围场	9688	115629	− 105941	**威县**	*5533*	67753	− 62220
怀安	13289	63486	− 50197	**大名**	*7586*	100152	− 92566
张北	17178	95661	− 78483	涉县	81482	125659	− 44177
康保	**4708**	55173	− 50465	**广平**	*6960*	45510	− 38550
沽源	**4991**	57215	− 52224	**馆陶**	*7988*	66505	− 58517
尚义	**4689**	49109	− 44420	魏县	13496	108290	− 94794

---

① 考虑到资料的可对比性，分析河北省贫困县的相关数据时，以 51 个贫困县为对象，不再分析张家口市涿鹿县赵家蓬区的情况。上述资料引自河北省统计局：《河北经济年鉴 2010》，河北人民出版社 2010 年版，第 612 – 627 页，部分数据是根据资料计算所得。表格中加粗的数字为地方财政一般预算收入为 2000 万 – 5000 万元之间，加粗且倾斜的数字为地方财政一般预算收入在 5000 万 – 1 亿元之间。

续表

县 名	地方财政一般预算收入	地方财政支出	地方财政收支差额	县 名	地方财政一般预算收入	地方财政支出	地方财政收支差额
蔚县	15608	84171	-68563	唐县	7922	76338	-68416
阳原	8608	56166	-47558	涞源	38782	82919	-44137
万全	12302	55506	-43204	易县	13309	86408	-73099
赤城	20662	69931	-49269	曲阳	10490	66874	-56384
崇礼	13013	47911	-34898	顺平	7568	52032	-44464
青龙	29199	106189	-76990	东光	19091	70410	-51319
涞水	10556	56557	-46001	海兴	6679	49955	-43276
阜平	8402	47635	-39233	盐山	19243	80298	-61055
南皮	13981	59762	-45781	肃宁	31912	65721	-33809
献县	16025	85951	-69926				

4. 贫困县之间的发展差距不断扩大

从县域经济发展综合排名看，涉县、宽城、平山等少数贫困县早已经成为事实上的经济强县，连续多年进入河北省县域经济发展前30强，其中2008年涉县、宽城分别位列第13位和第19位。从主要经济指标中，2009年农民人均纯收入最高的肃宁县为5216元，而最低的涞源县仅为1930元，仅相当于肃宁的37%，比2007年的44%和2008年的40.5%连续下降了3.5%和3.5%。地方生产总值最高的涉县达到183亿元，而最低的新河县仅为14.9亿元，仅相当于涉县的8.1%，与2008年大体持平，比2007年的12%下降了4%。地方财政一般预算收入最高的涉县为8.15亿元，而最低的新河县仅为2132万元，仅相当于涉县的2.62%，比2007年的3.75%和2008年的2.75%连续下降了

1% 和 0.13%。2009 年以县地方财政一般预算收入排名为例，涉县、平山、涞源、宽城、承德、肃宁、滦平、青龙、丰宁、隆化等县均位列全省 136 个县（市）的前 50 位，其中涉县居第 8 位，平山居 16 位、宽城居第 31 位①。可见，河北省 51 个贫困县之间，无论是综合经济实力排名，还是农民人均纯收入、地方生产总值、地方财政一般预算收入等主要经济指标之间，都存在县域发展差距不断拉大的趋势。

5. 贫困县经济发展尚不稳定，抗风险能力偏弱

如表 5-5 的斜体数字所示，从 2006 到 2009 年，以农民人均纯收入、地区生产总值、地方财政一般预算收入等主要经济指标为例，河北省均有部分贫困县出现指标倒退的现象。首先，在农民人均纯收入上，2009 年丰宁、阜平、顺平等县的农民人均纯收入与 2008 年相比，分别减少了 374 元、100 元、375 元，其中顺平县下降幅度最大，达到 13.7%；2008 年曲阳、武邑、武强、饶阳等县的农民人均纯收入与 2006 年相比，分别减少了 334 元、169 元、60 元和 474 元，其中饶阳县减幅最高，达到 15.9%。其次，在地区生产总值上，2009 年滦平、丰宁、蔚县、新河、广宗、威县、大名、广平、魏县等近十个县均出现地区生产总值下降现象，与 2008 年相比，分别下降 85640 万元、66682 万元、5286 万元、2322 万元、4073 万元、2385 万元、74908 万元、15059 万元和 64387 万元，其中丰宁县降幅最大，达到 12.4%；2008 年饶阳县地区生产总值与 2006 年相比减少了 39184 万元，降幅达到 12.3%。另外，在地方财政一般预算收入上，2009 年平山、蔚县、阳原县与 2008 年相比，地方一般预算收入分别减

① 河北省统计局：《河北经济年鉴 2010》，河北人民出版社 2010 年版，第 604 页。

少了 1759 万元、4595 万元、2616 万元，其中蔚县和阳原的降幅分别高达 22.7% 和 22.3%！可见，贫困县经济发展仍缺乏可持续竞争力，经济指标的波动性较强。

表 5-5　2006－2009 年河北省部分贫困县经济指标波动情况

县名	农民人均纯收入（元）			地区生产总值（万元）			地方财政一般预算收入（万元）		
	2006	2008	2009	2006	2008	2009	2006	2008	2009
平山	2588	2945	3312	856460	1373521	1405160	24297	54456	52697
滦平	2670	3142	3258	388667	845901	*760261*	16301	31122	31632
丰宁	2376	3060	*2686*	363080	538668	*471986*	14425	24089	26042
蔚县	2417	2598	2698	378640	546922	*541636*	10927	20203	15608
阳原	2287	2580	2585	246367	332809	366872	6290	11224	8608
阜平	1988	2399	*2299*	131297	176864	191041	5724	8237	8402
曲阳	2698	*2364*	2372	324399	410210	418952	6118	8746	10490
顺平	2371	2729	*2354*	178272	270076	293476	3917	6728	7568
武邑	2768	*2599*	2854	279136	337426	371398	3888	6465	10409
武强	2682	*2622*	2815	225462	274480	291912	2723	3507	5817
饶阳	2990	*2516*	2670	317847	278699	301124	3452	3671	6075
新河	2760	3406	3474	112960	151491	*149169*	1316	*1648*	*2132*
广宗	2575	2900	3130	160043	217837	213764	*1124*	1894	2664
威县	2758	3318	3383	261349	300070	297685	2929	3984	5533
大名	2745	3513	3794	484253	738193	663285	4638	5953	7586
广平	3426	4212	4338	282301	413953	398894	3710	6045	6960
魏县	2819	3480	3965	565883	794263	729876	5316	8660	13496

6. 资源型产业结构导致部分贫困县成为财政强县和农民穷县的结合体

从产业竞争的演进阶段上看，我国贫困县基本处于初级的资源驱动型阶段，产业竞争力水平高低主要依赖于自然资源的拥有和开发程度，特别是河北作为一个产业结构偏重的资源型大省，其贫困县产业发展的突出特征是资源型产业比重偏高，大多贫困县之所以能成功实现向经济强县的转型，也主要是依赖于资源开采、初级加工产业的发展，但其负面效应也是异常明显的，即这类产业结构对县域地方生产总值和税收贡献较大，但对就业扩张和农民增收的拉动力较小。如涉县作为河北省县域经济排名第13位的经济强县，2009年地方财政一般预算收入和地方生产总值分别高达8.15亿和183亿元，但农民人均纯收入只有4950元，比全省平均水平5150元还低200元。再如宽城虽然地方财政一般预算收入和地方生产总值分别高达3.698亿和132亿元，但农民人均纯收入只有4930元，比全省平均水平低220元，成为经济强县与农民穷县的结合体。因此，要实现贫困县产业发展中，富民强县的一体化推进，必须加快转变经济发展方式，实现现代农业与工业化的协调发展，城乡居民收入的协调增长。

二、河北省贫困县产业可持续竞争力的指标测评

笔者仍沿用前面的评价指标体系，从产业市场份额和盈利水平、产业要素效率水平、产业结构高度化水平、产业发展与资源环境的协调水平等角度，对河北省51个贫困县的产业可持续竞争力水平进行测量和比较分析，可以得出以下结论。

1. 贫困县产业市场份额偏小，产业盈利能力偏低

产业市场份额和盈利能力是反映产业市场竞争力的最直接的显示指标，从资料的可获得性上看，我们以地方生产总值、产品

销售收入和利润总额等数据来进行测评。由表 5-6 可见，2009 年河北省 51 个贫困县创造的地区生产总值总额为 2544.2 亿元，河北省国民生产总值为 17026.6 亿元，仅相当与全省国民生产总值的 14.9%，与 2008 年持平。贫困县地区生产总值平均为 49.9 亿元，其中数额最小的新河县仅为 14.9 亿元，可见，河北省贫困县的产业产值规模偏小。

从产业盈利水平看，2009 年 51 个贫困县产品销售收入总额为 2577.9 亿元，平均每个县为 50.53 亿元，51 个贫困县产品销售利润总额为 162.63 亿元，平均每个县为 6.26 亿元，其中产业盈利水平最低的青龙县实现净亏损 4975 万元，蔚县实现净亏损 1822 万元，阜平县实现利润额仅为 61 万元。51 个贫困县产业利润总额小于 2000 万元的有 6 个县，产业盈利额偏小直接反映了贫困县产业的市场竞争力低下。

表 5-6　2009 年贫困县产业市场份额和盈利水平的相关指标[①]

县名	地区生产总值（万）	产品销售收入（万）	利润总额（万）	县名	地区生产总值（万）	产品销售收入（万）	利润总额（万）
涉县	1834422	3655689	100230	盐山	680294	1341243	47637
平山	1410592	3089940	62498	隆化	566710	462771	23471
宽城	1325203	2044475	239992	蔚县	541636	222028	-1822
献县	977504	984084	78052	灵寿	593343	847526	95809
滦平	760261	610633	79829	丰宁	471986	253040	22919
魏县	729876	507655	26717	易县	547201	426387	7932

---

① 河北省统计局：《河北经济年鉴 2010》，河北人民出版社 2010 年版，第 612—619 页，636—643 页。

续表 5-6

县名	地区生产总值（万）	产品销售收入（万）	利润总额（万）	县名	地区生产总值（万）	产品销售收入（万）	利润总额（万）
大名	663285	771078	31861	馆陶	441442	400511	19764
行唐	850273	1672178	185016	广平	398894	456400	27400
肃宁	729211	733922	57782	南皮	480824	251677	10667
平泉	681594	564961	73467	赞皇	448948	832194	86279
承德	724816	672945	71739	曲阳	418952	107697	2852
东光	716620	460908	24459	围场	425838	99615	14954
青龙	632605	187583	-4975	张北	406390	129119	24693
巨鹿	326450	276611	14000	孟村	446860	470300	21100
唐县	354683	152137	3157	武邑	371398	221620	16717
涞源	311820	469104	21608	**阳原**	366872	48359	**626**
威县	297685	78274	2682	赤城	362661	171349	2448
饶阳	301124	170700	7689	阜城	357001	226248	21466
武强	291912	221620	16717	怀安	353210	144822	10913
顺平	293476	232398	6759	临城	286019	334400	18000
海兴	191958	73969	2807	万全	293715	169928	8551
阜平	191041	45923	**61**	**涞水**	287695	94014	**1588**
崇礼	169637	70429	10438	广宗	213764	76420	2483
新河	149169	79566	6848	**平乡**	224754	81800	**1800**
沽源	170405	12182	**538**	康保	209653	29383	2512
尚义	165404	40721	15564				

2. 产业结构升级缓慢，弱质农业比重偏高，规模以上工业产值比重低

据《河北省经济年鉴2007》相关统计数据，2006年51个贫困县的第二产业增加值比重平均为43.6%，其中沽源、康保两县的第二产业增加值比重还不到三次产业增加值的20%，尚义、怀安、威县、围场、大名、阳原等县均低于30%，表明它们仍处于工业化发展的初级阶段[①]。如表5-7所示，2009年51个贫困县三次产业的产值比重，仍然存在农业产值比重偏高、工业比重偏低的状况。其中，农业产值比重平均为24.2%[②]，同期，全省三次产业结构为13∶52.1∶34.9，贫困县农业产值比重比全省平均水平高出11.2%。在51个贫困县中，农业产值比重超过30%的贫困县有11个，其中沽源县农业产值比重最高达到47.2%，其次是威县为45.6%，康保县为40.8%，广宗县为39.5%，武邑县达到38.1%，围场县达到37.5%，饶阳县为34.2%，馆陶县为34%，尚义县为32.9%，张北县达到31.8%，顺平县为31.4%，大名县达到30.8%，农业产值在产业结构中占据主导地位，直接影响了产业结构的优化升级。

表5-7　2009年贫困县产业结构水平的相关指标[③]

县名	第一产业产值（万元）	第二产业产值（万元）	第三产业产值（万元）	三次产业产值比重	按非农产业产值比重排序
涉县	65728	1385960	382734	3.6∶75.5∶20.9	1

---

① 河北省统计局：《河北经济年鉴2007》，河北人民出版社2007年版，第528—535页的相关数据计算得出。

② 该数据由表5-8的相关数据计算得出。

③ 河北省统计局：《河北经济年鉴2010》，河北人民出版社2010年版，第612—619，636—643页。

续表 5-7

县名	第一产业产值（万元）	第二产业产值（万元）	第三产业产值（万元）	三次产业产值比重	按非农产业产值比重排序
平山	151995	945659	312938	10.8:67:22.2	4
宽城	77909	965700	281594	5.9:72.9:21.2	2
献县	225470	479385	272649	23.1:49:27.92	4
滦平	122279	438013	199969	16.1:57.6:26.3	10
魏县	151643	245337	332896	20.8:33.6:45.6	16
大名	204042	253813	205430	**30.8:38.3:30.9**	39
行唐	150541	532578	167154	17.7:62.6:19.7	13
肃宁	136415	293023	299773	18.7:40.2:41.1	14
平泉	184898	283493	213203	27.1:41.6:31.3	34
承德	161263	353691	209862	22.2:48.8:29	21
东光	156625	262397	297598	21.9:36.6:41.5	19
青龙	148995	264309	219301	23.6:41.8:34.6	25
盐山	95556	441819	142919	14:64.9:21.1	6
隆化	145006	262651	159053	25.6:46.3:28.1	32
蔚县	85112	186392	270132	15.7:34.4:49.9	8
灵寿	92864	347901	152578	15.7:58.6:25.7	7
丰宁	125378	170500	176108	26.6:36.1:37.3	33
易县	147254	213255	186692	27.2:39.3:34.5	35
馆陶	150175	174739	1165283	**34:39.5:26.5**	43
广平	76983	168074	153837	19.3:42.1:38.6	15
南皮	117397	203559	159868	24.4:42.3:33.3	30

续表 5-7

县名	第一产业产值（万元）	第二产业产值（万元）	第三产业产值（万元）	三次产业产值比重	按非农产业产值比重排序
赞皇	99780	251879	97289	22. 2：56. 1：21. 7	20
曲阳	72603	180172	166177	17. 3：43：39. 7	12
围场	159694	102204	163940	37. 5：24：38. 5	45
张北	129403	165073	111914	31. 8：40. 6：27. 6	41
孟村	39273	272655	134932	8. 8：61：30. 2	3
武邑	141685	132256	97457	38. 1：35. 6：26. 3	46
阳原	58602	87847	220423	16：24：60	9
赤城	101050	156138	105473	27. 9：43：29. 1	37
阜城	82140	195464	79397	23：54. 8：22. 2	23
怀安	48474	112377	192359	13. 7：31. 8：54. 5	5
巨鹿	70100	156987	99363	21. 5：48. 1：30. 4	17
唐县	99494	126328	128861	28. 1：35. 6：36. 3	38
威县	135844	80206	81635	45. 6：26. 9：27. 5	49
饶阳	103129	121639	76356	34. 2：40. 4：25. 4	44
武强	69685	147446	74781	23. 9：50. 5：25. 6	26
顺平	92165	131364	69947	31. 4：44. 8：23. 8	40
临城	48963	168701	68355	17. 1：59：23. 9	11
万全	70126	101708	121881	23. 9：34. 6：41. 5	27
涞水	69497	79292	138906	24. 2：27. 6：28. 2	28
广宗	84331	76301	53132	39. 5：35. 7：24. 8	47
平乡	48371	92180	84203	21. 6：41：37. 4	18

续表5-7

县名	第一产业产值（万元）	第二产业产值（万元）	第三产业产值（万元）	三次产业产值比重	按非农产业产值比重排序
康保	85507	51724	72422	40.8:24.7:34.5	48
海兴	44156	80525	67277	23:41.9:35.1	22
阜平	48485	42214	100342	25.4:22.1:52.5	31
崇礼	41242	80325	48070	24.3:47.4:28.3	29
新河	40745	63832	44592	27.3:42.8:29.9	36
沽源	80479	26488	63438	47.2:15.5:37.3	50
尚义	54398	50651	60355	32.9:30.6:36.5	42

从工业产值占国民生产总值的比重看，河北省贫困县的工业化程度偏低，如2009年51个贫困县工业产值比重低于30%达到7个县，其中，沽源县比重最低，仅为15.5%，此外，阜平工业产值比重为22.1%，围场和阳原县为24%，康保县为24.7%，威县为26.9%，涞水县为27.6%。

而且，贫困县规模以上工业产值小，缺乏有产业竞争力的骨干企业。2009年51个贫困县规模以上工业总产值为2828亿元，全省136个县（市）规模以上工业总产值为14517亿元，贫困县的个数占全省县市总量的37.5%，但规模以上工业总产值总量仅占全省县市总量的19.5%，比2008年略高0.8%（2008年51个贫困县规模以上工业总产值为2522.9亿元，全省136个县（市）规模以上工业总产值为13502.1亿元，贫困县规模以上工业总产值量仅占全省县市总量的18.7%）。而且，从全省136个县市规模以上工业总产值排名看，51个贫困县中仍然有25个贫困县排名在100名之后，有38个贫困县居于全省中线（第68

位）之后，工业化程度明显低于全省平均水平（如表 5-8 所示）。

表 5-8　2009 年河北省 136 县（市）规模以上工业总产值排名①

单位：万元

县名	规模以上工业总产值	排名	县名	规模以上工业总产值	排序	县名	规模以上工业总产值	排序
沽源	13499	136	临城	356500	91	昌黎	952051	46
康保	38868	135	安平	372886	90	献县	985648	45
尚义	40099	134	固安	382969	89	泊头	1066012	44
阜平	47243	133	容城	388810	88	黄骅	1093987	43
阳原	51607	132	定兴	394762	87	内丘	1121900	42
柏乡	74000	131	鸡泽	402413	86	元氏	1146334	41
广宗	78003	130	馆陶	417909	85	涿州	1149480	40
威县	79434	129	易县	451049	84	河间	1167187	39
海兴	87225	128	广平	468600	83	清河	1201670	38
任县	87658	127	南宫	474677	82	香河	1266765	37
崇礼	88947	126	隆化	477584	81	盐山	1284670	36
新河	91425	125	东光	483135	80	文安	1402292	35
南和	100431	124	永清	485997	79	抚宁	1422832	34
围场	103889	123	高邑	498626	78	栾城	1443768	33
平乡	109500	122	孟村	511000	77	滦南	1516122	32
涞水	118537	121	魏县	524115	76	沧县	1542935	31

---

　　① 河北省统计局：《河北经济年鉴 2010》，河北人民出版社 2010 年版，第
636—643 页的相关数据计算得出，字体描黑的县为贫困县。

续表 5-8

县名	规模以上工业总产值	排名	县名	规模以上工业总产值	排序	县名	规模以上工业总产值	排序
曲阳	124657	120	大厂	556017	75	无极	1584388	30
临西	126580	119	涞源	561132	74	沙河	1609573	29
临漳	135347	118	成安	562166	73	青县	1611300	28
宣化	148949	117	蠡县	575947	72	邢台	1681500	27
怀安	150396	116	唐海	587923	71	行唐	1697842	26
张北	154332	115	大城	609603	70	定州	1710161	25
饶阳	173358	114	雄县	622015	69	玉田	1744700	24
万全	182025	113	兴隆	632522	68	永年	1762600	23
唐县	186100	112	满城	641710	67	邯郸	1762900	22
望都	193338	111	冀州	644001	66	井陉	1779036	21
武强	198004	110	安国	652111	65	滦县	1788823	20
赤城	198750	109	平泉	656487	64	新乐	1899564	19
蔚县	205504	108	安新	659249	63	晋州	2081325	18
青龙	214069	107	高碑店	671890	62	宁晋	2087800	17
博野	220118	106	清苑	677300	61	宽城	2173354	16
涿鹿	220819	105	深州	732276	60	赵县	2194530	15
阜城	227712	104	深泽	756474	59	乐亭	2638162	14
邱县	232200	103	肃宁	764065	58	遵化	2805006	13
卢龙	238954	102	曲周	767760	57	迁西	3081011	12
顺平	245135	101	高阳	768671	56	正定	3263570	11
故城	246718	100	隆尧	788600	55	平山	3361638	10

续表 5-8

县名	规模以上工业总产值	排名	县名	规模以上工业总产值	排序	县名	规模以上工业总产值	排序
武邑	254086	99	承德	805155	54	三河	3400144	9
吴桥	261900	98	大名	806869	53	辛集	3424808	8
南皮	270440	97	赞皇	850954	52	鹿泉	3678187	7
巨鹿	289512	96	景县	870871	51	涉县	3685354	6
丰宁	297109	95	灵寿	871807	50	霸州	4677259	5
怀来	302611	94	徐水	879128	49	藁城	4725549	4
枣强	314445	93	磁县	904352	48	任丘	4872258	3
肥乡	338512	92	滦平	908557	47	武安	8037654	2
						迁安	9147783	1

3. 产业发展方式粗放，生态环境承载能力低

由于沿袭了粗放型的工农业发展方式，伴随着脱贫致富欲望的增强，贫困县人民只能向自己赖以生存的土地和其他自然资源过度索取，而对自然资源的低成本、掠夺式开发，又导致原本脆弱的生态环境进一步恶化。贫困县产业发展的资源浪费和环境破坏现象，突出表现在两种类型：一是为解决生存问题，在山上毁林开荒，在草地上过度放牧，导致水土流失加剧，荒漠化蔓延，沙尘暴频繁。二是进行耗竭性、破坏式资源开发，在矿区乱采滥挖，造成水体污染、资源浪费。沿用了高污染、高消耗的传统工业发展模式，"三废"排放超标，加剧了环境恶化。为了生存和政绩需要，贫困县企业和当地政府往往只考虑自身的短期经济效益，难以按照可持续发展原则来培育区域产业。

第三节　生态功能型－环首都贫困县产业可持续竞争力研究

在河北省 51 个贫困县中，有 20 个县[1]地处环首都区域，它们呈带状环绕于首都周围的冀北地区，包括张家口的 10 县：张北县、康保县、尚义县、沽源县、崇礼县、蔚县、阳原县、怀安县、赤城县、万全县；承德的 7 县：围场县、丰宁县、隆化县、滦平县、平泉县、宽城县、承德县和保定的涞水、易县和涞源。环首都贫困带是河北省贫困度最广、最深的困难区域，区域发展中既有全国贫困地区普遍存在的共性因素，又具有自己的独特特征。突出表现为环首都贫困县大多位于坝上高原和农牧交错地带，生态系统脆弱，且地处京津冀北部的上风上水位置，区域性生态功能突出。根据"十一五"规划中关于四大主体功能区域的划分，我国限制开发区主要包括森林生态功能区、草原（湿地）生态功能区、荒漠化生态功能区、水土严重流失地区四大类型，其中河北省农牧交错带及燕山丘陵山地水源保护区、太行山地水土流失防治区被列为限制开发区域。而张北、康保、尚义、沽源、丰宁、围场等环首都贫困县与限制开发区域的特征高度吻

---

① 关于环首都贫困县的范围，不同学者有不同看法，如 2005 年 8 月 17 日，亚洲开发银行与河北省政府公布了《河北省经济发展战略研究》报告，首次提及"环京津贫困带"一说，认为包括河北省与京津接壤的 6 个设区市的 32 个贫困县（京津以北地区 21 个，以南地区 11 个），面积 8.3 万平方公里，涉及 3798 个行政村，人口 272.6 万。后来王晓海等学者也提出了划分方法。本书主要根据与北京的地理临近性以及是否被确认为国家或省级扶贫开发重点县作为参考标准。

合，因此，研究如何在产业发展权利受限的条件下实现生态功能型贫困县的产业发展，具有重要的实践意义。

一、环首都贫困县面临"贫困与生态恶化并存"的困境

环首都贫困县与北京或接壤、或距离较近，生态链和历史文化关联度较高，具有密切的地缘关系。但是，多年来，这一地区并没有与首都北京同步发展，而是处于滞缓和极为落后的状态，与北京地区在经济社会发展水平和居民生活水平等方面形成了极大反差，犹如绿洲边缘的沙漠。目前，环首都贫困带甚至与西部地区最贫困的"三西"贫困带处于同一发展水平或更低，已经成为东部沿海地区城乡差别最严重的地区之一。

1. 贫困程度深，贫困人口多，返贫率高

环首都贫困县虽然享受了国家和省、市三级政府20年的帮扶，但至今也未能摘掉"贫困"的帽子。目前，河北环首都20个贫困县中仍有2494个村被确定为扶贫开发重点扶持村，涉及贫困人口83.76万人，低收入人口88.1万人，分别占河北省扶贫开发工作重点村、贫困人口、低收入人口总数的35.11%、41.56%和35.22%。贫困区域面积达7.2万平方公里，占该区域县域总面积的88%，脱贫困难程度可见一斑。2007年6月，国务院扶贫办主任范小建到河北考察扶贫开发工作，先后到环北京的张家口和承德市进行调研，在写给回良玉副总理《关于冀陕甘宁扶贫开发的调研报告》中指出，河北省张承、陕北和三西等重点贫困片区，绝对贫困人口的比重都在10%以上，低收入人口都在20%以上。

而且，环首都贫困县的返贫率高，脆弱的自然环境条件导致这一地区干旱、洪涝、风雹、霜冻等自然灾害频繁，被当地群众形象地称为"丰年温饱，灾年返贫"，"大灾大返贫"，"小灾小

返贫"。据实地调查发现，丰宁县小坝子乡有将近25%的农户每年缺粮1个月以上，土豆是承德坝上和接坝区很多村民的主要蔬菜，营养状况差，缺菜少油是该区域农民生活状况的普遍现象。另外，贫困户的住房条件差，住房面积小，茅草房、石头房、土坯房所占比重大，大多属于"冬不挡风，夏不遮晒"的危房。

2. 经济实力极为薄弱，主要经济指标明显落后

上述20个环首都贫困县，2009年农民人均纯收入的平均水平仅为3164元，与全省农民人均纯收入水平5150元相比相差1986元，仅相当于全省平均水平的61.4%，这比2008年的差额1820元（2008年环首都贫困县农民人均纯收入的平均水平为2975元，同期全省农民人均纯收入为4795元）又持续拉大了166元。其中，涞源县农民人均纯收入最低只有1930元，与全省平均水平相差3220元，比2008年的差额2871元又持续拉大了349元。另外，2009年环首都贫困县地方财政一般预算收入能力偏低，平均水平只有1.87亿元，其中尚义县最低只有4689万元（如表5-9所示），因此，环首都贫困县的财政收支差额普遍偏高，特别是基于承载的区域生态修复和环境保护功能，国家对环首都贫困县的财政转移支付额度越来越高，致使环首都贫困县的财政收支差额在河北省三大贫困带中居最高区域，平均差额在6.34亿元，超过5亿元的有13个县，比2008年增加了4个县，其中围场县财政收支差额最高，达到10.59亿元。

表 5-9　2009 年河北省环首都贫困县的经济发展状况①

县名	农民人均纯收入（元）	位次	地区生产总值（万元）	地方财政一般预算收入（万元）	位次	地方财政支出（万元）	地方财政收支差额（亿元）
承德	3792	99	724816	34938	34	102871	－6.79
平泉	4218	89	681594	31389	40	122370	－9.1
滦平	3258	112	760261	31632	38	96819	－6.52
隆化	3524	102	566710	25597	47	111883	－8.63
丰宁	2686	127	471986	26042	44	115620	－8.96
宽城	4930	68	1325203	36978	31	112360	－7.54
围场	2607	131	425838	9688	103	115629	－10.59
怀安	3548	101	353210	13289	84	63486	－5.02
张北	2953	118	406390	17178	62	95661	－7.85
康保	2792	124	209653	4708	129	55173	－5.05
沽源	2649	129	170405	4991	127	57215	－5.22
尚义	2810	122	165404	4689	130	49109	－4.44
蔚县	2698	125	541636	15608	70	84171	－6.86
阳原	2585	132	366872	8608	106	56166	－4.76
万全	3620	100	293715	12302	88	55506	－4.32
赤城	2645	130	362661	20662	53	69931	－4.93
崇礼	3106	115	169637	13013	85	47911	－3.49
涞水	3477	103	287695	10556	95	56557	－4.6
涞源	1930	136	311820	38782	26	82919	－4.41

---

① 河北省统计局：《河北经济年鉴 2010》，河北人民出版社 2010 年版，第612—627 页，部分数据是根据资料计算所得。

续表 5-9

县名	农民人均纯收入（元）	位次	地区生产总值（万元）	地方财政一般预算收入（万元）	位次	地方财政支出（万元）	地方财政收支差额（亿元）
易县	3465	106	547201	13309	83	86408	- 7.71
最低值	1930		165404	4689		47911	- 3.49
最高值	4930		1325203	38782		122370	- 10.59
平均值	3164		457135	18697		81888	- 6.34

3. 产业结构单一、层次偏低，产业市场竞争力薄弱

环首都贫困县大多处于农牧交错地带，农牧业在县域经济发展中起着主导性作用。由于其农业发展基本上采取广种薄收、靠天吃饭的粗放经营方式，要素生产率和农业科技含量非常低；农业结构以玉米、小麦、莜麦等传统粮食作物为主，部分地区种植土豆等蔬菜，农业产业结构非常单一，具有典型的"生存维持型"农业的特征。养殖业受国家京津周围生态治理项目制约，实行禁牧政策，而舍饲养殖业由于国家支持不够，农民自身投入不足和技术所限而发展缓慢，且现有畜牧产品普遍出栏率低，肉质差，难以有效提升农业商品化水平，再加上缺乏加工服务型龙头企业的带动辐射，农业产业链难以有效延伸，农业产业竞争力和盈利能力低下。从工业发展水平看，环首都贫困县工业发展普遍存在企业数量少、规模小、效益差；工业结构层次低，高加工度产业短缺等现象，工业竞争力低下。

4. 产业发展对生态、环境的破坏压力大

环首都贫困县普遍存在生态脆弱且继续恶化的趋势，突出表现为干旱缺水、河湖干枯；草场退化、土壤沙化；水土流失，等等。如从水资源供给看，环首都贫困县平原河段全部干枯断流，

区内已经到了无地表水可采的境地。张家口坝上四县康保、张北、沽源、尚义，草场覆盖度已由90%降到44%左右，水土流失面积普遍占国土面积的一半以上，其中张北县达到83%。承德地区的丰宁、围场两县有1374万亩退化草场，2.1万平方公里水土流失面积，占国土面积的57%，移动沙丘260个，每年推进8-28米，不断侵蚀着耕地和村庄。①

更为重要的是，环首都贫困县处于北京、天津等大城市的水源地和生态屏障区域，贫困县生态环境的恶化直接威胁着京津冀北地区的供水安全和大气环境质量。如位于张家口市宣化县东南部洋河南岸的黄羊滩，每年被大风刮走的表土达1万多吨，沙尘达2.6万吨，形成扬尘或沙尘暴侵袭北京。承德市丰宁县的沙漠化以每年3公里的速度向北京方向推进，而该处到北京的直线距离只有100多公里。虽然我国实行了京津风沙源治理工程、21世纪首都水资源可持续利用工程、退耕还林、退耕（牧）还草、封山育林等一系生态建设和环境保护工程，但由于生态补偿机制不健全，生态保护没有真正与当地经济结构调整和农民的长远利益结合起来，没有即时培育起资源环境承载范围内的，有竞争优势和可持续发展能力的替代产业，在贫困面前，生态保护建设的可持续性缺乏基础。

二、环首都贫困县产业发展面临的突出障碍

制约环首都贫困县产业发展的原因是综合的，既有自然的因素，也有人为的因素；既有本地自身的原因，也有外在环境和政策层面的原因，主要表现在以下几个方面：

---

① 丁元竹：《建设健康和谐社会》，中国经济出版社2005年版，第93页。

1. 产业发展的自然资源匮乏、基础设施残缺

环首都贫困县处于半干旱的农民交错区，水、耕地等自然资源短缺。特别是坝上地区，冬季漫长、低温寒冷，无霜期短，春季干燥多风，夏季光照强烈，秋季降水少、蒸发量大。该地带干旱少雨，水资源严重缺乏，水资源人均占有量不及全国的10%，属于典型的土壤沙化区，许多地带根本打不出水来，种粮种草不长，种树成活率低。从耕地资源看，由于该地区位于内蒙古高原与华北平原过渡带，区内明显划分为高原、山地、丘陵和盆地四种类型，并被永定河、潮白河、滦河、拒马河切割得支离破碎，地形复杂、土壤贫瘠，基本农田稀缺，适宜人类开发利用的土地不足总土地面积的30%，有效灌溉面积仅为人均0.77亩。如承德市人均耕地只有1亩多，人均旱涝保收农田不足0.4亩，全市年均降雨量仅为400毫米左右，无霜期平均120天，坝上高寒区仅65天，干旱、洪涝、风雹、霜冻等自然灾害频繁，再加上地处坝上，位置偏僻，电力、交通、通信等基础设施建设滞后，直接增加了产业发展的成本，降低了产业发展的聚集度。

2. 劳动力素质差，思想观念落后，人力资本匮乏

环首都贫困县中小学失学率偏高，青壮年文盲半文盲比例高于全国和河北省平均水平。据在河北省承德市丰宁县万胜永乡进行的问卷调查，仅有62.3%的农户表示自己能够供应孩子读完小学，有48.4%的农户表示能够供应孩子读完初中，全乡4000人中，就读高中以上学校的只有70人。而且，非义务教育阶段沉重的学费压力已成为当地农户致贫、返贫的突出原因。据统计，在承德就读中专以上学校年均学费、生活费高达6000-8000元，而该乡大多数农户年人均纯收入在600-1000元，根本无力承担。因此，教育培训滞后已经成为环首都贫困带农户吸收先进生产方式和技术、实现个人创业、应对市场风险、提高产业竞争

力的重要制约因素。而且，环首都贫困县由于长年处于贫困状态，贫困文化氛围浓厚，使该区域人民对市场经济的适应能力、利用能力和驾驭能力低下。

3. 处于行政、自然、市场区划的多重边缘带上，难以承接发达地区产业发展的扩散效应

首先，从行政区划看，虽然在地理区位上张、承贫困县与北京紧邻，但由于隶属不同的行政区，无法像北京郊县那样享受北京市的辐射带动效益；其次，从自然区划看，由于北京市在地理经济上一定程度地阻断了张、承两市与河北省内经济相对发达区域的要素和产业联系，环首都贫困县的产业发展与市场运行成本加大。再次，从市场区划看，环首都贫困县在与京津区域进行协作发展中，由于"虹吸效应"大于"扩散效应"，资金、人才等高级要素大量流向京津发达地区，进一步恶化了环首都贫困县的产业发展环境，削弱了产业发展基础。

4. 体制转轨滞后，产业发展的市场化、开放化水平低

环首都贫困县由于特殊的地理区位，历史上多是军事重地、军事禁区，建国以后，受建设"中央军事封闭保护区"等国防任务之累，直至 20 世纪 90 年代中后期才陆续批准开放，如丰宁、围场、隆化县于 1965 年被中央军委确定为军事设施重点保护单位，直到 1992 年才被确定为半开放县，丰宁县 1998 年才获准对外开放。体制转轨的滞后，严重延缓了该区域市场经济体制改革和对外开放的进程，错失了良好的发展机遇，处于区域市场体系的边缘，从长期计划体制束缚下解放出来的贫困县，面对已经发育的市场环境和强大的竞争对手，明显处于劣势地位。

5. 生态功能约束限制了产业发展的空间

环首都贫困县大多位于北京的生态屏障、城市供水源头、风沙源重点治理区。为保证首都的资源和生态安全，20 世纪 80 年

代以来，中央和地方政府不断加大对这一地区资源开发和产业发展的限制，禁止发展污染性和耗水性企业，提高了环首都贫困县产业发展的门槛，限制了产业选择的范围。如为确保首都用水安全，位于上游潮白河流域的丰宁、滦平等县关闭了38家企业和100个矿山企业，赤城县关停了小采矿、小造纸等企业20多家①，仅承德市就关停工业项目800多项，每年承担着10几亿元的利税损失。而这些产业恰恰符合当地资源比较优势，产业发展门槛相对较低，具有自我发展能力和市场竞争能力。在环首都贫困县的产业发展中，单纯依靠县域自身的力量，难以协调发挥资源比较优势与生态建设的关系。

三、提升环首都贫困县产业可持续竞争力的路径选择

（一）按照"保护优先、适度开发"的原则，培育资源环境可承载的特色优势产业

为缓解资源环境矛盾，打破行政分割，形成各具特色、优势互补的区域发展格局，"十一五"规划纲要指出："根据自然环境承载能力，现有开发密度和发展潜力，统筹考虑未来我国人口分布、经济分布、国土利用和城镇化格局，将国土空间划分为优化开发、重点开发、限制和禁止开发四类主体功能区。按照主体功能定位调整完善区域政策和绩效评价，规范空间开发秩序，形成合理的开发结构。"其中，"优化开发区域是指国土开发密度已经较高、资源环境承载能力开始减弱的地区。重点开发区域是指资源环境承载能力较强、经济和人口集聚条件较好的区域。限制开发区域是指资源环境承载能力较弱、大规模集聚经济和人口

---

① 王晓海、王晓霞：《环首都贫困及其根源分析》，载《调研世界》，2005（7）。

条件不够好并关系到全国或较大区域范围生态安全的区域。禁止开发区域是指依法设立的各类自然保护区域。"主体功能区中的"开发"主要是指大规模工业化和城镇化活动。

主体功能区的核心内容就是根据不同地区的发展条件和优势，赋予其不同的主体功能定位，用生产力布局和人口布局的调整，从宏观层面实现经济社会与资源环境的协调发展。其中，根据国家发改委宏观经济研究院国土地区研究所课题组的报告①，限制开发区域主要包括森林生态功能区、草原（湿地）生态功能区、水土流失地区和重要的水源补给区、荒漠化生态功能区等类型。禁止开发区界限明确，包括各类自然资源保护区。根据河北省"十一五"规划的设计，河北省农牧交错带及燕山丘陵山地水源保护区作为草原（湿地）生态功能区，太行山地水土流失防治区作为水土严重流失地区将被划归限制开发区的范围。其中，张北、康保、沽源、尚义、丰宁、围场等环首都贫困县与限制开发区域的特征相似。2010 年国家公布的《全国生态功能区划》，将承德大部分地区划入京津重要水源涵养生态功能区，按照相关政策要求，将被列入严禁开发和限制开发区。

那么生态功能贫困县该如何协调区域产业竞争力提升与生态保护的关系呢？笔者认为，虽然这些地区由于区域生态功能区的定位，区域发展面临的首要任务是进行生态修复和环境保护，而非大规模的工业化活动。但由于单纯依靠财政转移支付无法有效实现区域脱贫致富的目标，为增强贫困县的自我发展能力，必须按照"保护优先、适度开发"的原则，在资源环境承载的范围内，加大对特色优势产业的培育力度。

---

① 国家发展改革委宏观经济研究院国土地区研究所课题组：《我国主体功能区划分及其分类政策初步研究》，载《城市经济区域经济》，2007（8）。

1. 发挥农牧交错带的耦合优势，大力发展特色生态农业

环首都的坝上地区海拔相对较高，具有发展错季蔬菜、马铃薯、食用菌等特色农产品的区位资源优势，有利于构建京津的绿色食品生产供应基地。同时，为发挥农牧交错带的区位优势，应结合"退牧还草"工程，打造"草"产业链，达到生态重建和产业发展的有机统一，草产业发展具有明显的生态效益，广阔的市场前景，而且产业链延伸空间大，可以推动畜牧养殖、旅游开发和皮革、毛纺等畜产品加工业的发展。因此，应按照不同区位的资源特点，合理调整农业结构，并加快转变粗放的农业产业发展方式，提升农业的现代化发展水平。（1）大力实施农业标准化生产，发展绿色科技农业。积极改良品种，推广农业生产新工艺、新技术，加快无公害、有机产品认证工作，推动农产品的标准化生产，提高产品的绿色竞争力。（2）打造区域品牌，提升品牌竞争力。对于环首都贫困县来说，在推行农业生产标准化、无公害生产的基础上，打造统一的区域性品牌，提高当地农产品的知名度、信誉度，并依托龙头企业和专业合作组织，增加与大型超市、果品批发市场等的直接对接能力，开辟农产品进军城市的"绿色通道"。（3）提高特色农业的链条延伸和产业化经营能力。针对环首都贫困地区龙头企业欠缺的困境，各级政府应依托产业化扶贫工程，选择一批扶贫龙头企业，加大信贷、税收支持，增强其市场竞争能力。采取"特色基地/规模园区/专业村群＋扶贫龙头企业＋扶贫合作社＋贫困户"的链条发展模式，拓宽农产品的加工增殖空间，提高现代农业的集群化、链条化发展能力。

2. 加快食品加工、医药制造、矿产开发等传统优势工业的改造升级

考虑到生态环保约束和贫困县的资源和产业基础，环首都贫困县应发挥传统优势工业的主导功能，在积极承接京津外溢的劳动密集型制造业、高新技术产业的同时，加大对食品加工、医药制造、矿产开发等传统优势产业的改造升级。目前，承德、隆化、青龙、张北、围场等环首都贫困县畜牧业发展势头良好，猪、牛、羊肉产量居全省前列，具有发展畜牧产品加工业的产业优势。而且，坝上地区具有中成药种植和加工的传统，具有丰富的地产药材资源，可通过壮大医药制造产业的核心企业，合理调整产品结构，切实抓好传统骨干产品的更新换代，并向保健饮料、植物色素、调味剂、日用化工品、化妆品等方面进行延伸，创建名优产品，打造特色医药产业集群。

同时，张家口、承德两市地处内蒙地轴、华北陆台和山西地台三大稳定地块的结合带，以特有的成矿地质条件，孕育了丰富的矿产资源，是河北省的矿产资源大市。例如，张家口全市已探明矿产储量居河北省首位。含煤面积约 1240 平方公里，可采储量约 27.68 亿吨，是河北省主要产煤地之一。承德市已探明有工业开发价值的金属和非金属矿产 37 种，目前，精品钢材、黑色金属及压延加工业、金属矿采选业等已经成为承德、张家口两市中产业关联度较强的传统优势产业。因此，环首都贫困带可立足钒钛等矿产资源的可持续、深度开发，以产业链条延伸为重心，加快中高档金属加工业和关联配套产业的发展，提升产业的加工增殖空间，降低对初级资源开采的依赖度。同时，积极推广生态循环经济：一方面采取新技术、新工艺、新方法减少或消除工业生产、流通过程中的废物排放；另一方面采取有效措施对废旧物品进行回收处理、循环使用、变废为宝。

3. 推动地热、风能等绿色能源的深度开发，培育新兴产业增长点

环首都的张家口、承德地区拥有丰富的地热资源和风力资

源，应加快这些环保资源的开发利用，打造新的具有可持续竞争力的主导产业。如张家口的风能资源储量居全国之首，风电装机容量可达 700 多万千瓦以上，有地热 18 处，极具开发价值。承德地区风能、水能资源丰富，具备建设大型风电基地和抽水蓄能电站的良好条件。特别是张北县，近年来把风电开发作为重点招商项目，着力培育和发展"绿色经济"，进行环保新能源开发，取得了产业发展、环境保护和绿色能源开发并进的效果。

4. 突出"皇家"、"生态"两大品牌，构建环京津休闲旅游产业带

环首都贫困县拥有极为丰富的自然、生态和人文旅游资源，旅游业也是当地颇具特色优势和竞争力的龙头产业。应以构建环京津休闲旅游产业带为目标，加快休闲旅游与餐饮、住宿、交通等现代服务业的发展，使之成为区域产业结构升级的关键抓手，并以此提高区域知名度和美誉度，增强区域招商引资的凝聚力。如张家口市崇礼县确立了"旅游立县"战略，明确以打造东方"达沃斯"为目标，努力建成北京周边以滑雪为核心的精品旅游城市。2009 年，该县按照"存量做精，增量做优"的思路，着力构筑"一个中心、五个组团"旅游格局（一个中心是指以县城为中心，五个组团指万龙、多乐美地、长城岭、翠云山和密苑五大景区），全县接待游客 60 万人次，实现旅游综合收入 3 亿元，以旅游业为主的第三产业增加值占 GDP 的比重为 31.5%，旅游业带动全县就业 1.2 万人。

目前，环京津贫困县应重点建成一批特色休闲城市，围绕温泉、冰雪、海滨、草原等时尚休闲产品，谋划建设一批重大核心项目，如仙那都国际生态休闲度假村、木兰围场狩猎场、茅荆坝七家森林温泉度假城、崇礼中马国际旅游度假区等，带动长城、森林草原、民族风情、休闲度假等景区建设。为提升旅游产业的

区域协同竞争力，应加强张家口、承德等临近城市之间的合作，改变单兵作战、恶性竞争的发展方式，实现产品宣传、景点门票、旅行社、过路费等环节的资源共享，利益互让。而且，以旅游业为龙头带动餐饮、娱乐、疗养等配套产业的发展，引导游客消费需求的延伸，提高单位人次旅游者的旅游业产值，提高旅游业的关联效应。

5. 承接京津区域的产业辐射，以环首都经济圈建立为机遇，实现产业结构的梯度升级

环首都贫困县要抓住北京、天津等地对城市功能进行重新定位、整合，大幅度调整工业产业结构布局的机遇，根据市场运作规则，或者参与北京企业的配套生产、分工协作，引进一些符合区域生态要求，能发挥自身劳动力和资源优势的生产环节；或者加强与科研单位、高等院校的合作，积极引入高新技术产业或改造传统产业。特别是"十二五"期间，为更好地把握京津冀都市圈加速崛起的历史机遇，河北省谋划在承德、张家口、廊坊、保定4市的涿州市、涞水县、涿鹿县、怀来县、赤城县、丰宁满族自治县、滦平县、三河市、大厂回族自治县、香河县、广阳区、安次区、固安县、兴隆县等14个县市，幅员2.7万平方公里的范围内打造环首都经济圈，力争到2015年该区域主要经济指标比2010年翻两番，地区生产总值由2010年的1196亿元达到4784亿元，年均增长31%以上；全部财政收入由2010年的200亿元达到800亿元，年均增长32%；城区总人口由2010年的165万人达到300万人、年均增长12.7%，城镇化率由2010年的33%上升到60%、年均增长5.4%。力争到2020年，主要经济指标比2015年再翻一番，地区生产总值达到9568亿元，全部财政收入达到1600亿元，城区总人口达到400万人，城镇化率达到70%，从而打造环首都城市群的雏形，在区域经济增长

中发挥龙头带动功能。

事实上，涵盖河北4市14县的环首都经济圈只是个狭义的概念，广义的环首都经济圈应包括在区位上与北京相接或相近的所有县市，为此，包括环首都20个贫困县在内的重点区域都应加快与北京的产业、市场、要素、基础设施和公共服务的全面对接融合，在承接辐射和开放创新中实现自身产业竞争力的"阶梯登高"。为夯实环首都经济圈的经济发展基础，完善与北京的产业承接和对接通道，我们必须进行一系列创新谋划：一是完善税收、土地、金融等优惠政策，力争将环首都经济圈打造成河北省的"深圳特区"，如将新增建设用地向该区域进行倾斜布置，并加大税收减免力度等。二是尽快推动与北京的同城化、一体化发展进程。如在通讯体系方面，实现环首都经济圈的电话区号变更，全部与北京一致为010开头，并加快与北京联网、同网改造，实现与北京固话通信无长途，移动通信无漫游；在信息体系方面，加快构建与北京协调联动的商贸、物流、旅游、金融等信息服务体系，逐步实现公共信息共享；在交通体系方面，力争用1－2年的时间，通过高铁、轻轨、地铁、高速公路等立体交通设施建设，建成名副其实的半小时经济圈；在公共服务体系方面，力争在3－5年内，逐步推进与北京供电、供水、供气等基础设施的共建共享，加快环首都县（市、区）医疗保险、养老保险、住房公积金等政策与北京的对接融合，实现互通互认；在金融体系方面，加快推进京冀金融一体化进程，引导鼓励北京的主要金融机构到环首都地区设立网点和分支机构，逐步实现区域内支票通用、银行储蓄跨行政区通存通兑。三是完善区域协调联动机制。由于环首都经济圈特别是所辖贫困县资本、技术、人才等高级生产要素短缺，产业发展环境和配套协作体系有待改善，对外部企业和生产要素的吸引力较弱，因此，在产业倾斜布局、公共产品供给和优惠政策引导等方面，应加大区域协调机构的功能发挥，如借助《京津冀区域发展规划》获得国家批准的机会，成立北京市、河北省及相关市县主要领导人参加的党政领导联席会议，由秘书长和日常工作办公室负责日常协调，加快签署合作框架协议和产业、科技、环保等专项合作协议，以助推环首都贫困县在内的经济区域加快与京津市场的对接和产业融合。

（二）采取"点状集约"开发模式，增强产业的聚集效益和生态效益

区域经济开发一般包括点状开发、线状开发、片状开发三种模式。由于环首都贫困县缺乏大规模集聚经济要素和实施工业化、城镇化发展的客观基础，许多区域基础设施环境欠佳，生态环境脆弱、外部负效应突出。因此，为增强产业发展的集聚竞争优势，并减轻对周边生态环境的压力，应采取"点状"开发的空间战略，在少数产业发展环境较好、发展潜力较大的重点镇建设特色产业园区，推动生产要素、企业、产业向这些"增长点"集聚。

1. 以特色农业为依托，发展农业示范园区和畜牧养殖园区

环首都贫困县在发展错季蔬菜、中药材、食用菌、畜牧养殖等特色产业上具有突出的区位优势和资源优势，但近年来由于产业布局分散，特色农业发展普遍存在产业链条残缺，产品附加值偏低，产业组织分散等问题，无法获得规模经济和范围经济，农业标准化、规模化、产业化经营水平低。因此，为增强市场竞争优势，环首都贫困县应建设一批特色农业示范园区和畜牧养殖园区，打造产业"增长极"。并以园区建设为空间载体，加快技术服务、原材料提供、产品销售等关联服务体系的发展，增强对外部龙头企业的引进能力和品牌打造能力，形成一批名优特农产品生产、加工基地，提升贫困县农业的可持续竞争力。

2. 以传统工业改造升级为依托，发展特色工贸园区

特色工贸园区是实现传统工业改造、升级的有效空间载体。没有低技术产业，只有低技术的产品，关键是提升产品的特色竞争优势。要充分发挥环首都地区的资源、地缘优势和历史基础，依托工贸园区建设，改善产业发展的外部环境，增强凝聚能力，积极承接京津转移的加工制造业，如来料加工、装备制造、机械、汽车零部件、电子元器件等，并对污染源转嫁项目严禁建设；利用丰富的农牧业资源，打造以绿色品牌为标志的特色食品加工业；依托煤炭资源和风能资源优势，发展能源工业，建设能源基地。并在产业延伸进程中，逐步发展运输、流通、贸易等服务产业，最终形成若干包含工业企业和商业企业的生态工贸园区。

如承德市丰宁满族自治县，为加快自身传统产业改造和新兴产业培育步伐，"十二五"期间，将重点打造"五大园区"。一是新兴产业示范园区：以高端制造、新能源、新材料、生物产业和现代服务业为重点，规划在丰宁县主城区南部区域，城关镇（大阁镇）境内打造新兴产业示范园区，力争到2015年引进投资10亿元以上重大项目30个，实现主营业务收入300亿元，利税35亿元。二是现代物流园区：按照构建"一区两园"物流发展格局的要求，坚持以北京及周边广阔的市场和巨大的物资需求为依托，分别在土城镇和天桥镇范围内规划建设两个集仓储、集散、物流运输、配套服务为一体的现代物流园。其中土城物流园主要从事绿色有机及特色农产品、旅游产品、玉米及杂粮产品的仓储交易、集散运输和加工配送；天桥物流园主要从事煤炭的仓储交易、集散运输，以此引领带动全县物流产业不断上水平、成规模、提效益。三是工业聚集园区。以打造河北省装备制造业、农副产品深加工产业基地为目标，规划在主城区北侧和西南侧区域内建设面积达 45 平方公里的工业聚集区，促进生产要素集聚，主动承接首都产业转移。四是文化产业示范园区：以创建全国文化产业百强县、国家级文化产业试验区为目标。将文化旅游业、文体娱乐业、文艺演出业、民间艺术品业、健身娱乐业作为优先发展的文化产业，打造一个中心（九龙山文化产业集散中心），两条产业带（京北第一草原文化娱乐产业带、洪汤寺温泉峡谷休闲体验文化产业带），形成以产业园区（九龙醉酒文化产业园、缘天然养生文化产业园、凤山古镇满族风情村落）为载体，以重点产业项目（布糊、剪纸等）为支撑的产业格局。力争到 2015 年，文化产业对 GDP 的贡献率达到 5% 左右，2020 年提高至 10% 左右。五是高层次人才创业区：为强化丰宁县产业升级、发展的人才支持，在县城和汤河镇规划建设高层次人才创业区，实施 1 万套以公共租赁房、限价房为主体的"人才家园"项目，为高层次人才来丰创业提供住房和生活配套服务①。

3. 打破行政分割，跨区域优化产业布局

对于生态功能约束特别明显，基础设施建设欠账较多的地区，由于缺乏自建园区的能力，为实现产业布局的高起点，可以在适合大规模聚集产业和人口的生态受益区，划出一定空间作为跨区域的经济开发区，使其成为一些限制开发区域贫困县进行工业发展的"产业飞地"，贫困县通过将自己招商引资的项目或有竞争潜力但发展环境束缚明显的产业向"飞地"进行迁移，实现自身产业发展与环境保护的协调推进。为打破行政分割，提高贫困县地方政府的积极性，应在税收缴纳、就业吸纳等问题上向贫困县进行利益倾斜，同时，为增强贫困县企业向"飞地"迁移的动力，应在土地使用、基础设施成本、金融支持等方面出台优

---

① 河北经济日报，《丰宁"158"工程引导产业转型升级》，2010 - 12 - 18。

惠政策，提高迁入企业的成本——收益率，增强对迁入企业的吸引力。

(三) 完善财政转移支付制度，加大对贫困县的生态资源补偿

对于生态功能突出的环首都贫困县来说，由于生态保护成为区域发展的首要任务，产业发展和竞争力提升受到一定程度的限制。特别是随着主体功能区的划分和建设，部分环首都贫困县被划归限制开发区域，产业发展的环保门槛提高，因此，为保障市场竞争的公平性，提高区域发展的协调性，保障限制开发区和禁止开发区的真正形成，必须通过完善财政转移支付制度等配套政策建设，对这些生态功能县进行必要的利益补偿，实现其产业发展权利受限下的发展脱贫。

1. 完善财政转移支付制度是加大对生态功能区利益补偿的客观要求

第一，经济社会快速发展对资源环境的压力日益增加，客观上要求财政部门对限制开发区域和禁止开发区域进行生态建设和环境保护提供资金支持，缓解生态工程建设和维护费用的供求差距。第二，对限制类、禁止类开发区域因生态保护导致的产业发展受限，财政收入和居民收入减少，需要财政转移支付进行经济补偿。如在限制开发区域内，许多贫困县具有十分丰富的矿产资源，发展矿产资源开采和加工业具有比较优势和市场竞争优势，但由于生态功能约束却无法实现公平发展和竞争。第三，生态环境作为一种公共产品，具有明显的外部正效应，需要财政转移支付进行经济补偿。限制开发区域和禁止开发区域的生态修复和环境保护为周边区域带来较大收益，只有得到合理补偿，才能符合经济与自然协调发展的客观要求。

2. 完善财政转移支付制度的措施选择

第一，逐步用"因素法"取代传统的"基数法"，完善中央对地方的财政转移支付制度。科学全面分析影响各级地方政府财政收支的各种因素，选取一些不易受到人为控制的、能反映各地收入能力和支出需要的客观性因素，包括自然地理因素（如自然条件、地理位置、土地面积、资源环境等）、经济社会因素（如人均 GDP 和人均财政收入、人口规模及结构、医疗教育卫生发展状况等）和特殊因素（如少数民族人口数量及分布、贫困县、贫困人口数量及分布等），在此基础上，按照各种影响因素对地方财政收支的影响程度大小，科学测算各级地方政府潜在税收能力和财政支出需求等有关指标数据，并根据各地方政府税源、税种、税基、税率等测算出其理论上的财政收入和财政支出额，从而根据它们之间的差距推算出中央政府财政转移支付额度。① 根据"因素法"来衡量各地区财政收支状况、以公式化的形式合理确定其转移支付额度，有利于提高财政转移支付的科学性和透明度，有利于规范中央与地方之间的财政关系，增加对生态功能贫困县的财政转移支付规模。

第二，进一步完善省以下财政管理和转移支付制度。除了中央政府要继续加大对省财政转移支付规模以外，省级政府还要通过增加财政收入规模、优化财政支出结构、压缩本级政府支出等方式，积极拓宽转移支付资金来源渠道，增加一般性转移支付资金规模，加大对生态功能突出的限制类、禁止类开发区域的支持力度。为降低财政转移支付的成本，应积极稳妥地推进行政管理体制改革，减少政府层级，尤其是在条件成熟的情况下，撤消地（市）一级政府机构，并精简乡镇机构及其财政供养人员，逐步建立"省管县"财政管理体制，提高财政转移支付资金的使用

---

① 王双正、要雯：《构建与主体功能区建设相协调的财政转移支付制度研究》，载《中央财经大学学报》，2007（8）。

效率，并为进一步完善分税制体制和健全地方税收体系打下坚实的基础。

第三，推动主体功能区财政转移支付法制化建设。尽快制定《财政转移支付法》及适合主体功能区发展规划特征的具体措施办法，明确对包括限制和禁止开发区域为重点的财政转移支付的目标、基本原则、依据和用途、核算标准、分配方式、审批监督管理程序及违反者应承担的法律责任等，逐步将符合主体功能区框架的财政转移支付纳入制度化、法制化的轨道。

3. 完善资源和生态补偿机制应把握的关键点

建议国家研究落实包括水资源使用权损失补偿、限制传统工业发展权益损失补偿、生态工程管护费用补偿等在内的一系列生态补偿机制。

（1）建立跨区域有偿用水机制，协调首都用水安全和周边贫困县经济发展的矛盾①。近几年来，为保护首都水源而出台的许多限制性政策，在一定程度上阻滞了环首都贫困县的经济发展。当前急需探索一种可以公平解决贫困地区人民吃饭和北京市民饮水问题的可操作性机制。应按照"谁受益，谁补偿"的原则，由中央以具有强约束力的政策法规形式细化和确定北京市有关部门对张家口、承德地区的扶持责任、投资方向和投资比例，以改变多年以来贫困市县通过陪笑脸、找关系等不规范途径来筹措资金的窘境。具体来说，应在以下四方面予以补偿：其一，在工业点源治理和节水等项目建设中，大幅提高国家投资比例，明确北京等相关省市的投资比例，并将一定比例的地方政府和企业自筹资金改为财政贴息贷款；其二，由国家和北京等相关省市共

----

① 王晓海等：《环首都贫困县扶贫路径新探——制度建设》，载《调研世界》，2006（2）。

同负责因工业点源治理而关停企业的失业职工的最低生活保障问题，并通过资金注入、技术优先转让、劳动力优先使用等形式给予相应补偿，让职工在作出牺牲时能得到基本保障；其三，合理测算、明确规定调集水源的补偿标准。改变无偿供水，或低标准补偿（0.1 元/立方米）状态，将水资源的价格、水工程的成本、水处理的成本、水管理的成本以及污水处理成本等纳入水资源的总成本价，而非仅仅包含了水的工程成本和处理成本。居民无力承担的部分由市财政予以补贴。

（2）完善生态补偿机制，协调首都生态环境建设和周边贫困县产业发展的矛盾。一方面，加大中央的纵向补偿力度。据调查，张家口、承德两地区在生态建设方面共同面临的难题就是补植补造经费不足，造林补助标准偏低，抚育管护投入太少，各级林业主管部门的工程管理经费不足。资金投入的严重不足使贫困县只能选择幼小的树苗、劣质的树种，生态效益难以保证，更难形成经济效益。因此，应将张家口、承德等贫困地区的生态建设项目及早纳入国家整体治理规划，加大对首都周边地区生态建设专项资金的投入，保障相关经费的及时、足额到位。建议国家将承德作为特例延长退耕还林补助时间，由目前的 8 年时间延长至30 年。另一方面，加大受益者对受损者的横向补偿。要明确北京与周边贫困县之间的建设连带责任。由于责任不确定，在工业点源治理、节水工程及生态建设等重大工程项目中，北京方面多以旁观者自居，缺乏投身建设的动力和积极性，而与此形成鲜明对比的是，其周边贫困县政治责任重大，筹资任务繁重，运作成本很高。因此，中央应通过制度设计，明确北京与张承之间在水源保护和生态建设工程中的连带关系，保证"共享者"必须"共建"，由北京市分担国家和贫困县的生态建设责任和投资压力，推行工程造林、工程种草、生态农业示范工程、工业废水净化处理、重点污染企业搬迁或转产改造工程等一系列生态工程建设，提高环首都贫困县产业发展的可持续能力。此外，北京等受益城市还有义务在市场衔接、产业转移等方面对周边贫困县给予支持，完善劳务合作和产业合作机制。

4. 加快生态移民和异地扶贫步伐，支持替代产业和小城镇建设

对生存条件特别恶劣、地质灾害频发和生态保护重点区域的扶贫开发重点村和贫困人口继续实施扶贫移民搬迁工程，引导缺乏基本生存条件的贫困户向小城镇、工业小区和中心村集聚。事实证明，对人口稀少或自然环境极端恶劣地区进行投资，不符合"成本——收益"原则，因此，应加快生态移民步伐，继续倡导有条件的地方集中力量建设扶贫移民小区，推动贫困人口集中的重点村整体搬迁，从根本上改善特殊困难地区贫困群众的生存和发展环境，用生产力布局和人口布局的调整，从宏观层面对经济社会和生态环境协调发展进行调控。生态移民有利于减轻贫困县部分生态脆弱区的环境压力，提高部分适合生产要素和人口集聚地区的产业发展能力和竞争能力。具体说来，一是加大对外迁人员财产转移的补偿力度，建设一些低成本的贫困人口居住区，解决他们的安居问题。二是在替代产业发展和增加城镇吸纳能力上给予补偿。按照内聚外迁，点状发展的原则，加大对生态功能贫困县适宜发展的小城镇的扶持力度，增强其在产业发展和人口集聚力方面的能力。为推动小城镇建设和发展，政府部门可考虑贫困地区人口以土地、原住房置换小城镇户口和住房补贴，为转移提供先决条件。三是加大教育培训投入，提高居民的转移就业能力。四是加大监督保障力度。各有关重点县要把扶贫移民工程作为"一把手"工程，切实摆上重要议事日程，研究制定具体的实施计划，多方整合资源，做到责任落实、工作落实、任务落

实。探索建立扶贫搬迁工作评估考核体系,对不能按要求完成规划任务或拖沓、推诿的县,省政府除停拨新批次的移民扶贫资金外,还要在下年度正常到县财政扶贫资金中扣减已下拨的资金,并通报全省。

(四)深化人力资源开发,强化产业发展的人力支撑

环首都贫困县与首都的反差不仅表现为它是一个经济塌陷区,还是一个文化教育的塌陷区。在环首都 200 公里之内的张、承地区,文盲半文盲比重高,思想封闭、观念落后,"贫困文化"对产业发展的约束明显。因此,要强化对产业发展和竞争力提升的人力支撑,必须根据贫困县的产业发展导向,加快人力资源的开发利用。

1. 结合县乡村实用人才工程和农业科技人才开发工程,强化农业发展的人力支持

对农民进行广泛的、多种形式的培训,包括农业科技文化培训、农业操作技术培训、市场营销培训等。通过建立农业技术学校、开展经常性科技下乡活动等途径,聘请确有专长的科技人员,对农民进行种植、养殖、加工的生产指导、销售指导和提供市场信息等。同时,充分运用计算机网络、卫星视频传输系统、广播电视等现代教育手段,实施"现代远程教育工程",使贫困县农民掌握更先进的农业新技术,获得更多的信息来源,增强产品的市场开拓能力和增殖能力。

2. 提高企业经营管理者的素质

企业家是推动产业规模扩张和创新升级的重要力量,与贫困县产业竞争力的提升息息相关。针对贫困县企业经营管理者思想保守和管理素质低下等问题,应通过加强培训,调研交流,与高校、科研机构和发达地区同行业企业或协会开展合作等途径,培养出一批懂技术、会管理、善经营的复合型现代企业家,增强他

们对市场竞争的驾驭能力和应对能力。

3. 借助京津人才优势，增强贫困县的人才凝聚能力

一是实施"借地育才，引智培才"策略，本着互惠互利，共同发展的原则，借助京津高校云集，教育资源丰富的区位优势，加快贫困县的政府管理人才、企业管理人才、专业技术人才的培养。可以通过加强产学研协作，借助京津科研院所的科技人才及先进科技成果，参与贫困县新产品的研发，提升产品结构和产业的创新能力、差异化竞争能力。二是招才引智，借智发展。采取灵活的用人方式，拓宽用人渠道，以项目合作、周末兼职、退休聘用等形式，不断吸纳京津地区的各类人才参与环首都贫困县的产业发展。

第四节　山区型－太行山区贫困县产业可持续竞争力研究

山区贫困县在我国贫困县经济分析中具有重要的意义，我国86%的国家扶贫开发工作重点县分布在丘陵和山区。近年来，随着我国扶贫开发进程的推进，贫困人口的区域分布呈现向山区集中的态势。2007 年，我国农村贫困人口中，山区占 53.9%，低收入人口中，山区占 53.5%[①]。而且，山区还承担着重要的资源供给和生态保护功能。1992 年，联合国环境和发展大会通过的《21 世纪议程》第 13 章中，专门论述了"山区——脆弱的生态

---

① 国家统计局农村社会经济调查司：《2008 中国农村贫困监测报告》，中国统计出版社 2009 年版，第 6 页。

系统及其可持续管理"，提出山区是森林、矿石和各种产品的资源宝库，是水、能源和生物多样性的重要来源，是人们赖以生存和休闲娱乐的重要条件，对生态系统的平衡起着不可替代的作用①。因此，如何增强山区贫困县产业的市场竞争能力和可持续发展能力具有重要的实践意义，本节拟以河北省太行山区贫困县为例展开具体分析。

河北省分布在太行山区的国家和省级贫困县大体包括 10 个县，包括保定的阜平、唐县、顺平、曲阳；石家庄的赞皇、平山、灵寿、行唐；邢台的临城；邯郸的涉县。由于保定的涞源、易县、涞水三县处于环首都贫困带和太行山区贫困带的交叉范围，有时也将其划入太行山区贫困县中，共计 13 县，其中国家扶贫开发工作重点县 9 个，即涉县、临城、赞皇、平山、灵寿、阜平、唐县、涞源、顺平。根据《河北经济年鉴 2010》统计，河北省太行山区 10 个贫困县的主要经济指标虽然在河北省三大贫困带之间属于发展最好的区域，特别是地方财政一般预算收入和地区生产总值的平均水平要高于其他两大贫困地区，却明显落后于全省平均水平。从农民人均纯收入看，太行山区贫困县的平均水平仅为 3082 元，与全省农民人均纯收入水平 5150 元相比相差 2068 元，与 51 个贫困县平均的农民人均纯收入 3347 元相差 265 元，比环首都贫困县的平均水平还要低 82 元，仅相当于全省平均水平的 59.8%，相当于全省贫困县平均水平的 92%。其中，阜平县农民人均纯收入最低只有 2229 元，与全省平均水平相差 2921 元，与全省贫困县平均水平相差 1118 元。另外，2009年太行山区贫困县地方财政一般预算收入的平均水平为 2.13 亿

---

① 国家环保局译：《21 世纪议程》，中国环境科学出版社 1993 年版，第 110页。

元，其中临城县最低只有 7140 万元（如表 5-10 所示），因此，太行山区贫困县的财政收支差额平均值在 5.03 亿元，其中超过 5 亿元的有个 4 县，如平山县财政收支差额最高，达到 7.73 亿元。

表 5-10　2009 年河北省太行山区贫困县的经济发展状况①

县名	农民人均纯收入（元）	位次	地区生产总值（万元）	地方财政一般预算收入（万元）	位次	地方财政支出（万元）	地方财政收支差额（亿元）
行唐	3470	105	850273	15961	67	71431	-5.35
灵寿	2960	117	593343	11231	92	58834	-4.76
赞皇	2910	119	448948	9888	102	42126	-3.23
平山	3312	110	1405160	52697	16	129951	-7.73
阜平	2299	135	191041	8402	107	47635	-3.92
唐县	2793	123	354683	7922	111	76338	-6.84
曲阳	2372	133	418952	10490	96	66874	-5.64
顺平	2354	134	293476	7568	114	52032	-4.45
临城	3402	107	286019	7140	115	46877	-3.97
涉县	4950	67	1834422	81482	8	125659	-4.42
最低值	2299		191041	7140		42126	-3.23
最高值	4950		1834422	81482		125659	-7.73
平均值	3082		667631	21278		717757	-5.03

从这些山区贫困县产业发展的现状研究可以看出，山区贫困县虽然大多拥有丰富的山地、林地和矿产资源，但由于缺乏与现代生产要素和经营方式的有效组合，资源呈现过度开发、低层次

① 河北省统计局：《河北经济年鉴 2010》，河北人民出版社 2010 年版，第 612—627 页，部分数据是根据资料计算所得。

开发态势，资源优势并没有真正转化成产业竞争优势，同时，由于资源开发和产业发展方式粗放，使得山区贫困县的资源浪费和生态破坏严重，产业发展的可持续能力低下。因此，必须准确把握山区贫困县产业发展的主要制约因素，探索提升其产业可持续竞争力的有效路径。

一、太行山区贫困县产业发展面临的突出障碍

1. 山区县山多坡陡，基础设施建设成本高

由于山高坡陡，地形复杂，地块零散，导致了山区贫困县产业布局的分散和发展成本的增加。为改善产业发展的设施环境，各级政府虽然进行了大量的基础设施投资，但由于基础设施建设成本远高于平原地区，基础设施的建成速度缓慢，导致企业的固定设施成本、运输成本、交易成本偏高，在市场竞争中处于自然劣势。例如，将河北省太行山区贫困县——赞皇与平原县——藁城县进行对比，在山区修筑1公里同等级农路的成本要比平原地区高出近1倍，打一口井的成本比在平原地区高出近2倍；架设1公里农电线路的成本要比在平原地区高出近4倍。同等数量的政府投资，在山区所形成的基础设施要比在平原地区少很多。

表5-11 山区县与平原县基础设施建设的成本比较[①]

项目	赞皇山区县	藁城平原县	比例
修农路（万元/公里）	6.45	3.85	1.7:1
架农电线路（万元/公里）	10.9	2.23	4.9:1
打浅井80米（万元/口）	3.23	1.1	2.9:1

① 韩劲：《走出贫困循环——中国贫困山区可持续发展理论与对策》，中国经济出版社2006年版，第74页。

2. 山区县地处区域经济的边缘地带,产业发展的市场化程度低

一个地区商品经济的发达程度和市场参与程度是影响地区产业竞争力的重要因素。对于发达县域来说,已经基本步入了市场经济运行的良性轨道,由于具有较高的要素回报率和吸引力,在市场价格和利润规律的引导下,具有较强的自我发展能力。但是对于山区贫困县来说,由于偏远闭塞,市场体系建设滞后,市场信息交流困难,大多处于市场经济发展的初级阶段,无法摆脱自给自足或半自给自足的经济状态。目前,山区贫困县的农业发展基本沿袭了以农户家庭为单位的小农经济形式,生产的主要目的是满足生存需要而不是为了商品交换,"吃饭靠种田,养猪为过年,养鸡生蛋为了油盐钱",即使有剩余产品参与市场交换,由于距离市场较远,交通不便,商品贮藏和运输手段落后,对市场不熟悉等问题,也缺乏市场竞争能力。较低的市场参与程度,等于放弃了分割市场利润和发展地方产业的机会。

3. 山区县产业结构升级缓慢,偏离了区域资源优势

从产业结构上看,我国山区贫困县对农业普遍具有高度依赖性,生存问题迫使他们把主要精力集中在粮食生产上,如何在有限的耕地上增加粮食产量,如何向荒山索取更多的耕地,成为山区进行产业发展的主要目的。但是,对于山区贫困县来说,由于农业生产条件恶劣,地块零星分散,耕地稀缺、土地贫瘠、水资源短缺,气候昼夜温差大,单位土地的农作物产量非常低,遇上自然灾害,常常连种子都收不回来。因此,较低的土地生产力和较高的生产成本,决定了以粮食为主的传统农业结构是山区贫困县的比较劣势产业。近年来,一些山区贫困县试图从比较优势出发,加快耐寒特种农作物、林副产品、中药材和禽畜养殖等特色经济作物的发展,也出现了一些依托农业结构调整,提升产业竞

争力的成功案例。但是对于大多数山区贫困县来说，由于农民缺乏投入能力，又经不起市场风浪的冲击，因此，现实的选择是躲避风险，维持现状。可见，山区贫困县的产业结构现状不是市场定位和比较优势的结果，但按照区域资源优势进行开发又面临种种困难，贫困县难以依靠农户自身的力量，在市场竞争中实现产业结构的优化升级。

4. 山区县政府对产业发展扶持乏力

为实现区域经济的跨越式发展，山区贫困县政府普遍具有干预经济活动的积极性。但是，由于运用手段不当，职能定位不科学，贫困县又普遍存在政府干预不当、扶持乏力等问题，突出表现在以下两个方面：

（1）县乡政府对微观经济主体的干预过多。如为推动农民进行农业结构调整，基层政府常常头脑发热，造声势，树形象，上规模，动辄就搞"万亩""亿株"，但由于后续加工、收购、服务体系跟不上，常常以失败告终，而为此付出代价和承担损失的却是企业和农户。在调研中，常会听到农民的抱怨，"政府发动搞什么，千万不能干什么"，"政府不插手没准就成功了"。可见，出于对政绩的追求，贫困县地方政府容易注重短期效果，使产业结构调整常常背离市场运行规律。

（2）扶贫资金和各项财政专项资金被滥用，政府对产业发展的扶持效益低下。目前面向贫困地区和农村的扶贫资金和财政专项资金存在多头管理的问题，发改委、农开办、扶贫办、农业局、林业局、交通局、水利局、教育局等相关管理部门，都有自上而下从中央到县的一条资金通道。各职能部门的重要政绩在于跑项目要资金，但资金运用效果却缺乏有效监督，导致大量半拉子工程、面子工程、偷工减料工程的出现，扶持资金利用效益低下。再加上地方行政经费浪费无度，各级政府挪用、截留扶贫资金和专项资金的现象普遍，弱化了对贫困县产业发展和其他建设的扶持功能。[①]

5. 资源开发和生态环保的区位分割，制约了山区县产业的可持续发展

山区贫困县大多在自然区位上相互临近，但由于行政分割管理，在区域产业发展中存在过度竞争和地方保护主义问题。高度趋同的产业结构，使临近县在资源占有和使用上，你争我夺，造成资源浪费和过快耗竭。相反，在污染治理和生态环境改善上，却相互推诿，搭便车。没有资源开发和环境保护的跨区域合作协调机制，山区贫困县产业的可持续问题难以实现。

二、提升太行山区贫困县产业可持续竞争力的路径选择

从国际社会推动山区经济发展的经验看，瑞士、奥地利、意大利、德国、日本等多山国家的成功实践表明，只要依托税收、投资等优惠政策，对山区资源进行综合开发和良性开发，贫困山区是能够培育出有特色竞争优势的产业，实现经济效益、社会效益和生态效益的有机结合的。结合太行山区贫困县的发展实际，笔者认为，提升山区贫困县产业的可持续竞争力，应把握以下战略重点：

1. 依托山区资源优势，培育有特色竞争力的产业

山区与平原、沿海等其他地区相比，具有丰富的生物资源、森林资源、水资源、旅游资源、矿产资源，等等。因此，如何按照可持续发展的原则，充分、合理地利用资源优势，培育特色优势产业，是提升山区县产业可持续竞争力的根本途径。针对各具

---

① 韩劲：《走出贫困循环——中国贫困山区可持续发展理论与对策》，中国经济出版社 2006 年版，第 88—91 页。

特色的山区资源，可因地制宜，合理开发利用资源，搞好优势产业定位。如以独特自然风光和特色风俗为基础的旅游观光业；以生态环境保护为基础的绿色生态农业和绿色食品加工业；以木材、水果、中药材、野生动植物及茶、竹、菌等山区特色资源为基础的特色种养、加工业；以矿产资源为基础的资源开采、加工业，等等。

由于贫困县自身开发能力有限，为实现资源的深度开发、良性开发，必须借助外力，在政府优惠政策的推动下，在区域产业协作和要素流动中，提高产业的可持续竞争力。如"九五"期间，为加快山区贫困县的发展，泉州市实施了"山海协作"战略，根本措施是以政府政策为杠杆，发挥市场引导功能，将沿海地区丰富的资金、技术和管理人才优势与贫困山区丰富的自然资源、劳动资源以及廉价土地等优势结合起来，从而在双方的互利互惠中，增强山区贫困县的产业竞争能力。在"山海协作"中，晋江福源和亲亲股份有限公司在永春、德化建立马铃薯生产基地，文成县的"亨哈山珍"、"冰洋竹业"，平阳县的"马蹄笋"、安溪县的花岗岩和茶叶等特色产业的发展，都大量引进了沿海发达地区的现代生产要素，形成了一批有当地特色、品牌和竞争优势的龙头企业和特色专业村，提高了山区特色产业的市场竞争力。

2. 加大政府的基础设施投入，改善产业发展的硬环境

为改善山区贫困县发展的硬环境，政府应加大财政扶贫资金投入，消除基础设施建设滞后的制约。一是加大交通扶贫力度。上级交通部门应负责对涉及到贫困县的国、省道干线建设，实行主体工程项目全额预算投资，加大贫困县道路建设力度，提高建设补贴标准。二是加大电力、通信、水利扶贫力度。省市各部门应加大财政投入，积极改善贫困县的电力、水利和通讯设施状

况，加快电网、电信宽带网络、移动通信扩容、水利灌溉等基础设施建设，确保贫困县的用电安全，扩大程控电话和移动电话网络的覆盖面，解决人畜饮水困难。

3. 制定税收优惠和补助政策，引导现代生产要素向山区贫困县流动

从发达国家发展山区产业的成功经验看，政府为了鼓励山区产业的发展，提供了各种形式的投资、税收优惠和专项补助。如1981年法国政府为山区提供的各项补贴占山区农场平均纯收入的22%，其中13%是山区特殊补贴，从而有力促进了山区产业的发展[①]。对于太行山区贫困县来说，一是完善财政转移支付制度，探讨建立产业调整援助资金，在山区生态产业发展、传统产业改造升级等方面给予专项补助资金，加快山区产业结构的调整；二是完善税收优惠政策。如凡到山区从事农业综合开发、兴办农副产品加工企业或其他山区鼓励类产业的，应在三年内减征或免征所得税；对设在山区贫困县属于国家鼓励类产业的内资企业和外商投资企业，在一定期限内，按15%的税率征收企业所得税，等等。三是完善金融支持政策，以税收优惠政策为杠杆，鼓励银行加大对山区特色产业建设的信贷投入，增加对山地农业、企业技术改造、生态环境保护建设、小城镇建设等的信贷支持。

4. 抓好生态工程建设，推动生态移民

为改善太行山区贫困县的生态环境，各级政府必须加大生态扶贫力度，特别是加大跨区域的生态工程建设和维护，完善生态保护的跨区域合作机制。如继续抓好太行山绿化工程、世界银行"扶贫县林业发展项目"等重点造林工程，力争到2010年，在太

---

① 杜克勤：《中国山区经济研究》，中国林业出版社2003年版，第52—53页。

行山贫困县完成退耕还林 650 万亩，造林绿化 5060 万亩，草地建设 1840 万亩，治理水土流失 857 万亩。

同时，组织部分生态脆弱的山区村落搬迁到人口相对集中、区位条件较好的村落、集镇或交通要道，这有利于降低基础设施的建设成本，提高产业发展集聚效益和规模效应，提高产业竞争力，改善山区生态环境。根据河北省的生态移民计划，到 2010 年将对 25 万居住在生存条件恶劣、自然资源贫乏地区的特困人口完成搬迁任务。除京津风沙源治理工程中安排的 8 万人生态移民任务外，其他 17 万特困人口主要分布在山区，省、市、县三级要多方筹措资金，完成生态移民规划。

第五节　资源匮乏型① – 黑龙港流域贫困县产业可持续竞争力研究

我国贫困县产业发展大多处于资源推动阶段，许多地区凭借丰富的矿产资源和旅游资源，可以迅速培育起有竞争力的优势产业，走上脱贫致富之路。但是对于那些自然资源匮乏的贫困县来说，农耕文化深厚，招商引资困难，产业结构升级缓慢，越来越成为区域经济协调发展和扶贫开发的难点。本节拟以黑龙港流域贫困县为例，对我国资源匮乏县的产业竞争力提升路径进行研究。

黑龙港流域地处海河南系下游，居滏阳河、子牙河和卫障河

---

① 这里的资源匮乏主要是指矿产资源匮乏。

之间，因区间黑龙港河而得名，包括沧州和衡水市的全部（沧州16个县、衡水11个县）、邯郸东部10个县、邢台东部10个县（市），共计47个县（市、区）。区域总面积55826平方公里、总人口1909.6万人，分别占全省平原地区的60.7%、38.8%，在全省区域发展中占有十分重要的地位。但是，黑龙港地区由于土地干旱盐碱，地下淡水严重匮乏，可开发资源特别是矿产资源少，自然灾害频发，是河北省经济发展的"洼地"，分布大量的贫困县。目前，黑龙港流域共有20个国家级和省级贫困县（其中国家扶贫开发工作重点县13个，包括广平、魏县、大名、广宗、巨鹿、献县、孟村、南皮、盐山、东光、海兴、武邑、武强；省级扶贫开发重点县7个，包括饶阳、阜城、肃宁、新河、平乡、威县、馆陶）、2496个贫困村和257.7万贫困人口，分别占全省总数的38.5%、35.1%和50.8%。根据《河北经济年鉴2010》的相关数据分析，可以发现，黑龙港贫困县的农民人均纯收入水平虽然略高于其他两大贫困带，但地区生产总值和地方财政一般预算收入的平均水平却居于全省最低水平，而且存在差距继续拉大的趋势。2009年，黑龙港流域20个贫困县农民人均纯收入的平均水平为3659.9元，比全省农民人均纯收入5150元低了1490.1元，仅相当于全省平均水平的71.1%，差距明显。特别是黑龙港流域贫困县普遍县域空间和经济规模偏小，地方生产总值和财政收入偏少，如2009年该流域贫困县地方财政一般预算收入平均只有1.01亿元，比全省51个贫困县的县均财政预算收入还要低5000万元以上；其中，地方财政一般预算收入没有过亿的县有12个，低于5000万的县有3个，分别为新河县2132万元、广宗县2664万元、平乡县4656万元，新河县是全省51个贫困县中地方财政一般预算收入最低的县，仅相当于贫困县平均水平的13.3%！该区域贫困县财政收支差额平均高达5.25亿

元，其中，魏县财政收支差额最高达到 9.48 亿元，需要国家庞大的财力支持才能实现正常运转。（如表 5-12 所示）

表 5-12　2009 年河北省黑龙港流域贫困县的经济发展状况[①]

县名	农民人均纯收入（元）	位次	地区生产总值（万元）	地方财政一般预算收入（万元）	位次	地方财政支出（万元）	地方财政收支差额（亿元）
东光	4713	76	716620	19091	56	70410	− 5.13
海兴	3028	116	191958	6679	117	49955	− 4.33
盐山	3986	91	680294	19243	55	80298	− 6.11
肃宁	5216	62	729211	31912	37	65721	− 3.38
南皮	3794	98	480824	13981	78	59762	− 4.58
献县	4286	87	977504	16025	66	85951	− 6.99
孟村	4242	88	446860	10216	98	54709	− 4.45
武邑	2854	120	371398	10409	97	65800	− 5.54
武强	2815	121	291912	5817	121	45809	− 4.0
饶阳	2670	128	301124	6075	119	51601	− 4.55
阜城	2691	126	357001	6609	118	55801	− 4.92
巨鹿	3235	113	326450	5266	126	56491	− 5.12
新河	3474	104	149169	2132	136	31189	− 2.91
广宗	3130	114	213764	2664	135	44722	− 4.21
平乡	3291	111	224754	4656	131	44704	− 4.0
威县	3383	109	297685	5533	124	67753	− 6.22
大名	3794	97	663285	7586	113	100152	− 9.26

①　河北省统计局：《河北经济年鉴 2010》，河北人民出版社 2010 年版，第 612—627 页，部分数据是根据资料计算所得。

续表5-12

县名	农民人均纯收入（元）	位次	地区生产总值（万元）	地方财政一般预算收入（万元）	位次	地方财政支出（万元）	地方财政收支差额（亿元）
广平	4338	85	398894	6960	116	45510	-3.86
馆陶	4293	86	441442	7988	110	66505	-5.85
魏县	3965	94	729876	13496	80	108290	-9.48
最低值	2670		149169	2132		31189	-2.91
最高值	5216		977504	31912		108290	-9.48
平均值	3659.9		449501	10116		62556	-5.25

一、黑龙港流域贫困县产业发展面临的突出障碍

1. 水、土地、矿产等产业发展的自然资源匮乏

黑龙港地区历史上是黄河、漳河、滹沱河等行洪河道流经地区，河道纵横，流势紊乱，排水不畅，洼地星罗棋布，十年九涝。根治海河后，涝灾缓解，但旱灾频发。土地盐碱瘠薄，水资源短缺，是目前黑龙港流域产业发展的主要自然制约因素。据调查，沧州市共有盐碱、沙质瘠薄、旱地540万亩，占耕地面积的48%。黑龙港地区咸水面积占70%，浅层淡水储量少，大部分为深层水，且含氟量高，由于长期超采深层地下水，水位不断下降，形成了华北地区最大的漏斗区。从建设用地看，许多贫困县作为粮食主产区，基本农田保护率高达90%以上，建设用地极其稀缺，征地搬迁和补偿安置压力，制约了招商引资和项目入驻的进度，现有企业也大多采用"以租代征"等非规范形式占地经营。此外，从矿产资源的储备上看，黑龙港地区矿产资源匮乏，除了赖以生存的土地外，基本上没有其他资源可以利用。

2. 农耕文明浓厚，现代商业文明淡薄

黑龙港流域贫困县大多是传统农业县，受资源短缺、投入不足、技术推广不畅等因素影响，农业结构调整缓慢，农业产业化经营水平低下。同时，贫困县由于矿产资源匮乏，创业意识和市场竞争意识不强，思想上固步自封，小富即安，缺乏积极进取的精神，特别是缺少眼光敏锐、勇于创新且敢于承担风险的企业家，导致民营经济发展迟缓，区域工业化进程缓慢，普遍存在产业规模小，企业数量少，技术层次低，集聚能力弱等现象，缺乏有竞争力的主导产业。

3. 开发开放滞后，区域经济相对封闭，中心城市和港口的辐射能力弱

黑龙港流域贫困县大多处于河北省的"南厢"，衡水、沧州、邯郸和邢台等中心城市的辐射扩散能力相对较弱。虽然拥有黄骅港这一出海通道，但由于其相对单一的港口功能，相对缓慢的港城建设，相对滞后的集疏通道和配套服务设施建设，制约了其对贫困县的带动功能。

此外，县域经济规模偏小，基础设施欠账太多，人力资本匮乏，"等靠要"思想严重，也使得黑龙港流域贫困县缺少必要的产业设施环境和文化氛围。

二、提升黑龙港流域贫困县产业可持续竞争力的路径选择

1. 借鉴浙江"零资源"区域发展经验，加快机械加工、装备制造、特色化工等优势产业发展

浙江人多地少，自然资源相对匮乏，但这并没有阻碍其产业发展和竞争力提升的进程。浙江的许多特色产业是在没有自然资源依托的条件下发展起来的，形成了令人瞩目的"零资源经济"。所谓"零资源经济"，就是区域经济的发展不以本地的自

然资源为依托，生产原料与销售市场两头在外的产业发展模式。目前，浙江省没有自然资源依托的特色产业集群有 300 多个。如地处平原的嘉善县没有森林也不产木材，但是，嘉善是国内最大的胶合板生产基地，占据国内 1/3 的市场份额。余姚县，一个不生产半克塑料原料的小县，却是中国南方最大的塑料原料集散地，享有"塑料王国"的美誉。这些"零资源"县域之所以培育出了有强劲竞争力的特色产业集群，关键在于发挥市场拉动、政府推动、外资带动、利益驱动、机制促动等多种因素的促进功能，特别是尊重群众的首创精神，发挥民营经济的主体功能，依靠市场取向改革较早的优势，在机制和体制创新上先行一步。此外，源远流长的商业文明为浙江特色产业集群竞争优势的形成提供了文化积淀，政府的引导扶持创造了良好的政策环境。①

　　因此，对于黑龙港流域贫困县来说，虽然没有丰富的矿产资源，但是依托区域的传统技艺，积极培育市场竞争意识和商业文明，完善市场体系，推动民营经济发展，完全可以打造出有竞争力的特色产业和产业集群。事实上，黑龙港流域的清河县、安平县，原来都是资源匮乏的贫困县，它们凭借羊绒加工和丝网加工等传统技艺的开发，发挥能人的带动效应和市场机制的推动效应，在政府的政策激励下，都培育出了竞争力强劲的羊绒产业集群和丝网产业集群，成为河北省的经济强县。

　　从特色产业的定位选择上看，黑龙港流域贫困县应依托传统工业基础，加快金属丝网、金属橱柜、弯头管件、机械配件、精密刀具等金属加工业和盐化工、煤化工、精细化工等化工产业的发展。按照"整合提高、突出特色、集约经营、集聚

---

① 盛世豪、郑燕伟：《"浙江现象"产业集群与区域经济发展》，清华大学出版社 2004 年版，第 59—94 页。

发展"的要求，优化产业布局，规划建设一批特色产业园区，提高产业的集群化发展水平，依托产业集群的形成带动产业可持续竞争力的提升。从特色产业集群的空间布局来看，立足现有资源优势和产业基础，沧州地区贫困县应重点发展煤化工、盐化工、金属制品、装备配件类特色产业集群；衡水地区贫困县应重点培育精细化工、金属制品、农副产品加工类集群；邢台地区贫困县应积极培育羊绒制品、纺织服装、食品加工、装备配件类集群；邯郸地区贫困县则应重点发展农副产品加工类特色产业集群，等等。①

2. 依托丰富的农业资源，加快农产品精深加工业的发展，实现富民强县的协调推进

黑龙港地区农副产品资源丰富，许多贫困县都是农业大县，省级乃至国家级粮食主产区，如 2008 年大名、魏县、献县、武邑、阜城、东光等县在全省各县市粮食生产中排名在前 55 位，其中大名县位居第 13 为，粮食总产量达到 49 万吨。从棉花产量看，威县、广宗、东光、南皮、献县、巨鹿、武邑、馆陶、广平、阜城、平乡、新河、海兴、盐山、武强、饶阳、魏县等县在全省各县市排名在前 55 位，其中威县位居第一，棉花总产量达到 58501 吨。从油料产量看，2008 年大名、献县、馆陶、巨鹿、肃宁、武邑、魏县等在全省各县市排名中位居前 55 位，其中大名位居第一，油料总产量达到 114902 吨。从猪牛羊肉产量看，2008 年大名、魏县、献县、盐山、馆陶等县在全省排名中位居前 55 位，其中大名位居第 10 位，肉类产品产量达到 49023 吨②。

---

① 河北省发展和改革委员会：《黑龙港地区特色产业发展规划》，第 6—16 页，2006 - 3 - 6。

② 河北省统计局：《河北经济年鉴 2009》，河北人民出版社 2010 年版，第 559—562 页。

丰富的农副产品资源为黑龙港地区发展特色农产品精深加工业奠定了坚实的基础。

今后，黑龙港贫困县应大力发展蔬菜、花生、牧草、药材、果品等经济作物和畜牧业，积极推动农副产品加工业和关联服务业的发展，提高农业的竞争优势和盈利空间。（1）从粮油加工业看，应重点加强大名、武强等县在小麦、玉米、油料、小杂粮加工领域的优势地位，积极开发专用面粉、淀粉糖及其衍生物、玉米蛋白深加工、专用油脂等，不断提高加工深度。充分发挥华龙、中旺、五得利等龙头企业的带动作用，形成一批有特色的粮油食品加工工业小区。（2）从肉奶加工业看，应着力建设孟村、东光等肉奶食品加工基地和馆陶、大名等绿色禽蛋养殖基地，大力开发保鲜肉食品和多功能奶制品等新产品，推进畜产品综合利用，尝试发展生化制品加工业。（3）从果蔬加工业看，应进一步加快鸭梨、苹果、金丝小枣、精品蔬菜和食用菌等特色果蔬的深加工产业发展，在威县、新河、魏县、阜城、献县等地建成一批成规模的果蔬加工工业区，打造一批优势企业和知名品牌；（4）从纺织服装业看，贫困县应充分利用京津、石家庄、保定、邯郸等市棉纺织工业向棉花主产区转移的机遇，发挥原料和劳动力资源优势，大力发展出口服装、家用织物、工业用纺织品、羊绒制品，加快纺织工业集群建设，加速企业规模扩张，提升产品档次，打造区域品牌。

为提高农业竞争力和产业化经营水平，应继续完善"产业化扶贫"工程，强化扶贫龙头企业和扶贫专业合作组织的带动功能，按照科学标准严格筛选，将那些市场潜力大、能为贫困户提供就业岗位和稳定收入的企业纳入选择范围，并在扶贫贷款贴息、劳动技能培训、科技示范等方面对他们积极予以支持，增强其竞争力和带动能力。

3. 加快基础设施建设，改善产业发展的硬件设施环境

为解除贫困县产业发展的设施制约，应围绕贫困县特色产业的空间布局，谋划一批重点扶贫开发建设项目，加快水利、交通、能源、市场体系等基础设施建设。

（1）加强水利设施建设，推进节水工程。针对黑龙港地区干旱缺水、土地盐碱这一制约产业发展的顽疾，整合政府和社会各界扶贫资源，建设一批农田水利、人畜饮水等基础设施项目。"十一五"期间，要加紧建设引黄济衡等四大省内西水东调工程，完成微咸水及海水淡化等非传统水资源开发利用工程建设，保证中心城市、重点城镇和主要工业密集区的供水需求。同时，为提高产业发展的水资源利用率，应加强渠道防渗、管灌、喷灌、滴灌、渗灌等农业节水工程，并集中力量建成一批工业和生活节水示范县，实现工业用水重复利用率85%，工业万元增加值用水量60立方米，服务业万元增加值用水量17立方米等水资源节约利用目标，提高贫困县产业的可持续发展能力。

（2）加强交通运输设施建设。立足黑龙港地区港口和集疏运体系不完善、东西向道路运力不足、骨干道路配套水平低、农村道路标准低、区域交通设施不平衡等突出问题，进一步加强区内港口、铁路、骨干道路和农村道路建设，形成以深州、肃宁、南宫、馆陶、黄骅等区域性枢纽城镇为支点的综合交通运输网，为贫困县特色产业发展提供便利的交通设施体系。

（3）加快能源设施建设。加快黄骅电厂、衡水电厂等电源点的建设和扩建，积极谋划一批新的电源建设项目，增强区内供电能力。对于盐山、孟村、大名等贫困县来说，应特别注重加强工业城镇的双环供电网建设。对于献县等地热基础较好的贫困县来说，则应在上级政府的扶持下，加紧谋划建设地热开发利用项目，扩大绿色新兴能源的利用规模，解决贫困县产业发展中的能

源短缺问题。

4.加快制度创新，健全产业发展的人才、土地、资本支持体系

（1）完善人才、技术支持政策，提高贫困县产业的创新能力。一是加强本地人才的教育培训。加大财政投入，支持邯郸、邢台、衡水、沧州等中心城市结合特色产业发展，各建1所职业技术学院，加强贫困县企业与学校的培训合作，进行关键技术人才和熟练技术工人的"订单培养"和定向培训。二是加强人才引进和培养。河北省、市财政应每年安排一定数额的经费，专项用于高学历和高职称技术人才引进的津贴和补助；每年还可以从省高等教育经费预算中，安排一定比例作为贫困县特色产业发展急需人才的教育培训资金。三是加强公共技术服务平台建设。由于贫困县企业缺乏自我研发能力，为提高企业和产业的创新能力，应选择产业特色突出的贫困县建设一批公共技术服务平台，包括质量检测中心、技术服务中心、生产力促进中心等，为企业加快新产品、新工艺的研发提供技术支持。同时，围绕丝网、羊绒、铸造、服装、精细化工等重点产业，建立一批省级行业研究发展中心，针对特色产业发展的关键性、共性技术，展开攻关。

（2）加快土地整理开发，发挥土地资源优势。黑龙港流域贫困县拥有丰富的土地资源，是河北省土地开发潜力最大的区域，可开发利用土地面积占全省的80%左右。区内现有20万公顷的盐碱沙荒地、2.2万公顷的废弃地、115万公顷的待整理耕地，丰富的后备土地资源为黑龙港地区加快产业发展，促进招商引资提供了广阔的空间。为发挥土地资源优势，应加快土地整理步伐，有步骤地推进贫困县沙荒地、盐碱地和沿海滩涂的开发，并进一步用好土地置换政策，通过土地的易地、易主、易权、易用等置换办法，把农村分散的建设用地集中到城镇和工业集聚区

加以使用，发挥土地资源对贫困县产业发展和招商引资的支持功能。"十一五"期间，重点实施沧州滨海地区 10304 公顷盐碱地开发，阜城县 2400 公顷宜耕沙化土地改造，邢台滏漳夹道 7100公顷土地综合治理，清凉江 1500 公顷滩涂开发，邯郸漳河两岸3200 公顷滩涂开发，滏阳河两岸 760 公顷盐碱地开发工程等。①

（3）完善财政和金融政策，强化贫困县产业发展的资本支持。一是加强财政支持力度。河北省政府应将财政"定额分享、超收全返"的优惠政策扩大到黑龙港流域所有的贫困县市。即将增殖税、个人所得税、企业所得税的超基数部分全部返还给贫困县，返还资金由各县市建立特色产业发展专项基金，用于重点特色产业园区建设、招商项目补贴、基础设施建设、技术平台建设、技术和人才引进等。二是强化金融支持。通过贷款贴息、税收减免等办法，扩大农业银行、工商银行等商业银行在黑龙港流域贫困县的贷款规模，为增强贫困县中小民营企业的融资能力，应对符合有关规定的民营企业开展非专利技术等无形资产质押贷款试点，放宽贷款抵押限制。同时，进一步拓展河北省中小企业信用担保中心对黑龙港流域贫困县的担保业务，鼓励民间资金投资设立商业性担保机构，开展互助性担保。

---

① 河北省发展和改革委员会：《黑龙港地区特色产业发展规划》，第 22 页，2009－3－6。

结　语

　　实现贫困县的稳定脱贫和持续发展，对于加快扶贫开发进程，实现区域经济统筹协调发展，人与自然和谐发展，具有重要的支撑意义。笔者认为，在市场经济体制下，要提高贫困县的自我发展能力，提高政府的扶贫开发成效，必须以提升产业可持续竞争力为核心，加快贫困县的产业发展。围绕这一主题，本书进行了一些尝试性的研究工作，主要包括：

　　（1）界定了产业可持续竞争力的内涵，并通过梳理国内外产业竞争力源泉理论和竞争力分析模型，构建了产业可持续竞争力的影响因素模型。笔者认为，产业可持续竞争力的影响因素可大体划分为核心因素、动力因素和支撑因素三个层面。（2）建立了产业可持续竞争力的评价指标体系，对592个国家扶贫开发工作重点县的竞争力水平进行了现状测评，提出贫困县产业面临市场竞争力和资源环境协调发展力双重低下的困境。并根据产业竞争的发展阶段演进规律，对贫困县的产业竞争阶段进行了定位，提出贫困县产业竞争仍基本处于初级的资源推动阶段，要提升竞争优势的层次，增强可持续竞争能力，必须逐步向投资推动阶段和创新推动阶段演进。（3）对贫困县产业发展的主要制约因素和竞争力提升战略进行了分析。认为制约贫困县产业发展的因素包括内部因素和外部因素两个层面。并结合产业可持续竞争力的影响因素模型，对提升贫困县产业可持续竞争力的战略对策进行探索。（4）以河北省三大贫困带为案例，对不同类型的贫困县进行了分类分析。笔者认为，对于生态功能型贫困县来说，区域发展面临的首要任务是进行生态修复，而非大规模的工业化活动，应按照"保护优先，适度开发"的原则，在资源环境承载范围内，加快特色优势的产业培育，以增强区域自我发展能力，同时结合政府财政转移支付制度的完善和利益、生态补偿机制的建立健全，实现区域经济的协调发展。

党的十七大报告明确指出，我国到 2020 年要基本消除绝对贫困现象。因此，解决贫困县的绝对贫困问题，缓解其相对贫困状态，是今后我国扶贫开发工作的重要战略目标，这就使得研究贫困县的发展问题，既具有现实的紧迫性，又具有长远的可持续性。笔者认为，围绕贫困县产业发展和可持续竞争力提升这一主题，仍有许多值得挖掘的地方，例如：

第一，进一步完善产业可持续竞争力的评价指标体系。根据数据的可得性和分析的科学性原则，进一步细化、量化评价指标，力争对各贫困县的产业可持续竞争力水平进行纵向的动态分析和横向的比较分析。

第二，将贫困县产业发展与主体功能区建设问题结合起来展开分析。研究主体功能区的功能导向和配套政策对贫困县产业发展的影响。特别是针对处于限制开发区域和禁止开发区域的贫困县，进一步探索如何实现它们在"发展权利受限或禁止条件下"的发展脱贫问题，推动区域的协调互动发展。

第三，充实案例分析。选择不同类型的代表性贫困县，通过个案研究，分析贫困县自身如何提升产业的可持续竞争力。

参考文献

（一）著作

［1］［英］亚当·斯密：《国民财富的性质和原因的研究》商务印书馆 1972 年版。

［2］［英］大卫·李嘉图：《李嘉图著作和通信集》第 3 卷商务印书馆 1977 年版。

［3］［德］卡尔·马克思：《资本论》第 1 卷，人民出版社 1975 年版。

［4］［德］卡尔·马克思：《资本论》第 2 卷，人民出版社 1975 年版。

［5］［德］卡尔·马克思：《资本论》第 3 卷，人民出版社 1975 年版。

［6］［美］克鲁格曼，奥伯斯法尔德：《国际经济学》，中国人民大学出版社 1998 年版。

［7］［英］约瑟夫·熊彼特：《经济发展理论——对于利润、

资本、信贷、利息和经济周期的考察》，商务印书馆 1999 年版。

[8] [美] 约翰·康芒斯：《制度经济学》（上册），商务印书馆 1962 年版。

[9] [美] 埃德加·M·胡佛：《区域经济学导论》，商务印书馆 1990 年版。

[10] [美] 迈克尔·波特：《国家竞争优势》，华夏出版社 2002 年版。

[11] [美] 迈克尔·波特：《竞争战略》，华夏出版社 1997 年版。

[12] [美] 罗斯托主编：《从起飞进入持续增长的经济学》，四川人民出版社 1988 年版。

[13] [美] 钱纳里，赛尔奎因等：《工业化和经济增长的比较研究》，上海人民出版社 1995 年版。

[14] [英] 马歇尔：《经济学原理》（上卷），商务印书馆 1964 年版。

[15] [美] T. W. 舒尔茨：《人力资本投资》，商务印书馆 1990 年版。

[16] [英] 马丁·利克特：《企业经济学》，人民出版社 2006 年版。

[17] [美] 沙伦·奥斯特：《现代竞争分析》，中国人民大学出版社 2004 年版。

[18] [英] 伊迪丝·彭罗斯：《企业成长理论》，上海三联出版社 2007 年版。

[19] [美] 小艾尔佛雷德·钱德勒：《规模与范围》，华夏出版社 2006 年版。

[20] [美] 达尔·尼夫：《知识经济》，珠海出版社 1998 年版。

［21］［美］H·德姆塞茨：《竞争的经济、法律和政治维度》，上海三联书店出版社 1992 年版。

［22］李兴山：《社会主义市场经济理论与实践》，中共中央党校出版社 2004 年版。

［23］黄祖辉：《中国农村贫困与反贫困问题研究》，浙江大学出版社 2008 年版。

［24］韩劲：《走出贫困循环－中国贫困山区可持续发展理论与对策》，中国经济出版社 2006 年版。

［25］朱明熙等：《西南地区农村反贫困研究》，经济科学出版社 2008 年版。

［26］吴忠，曹洪民，林万龙等：《扶贫互助资金仪陇模式与新时期农村反贫困》，中国农业出版社 2008 年版。

［27］银平均：《社会排斥视角下的中国农村贫困》，知识产权出版社 2008 年版。

［28］陈锡文，赵阳，陈剑波，罗丹：《中国农村制度变迁60 年》，人民出版社 2009 年版。

［29］韩俊：《中国经济改革 30 年农村经济卷》，重庆大学出版社 2008 年版。

［30］童宁：《农村扶贫资源传递过程研究》，人民出版社2009 年版。

［31］蔡得久：《辽宁产业竞争力研究》，东北财经大学出版社 2004 年版。

［32］金碚：《竞争力经济学》，广东经济出版社 2003 年版。

［33］谢立新：《区域产业竞争力——泉州、温州、苏州实证研究与理论分析》，社会科学文献出版社 2004 年版。

［34］中国人民大学：《中国国际竞争力发展报告（2001）》，中国人民大学出版社 2001 年版。

［35］王秉安：《区域竞争力：理论与实证》，航空工业出版社 2000 年版。

［36］马金书：《西部地区产业竞争力研究》，云南人民出版社 2005 年版。

［37］倪鹏飞：《中国城市竞争力理论研究与实证分析》，中国经济出版社 2001 年版。

［38］周飞跃：《产业竞争力提升战略》，经济科学出版社 2006 年版。

［39］夏智伦：《区域经济竞争力研究》，湖南大学出版社 2006 年版。

［40］金碚：《中国工业国际竞争力——理论、方法与实证研究》，经济管理出版社 1997 年版。

［41］国家统计局农村社会经济调查司：《中国农村贫困监测报告 2006》，中国统计出版社 2006 年版。

［42］国家统计局农村社会经济调查司：《中国农村贫困监测报告 2007》，中国统计出版社 2008 年版。

［43］国家统计局农村社会经济调查司：《中国农村贫困监测报告 2008》，中国统计出版社 2009 年版。

［44］邹德秀：《贫困地区与贫困地区开发》，解放出版社 1999 年版。

［45］中国科学院可持续发展研究组：《2003 中国可持续发展战略报告》，科学出版社 2003 年版。

［46］张培刚主编：《新发展经济学》，河南人民出版社 1998 年版。

［47］崔满红：《中国欠发达地区金融、企业、政府协调机制研究》，中国财政经济出版社 2005 年版。

［48］张立胜，狄娜：《中小企业信用担保》，上海财经大学

出版社 2001 年版。

　[49] 刘国光主编：《中小企业成长》，民主与建设出版社 2001 年版。

　[50] 王梦奎，李善同等：《中国地区社会经济发展不平衡问题研究》，商务印书馆 2000 年版。

　[51] 王缉慈：《创新的空间——企业集群与区域发展》，北京大学出版社 2001 年版。

　[52] 郭文轩，郭军等：《区域经济协调与竞争》，红旗出版社 2003 年版。

　[53] 中国人民大学竞争力与评价研究总心研究组：《区域竞争力发展主题研究》，中国人民大学出版社 2003 年版。

　[54] 臧旭恒，徐向艺等：《产业经济学》，经济科学出版社 2002 年版。

　[55] 邬义钧，邱钧：《产业经济学》，中国统计出版社 2001 年版。

　[56] 厉无畏，王振：《中国沿海地区产业升级》，上海财经大学出版社 2002 年版。

　[57] 张金昌：《国际竞争力评价的理论和方法》，经济科学出版社 2002 年版。

　[58] 张文忠，杨荫凯：《挑战 WTO——中国产业竞争力再造》，经济科学出版社 2001 年版。

　[59] 闫天池：《中国贫困地区县域经济发展研究》，东北财经大学出版社 2004 年版。

　[60] 盛世豪，郑燕伟：《"浙江现象"产业集群与区域经济发展》，清华大学出版社 2004 年版。

　[61] 周亚：《产业竞争力：理论创新与上海实践》，上海社会科学院出版社 2007 年版。

［62］朱永华:《中小企业集群发展与创新》,中国经济出版社 2006 年版。

［63］张继彤:《小企业产业分布与空间拓展》,社会科学文献出版社 2006 年版。

［64］赵玉林:《创新经济学》,中国经济出版社 2006 年版。

［65］梁留科,王鹏飞:《县域工业发展规划研究》,中国社会科学出版社 2007 年版。

［66］刘平洋:《中国产业国际竞争力分析》,经济管理出版社 2003 年版。

［67］史清琪,尚勇:《中国产业技术创新能力研究》,中国轻工业出版社 2000 年版。

［68］成其谦:《技术创新与竞争力研究》,中国科学技术出版社 2002 年版。

［69］王群琳:《中国农村金融制度——缺陷与创新》,经济管理出版社 2006 年版。

［70］周维颖:《新产业区演进的经济分析》,复旦大学出版社 2004 年版。

［71］林峰:《可持续发展与产业结构调整》,社会科学文献出版社 2006 年版。

［72］吴国林主编:《广东专业镇:中小企业集群的技术创新与生态化》,人民出版社 2006 年版。

［73］程工等:《中国工业园区发展战略》,社会科学文献出版社 2006 年版。

［74］李立辉等:《区域产业集群与工业化反梯度推移》,经济科学出版社 2005 年版。

［75］蒋兆岗主编:《县域经济综合竞争力——以云南省为例》,经济科学出版社 2005 年版。

［76］程选等：《我国地区比较优势研究》，中国计划出版社2001年版。

［77］辜胜祖：《新经济的制度创新与技术创新》，武汉出版社2001年版。

［78］翟书斌：《中国新型工业化路径选择与制度创新》，中国经济出版社2006年版。

［79］郭克莎：《结构优化与经济发展》，广东经济出版社2001年版。

［80］世界环境与发展委员会编著：《我们共同的未来》，吉林人民出版社1997年版。

［81］刘培哲等：《可持续发展理论与中国21世纪议程》，气象出版社2001年版。

［82］秦大河，张坤民，牛文元：《中国人口资源环境与可持续发展》，新华出版社2002年版。

［83］陈大夫编著：《环境与资源经济学》，经济科学出版社2001年版。

［84］张其仔，邓欣：《中国农村可持续发展研究》，广西人民出版社1998年版。

［85］陈秀山，张可云：《区域经济理论》，商务出版社2003年版。

［86］刘孟达：《区域经济发展新空间》，浙江大学出版社2005年版。

［87］隋映辉：《产业集群成长、竞争与战略》，青岛出版社2005年版。

［88］刘俊杰：《县域经济发展与小城镇建设》，社会科学文献出版社2005年版。

［89］李志安：《锻造县域经济核心竞争力》，中央党校出版

社 2006 年版。

［90］聂辰席：《区域竞争力》，经济管理出版社 2005 年版。

（二）论文

［1］刘小铁，欧阳康：《产业竞争力研究综述》，《当代财经》2003 年第 11 期。

［2］冉红美，唐治诚：《我国山区生态环境现阶段面临的问题及对策》，《水土保持研究》2004 年第 11 期。

［3］王缉慈：《提示我国鞋业竞争力的集群战略》，《中国质量与品牌》2004 年第 12 期。

［4］魏守华：《集群竞争力的动力机制以及实证分析》，《中国工业经济》2002 年第 10 期。

［5］肖淼：《区域产业竞争力生成机制研究》，复旦大学2002 级博士论文。

［6］刘小铁：《产业竞争力因素分析》，江西财经大学 2004级博士论文。

［7］方丽：《区域产业竞争力评价方法研究》，天津大学2005 博士论文。

［8］朱小娟：《产业竞争力研究的理论、方法和应用》，首都经济贸易大学 2004 博士论文。

［9］袁维海：《提升我国产业核心竞争力的若干思考》，《企业天地》2002 年第 2 期。

［10］陈卫平，朱述斌：《国内关于产业国际竞争力研究综述》，《教学与研究》2002 年第 4 期。

[11] 张超:《提升产业竞争力的理论与对策探微》,《宏观经济研究》2002 年第 5 期。

[12] 赵洪斌:《论产业竞争力:一个理论综述》,《当代财经》2004 年第 12 期。

[13] 邹薇:《竞争力的源泉:从外生比较优势到内生比较优势》,《武汉大学学报(社会科学报)》2002 年第 1 期。

[14] 张薇:《区域产业竞争力评价模型》,《特区经济》2006 年第 1 期。

[15] 张治河等:《产业创新系统模型的构建与分析》,《科研管理》2006 年第 2 期。

[16] 吴翔阳:《产业竞争力模型与宁波产业竞争力实证研究》,《武汉大学学报(社会科学版)》2004 年第 1 期。

[17] 李桂华:《经济学理论与产业竞争力》,《前沿》2005 年第 4 期。

[18] 毛广雄:《新型工业化背景下欠发达地区提升产业竞争力的战略选择》,《商业研究》2006 年第 21 期。

[19] 夏智伦:《区域经济竞争力研究》,中南大学 2006 博士论文。

[20] 范太胜:《区域产业核心竞争力研究:持续竞争优势的来源》,《科技与产业》2006 年第 6 期。

[21] 王缉慈:《发展创新型产业集群,走新型工业化道路》,《理论参考》2006 年第 9 期。

[22] 李法卿:《产业融合、产业结构、产业竞争力路径探析》,《甘肃农业》2006 年第 10 期。

[23] 孙海燕:《国家级贫困县深化农村信用社改革的现实选择》,《西安金融》2006 年第 4 期。

[24] 申全民:《经济结构调整力与贫困县财政的关系》,

《经济论坛》2007 年第 3 期。

〔25〕李德贤等：《经济欠发达地区产业结构优化的金融思考》，《南方金融》2005 年第 9 期。

〔26〕马丁丑等：《贫困地区农业技术推广新模式：发展小区域农业技术推广户》，《中国农学通报》2006 年第 5 期。

〔27〕刘新德：《贫困县域经济发展与金融业支持困境缓解》，《广西金融研究》2007 年第 2 期。

〔28〕李丰：《贫困县县域经济与中小企业发展研究》，华中农业大学 2006 级硕士论文。

〔29〕冯永宽，李玉珍：《西部贫困县扶贫开发探讨》，《农村经济》2006 年第 6 期。

〔30〕文秋良：《新时期中国农村反贫困问题研究》，华中农业大学 2006 级博士论文。

〔31〕赵玉，王晓海：《如何使扶贫机制更具实效》，《红旗文稿》2006 年第 1 期。

〔32〕刘颖琪，王雅坤：《生态脆弱贫困县农业主导产业选择研究》，《河北大学学报（哲学社会科学版）》2006 年第 3 期。

〔33〕贾琼：《贫困县域经济发展问题分析与思路》，《甘肃农业》2006 年第 6 期。

〔34〕王晓海等：《环首都贫困县扶贫路径新探—制度建设》，《调研世界》2006 年第 2 期。

〔35〕刘洁，刘红禹：《构建现代农业产业体系提升农业竞争力》，《中国发展观察》2007 年第 3 期。

〔36〕祁彪：《培育产业集群提升县域经济竞争力》，《小城镇建设》2005 年第 5 期。

〔37〕张洪营：《区域产业竞争力 GEM 竞争力研究》，《商场现代化》2007 年第 1 期。

[38] 刘建波：《以产业集群策略提升县域产业竞争力》，《企业经济》2007 年第 4 期。

[39] 谯薇，梁剑：《西部地区产业集群与区域竞争力研究》，《经济体制改革》2007 年第 2 期。

[40] 魏秀芬，于站平：《我国县域经济的发展模式》，《农村经营管理》2005 年第 3 期。

[41] 左停，齐顾波，唐丽霞：《新世纪我国农村贫困和反贫困的特点》，《贵州社会科学》2009 年第 7 期。

[42] 曹洪民：《扶贫互助社：农村扶贫的重要制度创新》，《中国农村经济》2007 年第 9 期。

[43] 王艳，李放：《改善我国农村反贫困中政府行为的思路与对策》，《内蒙古农业大学学报》2009 年第 1 期。

[44] 王曙光：《民族地区金融反贫困中的资本整合、文化整合与体制磨合：新疆案例》，《农村经济》2009 年第 11 期。

[45] 陈娟娟，鲁婷：《浅析改革开放以来中国反贫困的主要经验》，《世纪桥》2009 年第 5 期。

[46] 李瑞华：《少数民族贫困县反贫困对策建议》，《宏观经济管理》2009 年第 5 期。

[47] 李迎生：《社会政策与反贫困：国际经验与中国实践》，《教学与研究》2009 年第 6 期。

[48] 穆罕默德·尤努斯：《危机时代的小额信贷、社会企业与反贫困》，《经济科学》2009 年第 3 期。

[49] 宋志辉：《印度农村反贫困的经验教训与启示》，《南亚研究季刊》2009 年第 1 期。

[50] 魏后凯，邬晓霞：《中国的反贫困政策：评价与展望》，《上海行政学院学报》2009 年第 3 期。

[51] 陈春华，刘仕俊：《中国农村反贫困的制度变迁》，

《商业时代》2009 年第 4 期。

[52] 陈凌建：《中国农村反贫困模式与选择》，《湘潭师范学院学报》2009 年第 11 期。

[53] 刘娟等：《结构调整与区域经济优势培育》，《中共中央党校出版社》2002 年版。

[54] 刘娟：《依托集群创新网络提升县域产业的创新能力》，《理论探索》2006 年第 3 期。

[55] 李胜茹，刘娟：《县域园区的产业集群化战略及其运作》，《乡镇经济》2004 年第 4 期。

[56] 刘娟，李胜茹：《乡镇企业集群的现存问题与对策分析》，《企业活力》2005 年第 2 期。

[57] 李胜茹，刘娟：《县域集群创新体系与特色产业创新力提升》，《桂海论丛》2007 年第 2 期。

[58] 刘娟：《强化社会主义新农村建设产业支撑体系的路径分析》，《探索》2006 年第 3 期。

[59] 刘娟，李胜茹：《构建农村新型产业支撑体系的路径选择》，《农业经济》2007 年第 9 期。

[60] 刘娟：《我国农村贫困的新特征与扶贫机制创新》，《乡镇经济》2008 年第 2 期。

[61] 刘娟：《我国扶贫开发面临的新形势与扶贫路径创新》，《现代经济探讨》2008 年第 4 期。

[62] 刘娟：《贫困县域产业可持续竞争力探讨》，《理论探索》2008 年第 5 期。

[63] 刘娟：《贫困县产业发展的困境与破解路径》，《岭南学刊》2008 年第 6 期。

[64] 刘娟：《贫困县产业可持续竞争力测评与提升》，《理论学刊》2008 年第 9 期。

［65］刘娟：《我国农村扶贫开发的回顾、成效与创新》，《探索》2009 年第 4 期。

［66］刘娟：《中国农村扶贫开发的沿革、经验与趋向》，《理论学刊》2009 年第 8 期。

［67］刘娟：《扶贫新阶段与农村扶贫开发机制的完善路径》，《桂海论丛》2010 年第 1 期。

［68］刘娟：《扶贫标准上调与扶贫开发机制创新》，《现代经济探讨》2010 年第 1 期。

［69］刘娟：《贫困标准上调与扶贫开发思路调整》，《理论探索》2010 年第 1 期。

［70］刘娟：2009 年河北省社科基金课题"扶贫标准上调与河北省扶贫机制和政策创新"结项报告。